**Kohlhammer
Urban**
-Taschenbücher

Band 596

Raingard Eßer

Die Tudors und die Stuarts

1485–1714

Verlag W. Kohlhammer

Umschlagmotiv:
Elisabeth I. (*Gemälde eines vermutlich italienischen Künstlers um 1580, Pinacoteca Nazionale, Siena*) und Jakob I. (*Gemälde von Johan von Critz, 1606, Dulwich Picture Gallery, London*)

Alle Rechte vorbehalten
© 2004 W. Kohlhammer GmbH Stuttgart
Umschlag: Data Images GmbH
Gesamtherstellung:
W. Kohlhammer Druckerei GmbH + Co. Stuttgart
Printed in Germany

ISBN 3-17-015483-3

Inhalt

Vorwort 9
Einleitung 11

Die Tudors 15
Einleitung 15

Heinrich VII. (1485–1509) 17
Das Herrschaftsgebiet der Tudors 20
Herrschaftssicherung und Konsolidierung der Tudormonarchie 25
Außenpolitische Bemühungen um die Anerkennung des Hauses Tudor in Europa 28
Ordnung von Finanzen und Verwaltung 31

Heinrich VIII. (1509–1547) 33
Der König und der Kardinal 34
Heinrich VIII. und Europa 36
The King's Great Matter 41
Kirchen- und Verwaltungsreformen in den Peripherien der Tudorherrschaft 47
Der Charakter der henrizianischen Reformen .. 49
Die englische Reformation – pro und contra .. 53
Tudor-Historiographie, Propaganda und Kunst . 55
Die Frauen Heinrichs VIII. 58
Mid-Tudor-Crisis? 60

Eduard VI. (1547–1553) 61

Maria Tudor (1553–1558) 67

Elisabeth I. (1558–1603) 71
Die Regelung der Religionsfrage –
The Elizabethan Settlement 73

Die ersten Regierungsjahre	78
Gloriana	81
Virgin Queen	84
Elisabeth und das Parlament	87
Internationale Politik der ersten Jahre	88
Frieden	90
Irland	92
Krieg gegen Spanien	94
Außenhandel und erste koloniale Projekte in Nordamerika	97
Die Krise der 1590er Jahre	100

Die Stuarts ... 103

Jakob I. (1567/1603–1625) ... 103

Jakob als schottischer König (1567–1603)	103
Jakob in England (1603–1625)	109
Höfische Kultur unter dem ersten Stuartherrscher	112
Jakob und das Parlament – der Beginn des Weges in die Katastrophe?	116
Jakobs toleranter Kurs gegenüber der Kirche	122
Jakobs Politik der *Ulster Plantation* in Irland	124
Rex Pacificus	127
Außereuropäische Politik	132

Karl I. (1625–1649) ... 134

Karls Außenpolitik	137
Parlamentspolitik 1625–1629	139
Das persönliche Regiment des Königs	142
Irland – Interessengegensätze zwischen Katholiken und Protestanten	144
Karls problematisches Verhältnis zu Schottland	146
Der Weg in den Bürgerkrieg	148
Bürgerkrieg (1642–1649)	154
Commonwealth und Protektorat	158

Karl II. (1660–1685) ... 164

Restauration, Parlament, Monarchie	167
Schottland und Irland	168
Außenpolitik	169
Nachfolgefrage und *Exclusion Crisis*	171

Jakob II. (1685–1688) 174
Die „Glorreiche Revolution" und der Krieg der
zwei Königreiche in Irland 179
Exil und Tod Jakobs II. 182

Wilhelm und Maria (1689–1702) 182
Innenpolitik: Die Konsolidierung der
„Glorreichen Revolution" 184
Die Außenpolitik der „balance of power" 188
Innenpolitik: Die Finanzrevolution 191
Religion 193
Weitgehend sich selbst überlassen: Wilhelm und Irland . . . 194
Starke Opposition gegen Wilhelm in Schottland 196
Nachfolgefrage und *Act of Settlement* 198

Anna (1702–1714) 199
Außenpolitik 201
Innenpolitik 203
Union mit Schottland 206
Annas letzte Jahre 210

Anmerkungen 213

Zeittafel 227

Literaturverzeichnis 233

Karten 240
Karte 1: Das Herrschaftsgebiet der Tudors 1525 240
Karte 2: Die Counties von England, Schottland,
Wales und Irland 241

Stammtafel: Die Königshäuser von England,
Schottland und Großbritaniien 242

Personenindex 245

Ortsnamen- und Sachindex 253

Vorwort

Dieses Projekt hat mich von meiner Tätigkeit am Historischen Institut der Universität Giessen über einen Zwischenaufenthalt am Forschungszentrum Europäische Aufklärung in Potsdam bis zu meinem jetzigen Aufenthalt an der University of the West of England in Bristol begleitet.

Dadurch gab es zwangsläufig Verzögerungen durch Umzüge und Einarbeitung in neue Arbeitsbereiche.

Ich danke im Besonderen Albert Eßer, Peter Fleming und Steven Ellis für ihre Anregungen, Hinweise und Kritik in den verschiedenen Arbeitsphasen an diesem Buch.

Einschließen in diesen Dank möchte ich auch meine Verlagslektorin Frau Monica Wejwar für ihre Geduld und ihren Enthusiasmus, der mich bei der Entstehung des Manuskripts immer begleitet und ermutigt hat.

Last but not least gilt mein Dank meinem Lehrer Günther Lottes, der die Arbeit an diesem Buch in jeder Hinsicht ermöglicht hat. Ihm möchte ich diese Studie widmen.

Bristol, im November 2003 *Raingard Eßer*

Einleitung

Bis ins 21. Jahrhundert gehört das Studium der Geschichte der Tudors und Stuarts zum Herzstück des ansonsten, wie auch in Deutschland sehr auf die jüngere Vergangenheit ausgerichteten Geschichtscurriculums an britischen Schulen (wobei sich die Interpretation dieser als ungemein dynamisch und wegweisend für das moderne Großbritannien empfundenen Epochen allerdings in Schottland, Nordirland, Wales und England deutlich voneinander unterscheidet). Selbst in Deutschland weiß man in der Regel mehr über die beiden Herrscherhäuser als über die ihnen folgenden deutschen Hannoveraner auf dem britischen Thron. In der Tat legten die zwei Jahrhunderte, die man mit den Regierungszeiten der Tudors und der Stuarts verbindet, die Grundlagen für die politischen, sozialen und wirtschaftlichen Entwicklungen in Großbritannien während der folgenden Jahrhunderte. Vor allem in England, dem politischen Kernland der Tudor- und Stuartherrschaft (nach 1603), lieferten die Ereignisse zwischen der Schlacht von Bosworth 1485 und dem Tod von Königin Anna 1714 und deren zeitgenössische Interpretationen den Grundstock für das, was Engländer mit ihrer nationalen Identität verbanden und verbinden. Dazu gehört die Auseinandersetzung mit der katholischen Kirche und die Etablierung der anglikanischen Staatskirche, aber auch die Entstehung von nonkonformistischen Sekten und katholischem Dissent, die im politischen, wirtschaftlichen und sozialen Leben auf den britischen Inseln eine nicht zu unterschätzende Rolle spielten und spielen. Dazu gehört auch die Entstehung eines englischen, dann – in Anfängen – britischen Staates (wenn auch der Begriff „britisch" für das 1707 im *Act of Union* konstruierte Gebilde einer anglo-schottischen politischen Einheit nur von wenigen Zeitgenossen begrüßt wurde und sich erst im 18. Jahrhundert über Ressentiments, Vorurteile und das politische wie wirtschaftliche Ungleichgewicht beider Partner hinweg entwickeln sollte[1]). Dieses Gebilde lebte von der Kooperation des Monarchen mit der vor allem vom Ausverkauf des katholischen Besitzes enorm profitierenden Landbesitzerschicht der Kleinadeligen einerseits und der Handelseliten der kontinuierlich expandierenden Metropole London (und einiger weniger anderer Städte im Süden

Englands wie Bristol und Norwich) andererseits. Besonders den Tudorherrschern gelang es durch eine geschickte Patronage- und Ämterpolitik die wirtschaftlich und sozial mobile Schicht der *Gentry* und der Kaufleute für das Funktionieren der „Staatsmaschinerie" einzuspannen. Daneben spielte die Kooperation mit dem seit dem Mittelalter institutionalisierten Parlament eine immer wichtigere Rolle. Während hier die politische Konstellation im 16. Jahrhundert durch die Formel „*King-in-Parliament*" gekennzeichnet werden kann, neigte sich das politische Gewicht in den Auseinandersetzungen des 17. Jahrhunderts immer stärker zugunsten der parlamentarischen Versammlung. Diese Trends galten bis zu einem gewissen Grad auch für die Situation in Schottland, während das irische Parlament grundsätzlich weniger Einfluss auf die politischen Geschicke des von England beherrschten Landesteils ausüben konnte. Seit der „Glorreichen Revolution" war das Parlament schließlich das Herzstück der britischen Politik, das sich mit strikten Regelungen zu Periodizität, Dauer, Wahl und Zusammensetzung aus dem Schatten der Monarchie befreit hatte. (Zu diesem Zeitpunkt waren die Volksvertreter Schottlands in die beiden Häuser in Westminster integriert, wurden aber von der Mehrheit der englischen Abgeordneten majorisiert. Das irische Parlament wurde erst 1801 als selbstständige Institution aufgelöst.)

Die großen – vor allem englischen – Geschichtsmythen von der protestantischen Nation, von der „Wiege der parlamentarischen Demokratie" und vom Weltgeltungsanspruch des Britischen Empire haben das Zeitalter der Tudors und der Stuarts überdauert. Sie sind erst seit dem Ende des Zweiten Weltkriegs ins Wanken geraten. Für die säkularisierte, multikulturelle Welt, wie sie sich seit den Empire- und Commonwealth-Einwanderungen ab den 1960er Jahren in Großbritannien und besonders in England herausgebildet hat, hat der Mythos der protestantischen Nation seine Wirkungsmächtigkeit längst verloren. Dekolonisation und das Ende des Kalten Krieges haben die einstige Weltmachtstellung Großbritanniens auf den Status einer Mittelmacht mit Ambitionen als Vermittlerin zwischen den USA und Europa reduziert. Schließlich haben die Devolutionsbewegungen in Schottland, Wales und – mit geringerem Erfolg – Nordirland zu einer Neuinterpretation der britischen Geschichte herausgefordert, die nun nicht länger als englische Erfolgsstory mit Sogwirkung auf die so genannten Peripherien interpretiert werden kann.[2]

Dennoch erscheint es gerade im Hinblick auf diesen letzten Punkt weiterhin gerechtfertigt, die Geschichte der britischen

Inseln im 16. und 17. Jahrhundert aus der Perspektive ihrer Monarchen zu schreiben. Die in unterschiedlicher Weise realisierten Versuche der Herrschaftskonsolidierung in den Tudor- und Stuartmonarchien kann hier als Bindeglied zwischen den kulturell, geographisch, sozial und religiös so verschiedenen Teilkönigreichen verstanden werden. Die innenpolitischen Leitthemen der Monarchie – Krone und Kirche, Krone und Staatsaufbau, Krone und Parlament – wurden so nolens volens auch zu Leitthemen in den Auseinandersetzungen mit den traditionellen irischen, schottischen und walisischen Verhältnissen. Dass bei der Lösung der staatspolitischen Aufgaben die Persönlichkeiten der jeweiligen Herrscher eine wichtige Rolle spielten, haben selbst so strukturgeschichtlich orientierte Historiker wie Lawrence Stone in seiner Beurteilung Karls I. für den Ausbruch der Bürgerkriege des 17. Jahrhunderts akzeptiert.[3] In der Tat spielte der Charakter des jeweiligen Monarchen eine wichtige Rolle für Erfolg und Misserfolg der Kooperation zwischen Regierenden und Regierten. Die langen Herrschaftszeiten von Heinrich VIII. und seiner Tochter Elisabeth unterstützten zweifellos die Konsolidierungsbemühungen der Monarchie. Die Bewunderung Karls II. für seinen Vetter, den Sonnenkönig Ludwig XIV. und seine Jugendjahre im Exil bestimmten ebenso die englische Außenpolitik wie Elisabeths Kindheitserfahrungen mit den politischen Wechselfällen und persönlichen Katastrophen am Hof ihres Vaters.

Schließlich wäre der Aufstieg der politisch fragilen, von Magnatenkämpfen und den demographischen Katastrophen der großen Pestwellen erschütterten, wirtschaftlich im europäischen Vergleich eher im Abseits stehenden Inseln zu einem der ökonomisch und politisch mächtigsten Staaten mit Weltmachtanspruch am Ende des Stuartherrschaft nicht möglich gewesen ohne die langfristigen Transformationsprozesse in Wirtschaft und Gesellschaft, die vor allem für das 16. und 17. Jahrhundert kennzeichnend sind. Das kontinuierliche Bevölkerungswachstum spielte hier eine ebenso wichtige Rolle wie der gelungene Ausbau der Infrastruktur durch ein Netzwerk von Kanälen und Straßen, die Intensivierung und Kommerzialisierung der Landwirtschaft, der relativ hohe Grad an Urbanisierung und – vielleicht als wichtigstem strukturellem Merkmal – die im europäischen Vergleich große soziale Mobilität breiter Bevölkerungsschichten, die durch Investitionen in den Handel mit neuen Absatzmärkten innerhalb und außerhalb Europas und in die protoindustriellen Projekte des Landes den Grundstein für die Prosperität vor allem Englands legten, auf dessen Grundlage sich der Aufstieg Großbritanniens vollziehen konnte.[4]

Die folgende Studie orientiert sich am chronologischen Gerüst der Tudor- und Stuartherrscher. Die Ereignisse und Entwicklungen in den Teilkönigreichen Irland und Schottland werden ebenso berücksichtigt wie die Politik im englischen Kernland der Monarchie. Die Dynastiengeschichte versteht sich als Einführung und Überblick. Sie wendet sich an eine deutsche Leserschaft. Neben der Vorstellung der wichtigsten Forschungsdebatten in der anglophonen akademischen Welt werden vor allem deutsche Studien zum Thema berücksichtigt, die eine weitere, vertiefende Lektüre zu den Leitthemen der Tudor- und Stuartzeit ermöglichen.

Anstelle der formal korrekteren Bezeichnung Vereinigtes Königreich von Großbritannien und Irland (bzw. ab 1922 Nordirland) habe ich für das politische Gebilde, das ab 1707 diese Bezeichnung trug das in Deutschland gebräuchlichere Großbritannien benutzt. Das gilt ebenso, wo nicht anders vermerkt, für die seit 1603 in Personalunion vereinigten Königreiche Schottland und England.

Die Tudors

Einleitung

Keine Epoche der englischen Geschichte hat so viele Versatzstücke zur Konstruktion einer englischen nationalen Identität geliefert wie das Zeitalter der Tudors. Von der Übernahme der englischen Krone durch Heinrich VII. auf dem Schlachtfeld von Bosworth 1485 bis zum Tod von „*Good Queen Bess*" 1603 fallen für die Nation so wichtige Ereignisse wie die Loslösung der englischen Kirche von Rom (1533/34) und der fast mythologisch verklärte Sieg über die spanische Armada (1588). An der sinnstiftenden Deutung dieser Periode für das englische Selbstbewusstsein arbeiteten nicht nur Zeitgenossen wie der „Hausbiograph" der Tudors Eduard Hall (mit seiner 1534 gedruckten Chronik *The Union of the Two Nobel and Illustre Families of Lancastre and York*), sondern auch spätere Historiker wie der viktorianische Gelehrte James Anthony Froude, dessen *History of England from the Fall of Wolsey to the Death of Elizabeth* 1870 in 12 Bänden veröffentlicht wurde. Es ist bezeichnend, dass man in England nach der Krönung von Elisabeth II. 1953 mit Seitenblick auf die Errungenschaften des neu eingerichteten Wohlfahrtsstaates, der kulturellen Blüte des Landes und einer immer noch als bedeutend empfundenen weltpolitischen Machtposition selbstbewusst und optimistisch von einem „Zweiten Elisabethanischen Zeitalter" sprach.

Tatsächlich sind es aber auch die Herrschergestalten der Tudors, die es erlauben, die Regierungsperiode dieses Dynastengeschlechts als eine Einheit zu betrachten. Vor allem Heinrich VII., seinem Sohn Heinrich VIII. und dessen zweiter Tochter Elisabeth I. gelang eine „Festigung des Königtums"[1], die wohl als das entscheidendste politische Merkmal der Zeit angesehen werden kann und es rechtfertigt, vom Jahr 1485 als einer Epochengrenze zu sprechen. Die Neubewertung der Monarchie und die Straffung der königlichen Verwaltungsmaschinerie darf wohl selbst auf dem Hintergrund der in der angelsächsischen Geschichtswissenschaft bis in die 1980er Jahren geführten Debatte um die *Tudor Revolution in Government*, so der Titel des ersten, 1953 veröffentlichten

Buches des international vermutlich immer noch bekanntesten Tudor-Historikers Geoffrey Elton, als die große Leistung der Monarchie gewertet werden, selbst wenn man die Erfolge der Zentralisierungspolitik heute sehr viel kritischer bewertet.[2] Weiter gefestigt wurde die königliche Herrschaft durch die Übernahme des Protestantismus in seiner englischen Ausprägung. Losgetreten durch die Heirats- und Erbfolgepolitik Heinrichs VIII. entwickelte sich die englische Kirche nach einem kurzen katholischen Zwischenspiel unter Heinrichs ältester Tochter Maria Tudor vor allem unter Elisabeth zu einem Herrschaftsinstrument der Monarchie. In theologischen Fragen blieb Elisabeths Kirchenpolitik allerdings eher unbestimmt und schuf somit den Nährboden für religiöse Strömungen, die der hierarchischen Vereinnahmung widerstanden und damit die Konfliktkonstellationen des folgenden Jahrhunderts vorbereiteten. Mehr noch als ihr machtbewusster Vater gab Elisabeth mit ihrer Selbststilisierung als „*Virgin Queen*" und ihrem Gespür für die Inszenierung öffentlicher Auftritte dem Hof eine neue Bedeutung, die sich nicht nur im geschickten Ausspielen der politischen Fraktionen, sondern auch in der Förderung kultureller, architektonischer und wissenschaftlicher Aktivitäten und Innovationen ausdrückte. Unterstützt wurde diese gesellschaftliche Blüte durch den enormen Wirtschaftsaufschwung, der im 16. Jahrhundert in fast ganz Europa zu verzeichnen ist. In England trug die lange Periode politischer Stabilität, die Straffung der Verwaltung und die Vereinheitlichung wirtschaftlicher Gesetze und Normen zu dieser Entwicklung bei. Der Produktionsanstieg vor allem in der englischen Textilindustrie, aber auch in der Rohstoffgewinnung und -verarbeitung, um hier nur zwei Leitsektoren zu nennen, wurde von staatlicher Seite durch eine auf Export gerichtete Monopol- und Patentpolitik sowie durch die Förderung der Einwanderung ausländischer Facharbeiter verstärkt. Neben Preisanstieg, Inflation und verschiedenen Konjunkturabflachungen (wie 1507, 1540, 1569/70 und 1593), die den Boom begleiteten, war es vor allem die Armenfürsorge für eine stark angewachsene Bevölkerung, die die Krone als neue Herausforderung für regulatives Handeln sah. Hier griff man zur Lösung anstehender Probleme zwar vielfach auf alte, vernachlässigte Praktiken zurück oder transportierte lokale Modelle auf die nationale Ebene. Dennoch kann man die Statuten und Verordnungen vor allem der Regierung unter Elisabeth I. als innovativ bezeichnen. Es wurden mehr Menschen versorgt als jemals zuvor. Wenn man diese Maßnahmen auch eher als Regulativ zur Stabilisierung der bestehenden gesellschaftlichen Ordnung verstehen muss, so steht die englische Erfassung und Bekämpfung des Problems Armut doch im zeitgenössischen europäischen Vergleich an erster Stelle. Dass mit den Tudorherrschern in England eine lange Periode innenpolitischer Stabilität erreicht wurde, die weder die Dynastien vor ihnen noch nach ihnen durchsetzen konnten, lag nicht zuletzt am persönlichen Geschick der Monarchen und ihrer Ratgeber, die eine gute Kooperation mit dem Parlament, mit den ökonomisch aufsteigenden gesellschaftlichen Gruppen im Lande und vor allem in der Metropole London und schließlich mit der Kirche (in ihrer sich wandelnden Form) herstellen konnten. Dieser Konsensus zerbrach unter den Stuarts und wurde erst mit der Restauration in einer neuen Machtkonstellation zugunsten des Parlaments und der darin vertretenen politischen Gruppen wieder hergestellt. Auf der außenpolitischen Bühne gelang den Tudors vor allem unter Elisabeth der Aufstieg von einem zweitrangigen international bedeutungslosen Königreich an der Peripherie Europas in den Reigen frühneuzeitlicher europäischer Mächte. Wenn man auch zunächst noch die Rolle des Juniorpartners spielte, so wurden hier doch die Weichen gestellt, die den Aufstieg des Vereinigten Königreichs, wie sich das politische Gebilde nach 1603 nannte, auch und vielleicht gerade außerhalb Europas vorbereiteten.

Wenn auch die späten Regierungsjahre der letzten Tudorherrscherin von den Zeitgenossen als krisenhaft und stagnierend erlebt wurden, so lag das weniger an den strukturellen Errungenschaften einer insgesamt ungemein dynamischen Epoche englischer Geschichte, sondern vielmehr daran, dass von einer 70jährigen Monarchin keine neuen Impulse für Politik und Gesellschaft ausgingen und ausgehen konnten.

Heinrich VII. (1485–1509)

Am 22. August 1485 beendete der Sieg Heinrich Tudors und seines vorwiegend aus Schotten und Franzosen bestehenden Söldnerheeres eine Periode gewaltsamer Auseinandersetzungen zwischen rivalisierenden englischen Adelsfamilien um die Häuser Lancaster und York, die in der Forschung unter der romantischen Bezeichnung „Wars of the Roses" bekannt wurde. In den Strudel dieser Ereignisse war auch die Familie Heinrich Tudors geraten.

Der spätere Heinrich VII. kam am 28. Januar 1457 als einziges Kind von Edmund Tudor und Margaret Beaufort in Pembroke Castle auf die Welt. Sein Großvater entstammte dem walisischen Adel und hatte sich als Gefolgsmann Heinrichs V. einen Namen gemacht, dessen Witwe Katharina von Valois er heiratete. Die Familie von Heinrichs Mutter gehörte zur englischen Hocharistokratie. Sowohl Heinrichs Großvater Owen Tudor als auch sein bereits vor seiner Geburt verstorbener Vater Edmund und dessen Bruder Jasper waren aktive Parteigänger der Lancasterpartei. Owen Tudor musste seine Loyalität zu dem schließlich entmachteten König Heinrich VI. in der Schlacht bei Mortimer's Cross in Herefordshire 1461, in der sich die Truppen der York- und der Lancasterpartei gegenüberstanden, mit dem Leben bezahlen. Titel und Landbesitz der Familie, das Herzogtum Richmond und die Grafschaft Pembroke in Wales wurden von dem siegreichen Eduard IV. eingezogen, was sowohl Heinrich als auch seinen Onkel Jasper zu mittellosen Flüchtlingen machte. Der damals vierjährige Heinrich verbrachte die nächsten Jahre im walisischen Raglan Castle am Hof von William Herbert, einem überzeugten Anhänger des Hauses York. Hier erhielt der intelligente Junge eine solide, seinem Stand angemessene Ausbildung und fand vor allem in Lady Anne Herbert eine mütterliche Freundin und Gönnerin. Nach der verlorenen Schlacht bei Tewkesbury 1471, die der yorkistischen Partei um Eduard IV. nun endgültig den englischen Thron sicherte, flohen Jasper Tudor und sein Neffe in die Bretagne, wo beide am Hof Franz II. Schutz fanden. Die Thronübernahme des umstrittenen Richard III. nach dem Tod seines Bruders Eduard und die Ausschaltung von dessen Söhnen stärkten Heinrichs Position als Anwärter auf die englische Krone. Dieser Anspruch speiste sich einerseits aus seiner Abstammung, andererseits – und darauf setzte der zukünftige König – aus seiner ausgesprochenen Opposition gegen den Usurpator Richard III. Ab 1483 konnte er die mit Richards Regierung Unzufriedenen um sich sammeln. Am 7. August 1485 landete er mit einer kleinen Armee von etwa 2300 Mann in seiner walisischen Heimat. Am 22. August kam es auf Bosworth Fields in der Nähe von Leicester zur Entscheidungsschlacht, die Heinrich, obwohl zahlenmäßig weit unterlegen, für sich gewinnen konnte. Seinen militärischen Sieg verdankte er vor allem der Haltung der mächtigsten Adeligen des Landes. Buchstäblich in letzter Minute schlug sich der bis dahin zögernde Lord Stanley mit 4000 Mann auf Heinrichs Seite, während der Earl of Northumberland nicht, wie geplant, mit seinen 3000 Soldaten für Richard ins Geschehen eingriff, sondern das Schlachtfeld als passiver Beobachter verließ. Dennoch war Heinrich auch nach der gewonnenen Schlacht in einer schwierigen Situation: Weder kannte er England, noch war die englische politische Nation mit ihm bekannt. Der seit seinem 14. Lebensjahr im Exil lebende Heinrich hatte einen, wenn auch recht weit hergeholten Anspruch auf die englische Krone. Zwar galt er als der letzte Nachfahre des Lancasterkönigshauses, das auf Johann von Gent, den drittältesten Sohn König Eduards III. zurückging, aber diesem Anspruch haftete der Makel der Illegitimität an, denn Heinrichs Urgroßvater war der Sohn von Johanns außerehelicher Verbindung mit Katharina Swinford. Heinrich war deshalb klug genug, seine Aspiration auf den englischen Thron nicht allein auf diese dynastischen Verzweigungen zu stützen. Nach Eduard Hall sah er sich vielmehr dadurch gerechtfertigt, dass er mit Richard III. einen Tyrannen stürzte, der nicht vor der Ermordung der eigenen Familie zurückgeschreckt war. Der Verdacht der Ermordung seiner Neffen lastete schwer auf der Regierung Richards. Heinrichs Sieg auf dem Schlachtfeld von Bosworth, der Richard die Krone und das Leben kostete, wurde in der politischen Propaganda der Tudormonarchie zu einem Gottesurteil stilisiert, die aus dem damals 28-jährigen, in England so gut wie unbekannten Sohn des Earl of Richmond ein Werkzeug des Allmächtigen machte.[3] Dass er selbst als propagierter Vollstrecker einer göttlichen Ordnung noch keinen dauerhaften Rechtstitel auf die englische Krone erworben hatte, war allen Beteiligten, nicht zuletzt Heinrich selbst, der die Wechselfälle der Rosenkriege in seiner eigenen Familien schmerzhaft erfahren hatte, mehr als deutlich. Bereits 1483 hatte er versucht, seinen Thronanspruch mit einer taktischen Heirat abzusichern und am Weihnachtsfest desselben Jahres in Rennes feierlich gelobt, nach dem Sturz des Usurpators Richard Elisabeth von York, die Tochter Eduards IV., zu heiraten, und damit die Häuser Lancaster und York dynastisch zu vereinigen. Mit dieser Hochzeit ließ er sich dann allerdings Zeit. Vermutlich, um nicht zu sehr den Eindruck zu erwecken, er habe lediglich in die königliche Familie des Hauses York eingeheiratet, aber auch weil einige legalistische Hürden zur Anerkennung dieser Verbindung zu nehmen waren, setzte Heinrich den Hochzeitstermin erst für den 18. Januar 1486 fest. Während ein päpstlicher Dispens eingeholt werden musste, da der Verdacht zu naher Verwandtschaft der zukünftigen Ehegatten bestand, versuchte Heinrich seine Herrschaft durch eine Reihe politischer

Maßnahmen zu festigen. Bereits unmittelbar nach der Schlacht von Bosworth ließ er den nächsten potentiellen yorkistischen Kandidaten auf den Königsthron, den 15jährigen Neffen Eduards IV., der ebenfalls den Namen Eduard trug, im Tower gefangen setzen. Ende August, vielleicht auch erst Anfang September, zog Heinrich feierlich in London ein, wo er, wie uns die Chronisten überliefern, von einer begeisterten Menschenmenge begrüßt wurde.[4] Am 30. Oktober folgte die Königskrönung. Eine Woche später berief der nun als Heinrich VII. proklamierte Herrscher das Parlament, das offiziell seinen Thronanspruch bestätigte und die königliche Linie auf seine Familie übertrug. Die Ereignisse dieser wenigen Wochen und vor allem die Strategie Heinrichs, mit der er seinen unsicheren Thronanspruch zu festigen versuchte, beleuchten brennpunktartig den politischen Handlungsspielraum und die wichtigsten politischen Verfahren, denen sich die Tudors in der Folgezeit bedienen sollten. Der Verweis auf eine göttliche Ordnung blieb integratives Element der Königsherrschaft. Wenn es auch unter Heinrichs Nachfolger so aussehen sollte, als ob Gottes Repräsentanten auf Erden zum Spielball dynastischer Politik wurden, so bewegte sich doch auch die Argumentation Heinrichs VIII. immer im theologischen Rahmen. Dieser sollte sich in den fünfzig Jahren zwischen der Schlacht von Bosworth und den Kirchenreformen der 1530er Jahre allerdings erheblich verändern. Die Unterstützung der Londoner Bürger und damit der neuen aufstrebenden Schicht wirtschaftlich aktiver Eliten wurde auch für die Nachfolger des ersten Tudorherrschers zu einem Eckpfeiler ihrer Politik. Schließlich hatte bereits Heinrich VII. die grundlegende Bedeutung des Parlaments zur Absicherung königlichen Handelns klar erkannt. Von der Kooperation zwischen Heinrich und dem Parlament profitierten allerdings beide Seiten gleichermaßen. In dem Maße, in dem der König und seine Nachfolger die Unterstützung des Parlamentes zur Herrschaftssicherung und zur Durchsetzung ihrer politischen Ziele nutzten, stieg dessen Macht und Einfluss in der englischen Politik.

Das Herrschaftsgebiet der Tudors

Über welche Länder herrschte nun König Heinrich Tudor ab 1485? Nach seinem offiziellen Titel war Heinrich „*King of England and France, and Lord of Ireland*". Faktisch jedoch war die Herrschaft des englischen Königs am Ende des Mittelalters auf England beschränkt. Von den englischen Eroberungen in Frankreich während des Hundertjährigen Krieges war seit 1453 nur noch Calais als Brückenkopf auf dem Kontinent übrig geblieben. Für die englischen Könige erwies sich der Besitz von Calais als eine ausgesprochen zweischneidige Angelegenheit, denn einerseits kostete die Befestigung der Stadt mit englischen Soldaten Geld, andererseits lastete auf ihr die Erinnerung an einstige Macht in Frankreich.[5] Schon um den Ruhm, der den Festlandsbesitzungen anhaftete, nicht völlig verschwinden zu lassen, galt es, Calais für England zu halten.

Der Herrschaftstitel über Irland war nicht weniger prekär, galt aber zumindest zu Beginn der Tudorherrschaft nicht als problematisch. Seit 1172 waren die englischen Könige nominell *Lords of Ireland*. Faktisch fielen allerdings nur ein schmaler Streifen im Osten des Landes, das sogenannte Pale, sowie die wenigen Städte und einige kleinere Regionen im Süden unter die englische Herrschaft, die durch einen vom König eingesetzten *Lord Lieutenant of Ireland* ausgeübt wurde. Eine kleine Schicht anglo-normannischer Adeliger, die seit dem 12. Jahrhundert auf der Insel lebten, kontrollierte diesen, den fruchtbarsten und den englischen *Lowlands* geographisch ähnlichen Teil des Landes. Englische Gesetze und Institutionen regelten das Leben der größtenteils agrarisch orientierten Gesellschaft, die sich bis zum Beginn der großen Pestwellen auch aus einem Zuzug englischer und walisischer Bauern speiste. Jenseits des Pale kontrollierten gälische Klans und ihre Oberhäupter das Land und seine gälische Bevölkerung, die sich kulturell und politisch deutlich von der anglo-normannischen Gesellschaft unterschied. Bis zum Beginn der Tudorherrschaft interessierten sich die Mächtigen in England wenig für die Geschicke der Insel. Von einer gezielten, von der Krone in London aus organisierten Kolonisations- und Unterwerfungspolitik in Irland kann erst unter den späteren Tudors und den Stuarts gesprochen werden.[6]

Weniger umstritten war das Herrschaftsgebiet, das den ersten Teil von Heinrichs Titel umfasste: der Anspruch auf die Krone Englands, zu der seit 1282 offiziell auch Wales gehörte. Nach einer Reihe von Feldzügen unterwarf der englische König Eduard I. die vor allem im Norden des insgesamt recht unzugänglichen Landes sehr einflussreichen walisischen Fürsten. Das Land wurde mit zahlreichen, heute noch imposant anmutenden Burganlagen wie Caernarvon, Conway und Harlech befestigt. Seit 1301 trugen die erstgeborenen Söhne der Königsfamilie den Titel *Prince of Wales*. Verbunden mit dem Titel war auch der Vorsitz über das *King's Council in the Marches of Wales*, eine auf ältere militärische Strukturen zurückgehende Institution zur Herrschaftssicherung, die von Heinrich VII. erneut aufgegriffen und verstärkt wurde. Im Übrigen zerfiel die Herrschaft in Wales in 130 Marken im Osten der Region, die zum Großteil von englischen Adeligen verwaltet wurden, und das Herrschaftsgebiet der *Principality* des Prinzen von Wales, die sechs nach englischem Muster organisierte *Counties* im Westen einschloss. Im Verlauf seiner Regierung gelang es Heinrich, mehr und mehr Marken hauptsächlich durch Erbanfall in seine Hand zu bekommen und damit die regionalen Magnaten zu entmachten. Die ältere Forschung hat hier von einer – abgesehen von vereinzelten Adelsaufständen – reibungslosen Angliederung Wales' an England gesprochen. Nicht zuletzt durch die in den 1990er Jahren erstarkte Devolutionsbewegung wird in der neueren Forschung die angebliche Anglisierung des Landes allerdings immer stärker in Frage gestellt. Heute spricht man vielmehr von einer selbstbewussten walisischen Identität, die sich neben der englischen Herrschaft bis in die höheren Gesellschaftsschichten behaupten konnte, und die ihren Ausdruck beispielsweise in der Publikation walisischer Texte fand.[7] Heinrich selbst, der in Wales geboren und bis zu seiner Flucht auf den Kontinent dort aufgewachsen war und dessen Vater einem alten walisischen Adelsgeschlecht entstammte, hatte während seiner Regierungszeit keine Probleme mit größeren Adelsaufständen in der Region. Wie in Irland änderte sich an der generellen Politik des englischen Königs gegenüber Wales relativ wenig. Wie im Falle Irlands sollte es auch in Bezug auf Wales Heinrichs Sohn und Nachfolger sein, der hier entscheidende institutionelle Veränderungen zugunsten der englischen Kronverwaltung vornahm.

Kernland der Tudorherrschaft war England. Bei Heinrichs Thronbesteigung hatte das Land eine Bevölkerungszahl von weniger als zwei Millionen Menschen. Die demographische Katastrophe der Pestwellen des 14. Jahrhunderts konnte nur sehr langsam überwunden werden. Zwar nahm die Einwohnerzahl von England und Wales bis zur Mitte des 16. Jahrhunderts auf etwa drei Millionen Menschen zu, lag damit aber immer noch um etwa fünfzig Prozent unter der Bevölkerung vor den großen Pestepidemien. Die englische Gesellschaft war fast ausschließlich agrarisch bestimmt. Über neunzig Prozent aller Menschen lebten auf dem Lande und von der Landwirtschaft. Die übrigen weniger als zehn Prozent verteilten sich auf die etwa 700 Städte des Landes. Unter den urbanen Zentren trat London mit einer Einwohnerschaft von etwa 60 000 Menschen um 1500 hervor. Alle anderen Städte waren erheblich kleiner: Norwich zählte etwa 12 000 Menschen in den Stadtmauern, Bristol hatte etwa 10 000 Einwohner, Exeter, York und Salisbury jeweils etwa 8 000, Coventry etwa 7 500.[8] Insgesamt nahm die Tendenz zur Urbanisierung allerdings im Verlauf des 16. und im 17. Jahrhunderts rapide zu. Vor allem London erlebte einen ausgesprochenen Bevölkerungsboom, der sich zum größten Teil durch Immigranten aus dem In- und Ausland speiste.[9] Für die wirtschaftliche, aber auch für die politische Struktur des Landes sollte dieser Urbanisierungsschub erhebliche Folgen haben. Die Infrastruktur des Landes lässt sich vereinfachend in zwei regionale Großbereiche unterteilen. Während der Süden und Osten vor allem von der Ackerwirtschaft lebte, spezialisierte man sich im Norden und Westen einschließlich Wales mit seinen weniger fruchtbaren Böden auf die Weidewirtschaft und hier vor allem auf die Schafzucht. Der Trend zur Schafzucht hatte sich auch als ökonomische Konsequenz der Pestwellen herausgebildet, da sie weniger arbeitsintensiv war als die Landwirtschaft, und somit den gesunkenen Bevölkerungszahlen eher entsprach als die traditionelle Dreifelderwirtschaft mit Allmende. In der früheren Forschung ist gerade die Schafzucht und der damit einhergehende Wollhandel als das Rückrat des englischen Wirtschaftsaufschwungs gepriesen worden, neuere Forschungen zeichnen ein sehr viel differenzierteres Bild von der englischen Landwirtschaft, die allmählich profitorientiert nicht mehr nur für den Eigenbedarf produzierte, sondern gezielt Produkte für den gewerblichen Handel, etwa Flachs, Hanf und Färbestoffe wie Waid, Safran und Krapp anbaute.[10] Die rechtliche Stellung der Bauern hatte sich als Konsequenz der großen Pestwellen und dem damit verbundenen demographischen Einbruch enorm verstärkt und ermöglichte eine Flexibilität und Innovation auf dem Agrarsektor, die viele Bauern angesichts der wirtschaftlichen Veränderungen positiv für sich zu nutzen wussten. Die Mehrzahl der Bauern besaß den Status von sogenannten *Copyholders*, das heißt, sie waren Erbpächter, die in einem schriftlich fixierten vertraglichen Verhältnis zu ihren Grundherren standen und praktisch unkündbar waren. Ein Fünftel der englischen Bauern waren *Freeholders*, die ihren Grundherren nur noch nominell zinspflichtig waren und über ihr Land frei verfügten. Eine dritte Gruppe, die *Leaseholders*, die etwa ein Neuntel der Bauernschaft ausmachte, bestand aus Pächtern mit zeitlich fixierten Landverträgen, die immer wieder neu ausgehandelt werden mussten, wenn die Pachtzeit abgelaufen war. Einen entscheidenden Motor für eine stärkere Marktorientierung lieferte auch hier der Aufschwung der Städte. Was die nicht-agrarische Produktion angeht, so war England zu Beginn der Tudorzeit im europäischen Kontext weit abgeschlagen. Neben Wollprodukten lieferte nur die Bleiindustrie nennenswerte Exportartikel, während vor allem Kleinwaren und Luxusgüter eingeführt werden mussten. Im Verlauf des 16. Jahrhunderts sollte sich besonders die Kohlegewinnung und die damit einhergehende Eisenherstellung enorm steigern. Mit der durch den allgemeinen Wirtschaftsaufschwung und den Bevölkerungsanstieg verbundenen Nachfrage nach Konsumgütern, die über die Notwendigkeiten des täglichen Bedarfs hinausgingen, diversifizierten sich allmählich auch andere Gewerbezweige. Metallwaren, Glas, Papier, Seife und andere Luxusgüter wurden nun vor allem mit Hilfe ausländischer Experten auch in England hergestellt.[11]

Zu den geographischen und wirtschaftlichen Unterscheidungsmerkmalen in Tudor-England gesellten sich politischen Besonderheiten in den unterschiedlichen Herrschaftsgebieten der Tudors, die erst in den letzten Jahren von der Forschung stärker zur Kenntnis genommen wurden. Für den König war zweifellos der Süden und Osten das geographische und politische Zentrum des Landes, das mit dem alten Herrschaftsgebiet der angelsächsischen Könige zusammenfiel. Seit dem 12. Jahrhundert wurde englische Politik in Westminster gemacht. In dieser Region befanden sich nicht nur die meisten Städte des Landes, allen voran die wichtige Metropole London, hier lagen die handelspolitisch wichtigsten Häfen, wie Norwich und im Westen Bristol. Hier befanden sich mit den Universitäten Oxford und Cambridge die beiden bis ins 19. Jahrhundert einzigen Hochschulen des Landes. Hier errichteten die Tudorherrscher ihre Paläste und Landsitze, nicht zuletzt, um dort ausländische Gäste vom europäischen Festland zu unterhalten. Bis ins 16. Jahrhundert hinein waren den englischen Königen ihre kontinentaleuropäischen Besitzungen sehr viel wichtiger als etwa der schmale Streifen Land, das man in Irland kontrollierte. Diese Ausrichtung auf den Kontinent reflektierte auch die Infrastruktur ihres Herrschaftsgebietes. Es mag deshalb nicht verwundern, dass sowohl zeitgenössische Publizisten als auch Historiker bis zum Ende des 20. Jahrhunderts das Herzstück der Tudorregierung in dieser Region verortet und den sogenannten Randgebieten wenig Beachtung geschenkt haben. Erst im Zuge der *New British History* beschäftigen sich seit etwa 15 Jahren Wissenschaftler stärker mit den immerhin etwa fünfzig Prozent des gesamten

Herrschaftsraumes umfassenden Gebiet außerhalb des Südostens.[12] Tatsächlich hat hier die Vorstellung der „*Tudor Revolution in Government*" mit der These wachsender Herrschaftsdurchdringung durch Friedensrichter und andere unmittelbar der Krone unterstellte Institutionen eine entscheidende Korrektur erfahren.[13] Nicht nur die Herrschaft in Wales war sehr viel weniger gesichert als es die Zentralregierung in London wahrhaben wollte, auch im Norden war das Land noch stärker durch die alte Wehrinstitution der westlichen, östlichen und mittleren Marken auf dem Gebiet der späteren *Counties* Cumbria, Northumbria und Westmorland geprägt als durch die *Shire*verfassung des Südens. Hinzu kam die Sonderinstitution des *Palatinate of Durham*, die ebenfalls unter der Prämisse der Grenzsicherung errichtet worden war. Hier beherrschten mächtige Magnaten im kriegerischen Dauerzustand an der Grenze zu Schottland die Politik. Für den ersten Tudorherrscher war diese Region besonders prekär, da sich hier auch das Zentrum seiner yorkistischen Widersacher befand. Gefahr ging vor allem von den Familien der Percys und Nevilles aus, die traditionell die wichtigsten Ämter der Grenzmarken bekleideten. Heinrich versuchte zwar, die Macht der Magnaten durch eine Umverteilung der Regierungskompetenzen auf kleinere Landbesitzer zu brechen, musste aber Henry Percy, den Earl of Northumberland, der durch seine zögerliche Taktik bei der Schlacht von Bosworth Heinrichs militärischen Sieg erst ermöglicht hatte, aufgrund der politischen Infrastruktur als königlichen Stellvertreter der Region und *Warden-general* bestätigen. Erst nach dem Tod Percys während einer Steuerrebellion in Yorkshire im Jahre 1489 konnte Heinrich mit Thomas Howard, dem Earl of Surrey, einen politischen Parteigänger in das oberste Amt der Markenverwaltung einsetzen.

Herrschaftssicherung und Konsolidierung der Tudormonarchie

Die drängendsten Herausforderungen, denen sich Heinrich Tudor in seinen ersten Herrschaftsjahren stellen musste, waren allerdings nicht struktureller Art, sondern das Resultat jener mittelalterlichen Adelsrivalitäten, die die Geschichte des Landes in den vorangegangenen achtzig Jahren erschüttert hatten. Die Sicherung des Hauses Tudor als einer neuen Herrschaftsdynastie gegenüber rivalisierenden Ansprüchen anderer englischer Adelsgeschlechter stand während der folgenden Jahre im Mittelpunkt des politischen Engagements Heinrichs. Sie bestimmten sowohl seine Innen- als auch seine Außenpolitik. Seine Gegner versuchten vor allem aus dem nach wie vor ungeklärten Schicksal der „Prinzen im Tower", der von Richard III. eingekerkerten jungen Söhne Eduards IV., und seinem Neffen Eduard von Warwick, den wiederum Heinrich vorsorglich hatte inhaftieren lassen, politisches Kapital zu schlagen. Im Zentrum der Opposition standen die Parteigänger des Hauses York, vertreten durch Margarete von Burgund, einer Schwester Eduards IV., die als Witwe Karls des Kühnen in Flandern residierte, und durch die engsten Berater des gestürzten Richard III. Vor allem durch die Aktivitäten Margaretes erhielt der Versuch, das Haus York als herrschende Dynastie zu restituieren auch eine deutlich internationale Dimension, die die großen politischen Akteure in Europa, Kaiser Maximilian und Karl VIII. von Frankreich für ihre eigenen Machtspiele zu nutzen versuchten.

Anfang 1487 machte in Irland ein junger Mann von sich reden, der später als Lambert Simnel, Sohn eines Orgelbauers, enttarnt wurde. Mit Hilfe des altenglischen Earl of Kildare, Gerald Fitzgerald, der noch von Richard III. als *Deputy-Lieutenant* von Irland eingesetzt worden war, Anhängern der York-Partei und dem ehemaligen engen Vertrauten des Königs, dem Viscount Francis Lovell, wurde Simnel als der im Tower inhaftierte Eduard von Warwick aufgebaut und gegen Heinrich zu Felde geschickt. Obwohl Heinrich den echten Eduard offiziell durch die Straßen von London führen ließ, erhielt die Bewegung um Simnel in Irland großen Zulauf. Am 24. Mai 1487 krönten die Yorkisten ihren Kandidaten in der Christ Church Cathedral in Dublin zum König und zogen zusammen mit einem von Margarete von Burgund ausgestatteten Heer von 2000 deutschen Söldnern unter Martin Schwarz gegen Heinrich. Bei Stoke in der Grafschaft Nottingham kam es am 16. Juni 1487 zur entscheidenden Schlacht, die Heinrich für sich gewinnen konnte. Francis Lovell, der Kopf der Verschwörung, blieb vom Tage der Schlacht an verschollen. Der Thronprätendent und der ihn begleitende Priester wurden als Gefangene vor König Heinrich geführt. Dieser ließ allerdings Milde walten und überließ Simnel einen Posten in der königlichen Küche.[14] Der Earl of Kildare blieb ebenfalls verschont. Trotz seiner offensichtlichen Mittäterschaft an der Verschwörung konnte sich Heinrich weitere Unruhen in Irland, die die Entmachtung des einflussreichen Magnaten nach sich gezogen hätten, nicht leisten. Dennoch blieb Irland die Achillesferse in Heinrichs Bemühungen um die Konsolidierung seines Hauses. Eine zweite, ähnlich aufgebaute Verschwörung um einen angeblichen Sohn Eduards IV, der als Perkin Warbeck enttarnt wurde, verlief allerdings ebenfalls erfolglos. Wie im Falle Simnels versuchten die yorkistischen Parteigänger ihren Kandidaten zunächst in Irland aufzubauen. 1491 wurde der junge Mann aus dem flämischen Tournai, der im Gefolge einer Kaufmannsdelegation ins Land gekommen war, als Richard von York öffentlich vorgestellt. Anders als bei der Simnel-Verschwörung gelang es den Yorkisten allerdings diesmal nicht, eine breite Zustimmung für einen Aufstand in Irland zu mobilisieren. Wiederum versuchten jedoch auch diesmal ausländische Mächte, den jungen Mann für ihre Politik zu instrumentalisieren. Wiederum ging die Initiative von Frankreich aus. Wiederum bildete sich ein Oppositionszentrum um die Herzogin-Witwe Margarete von Burgund, an deren Hof im niederländischen Mechelen sich Warbeck nach der misslungenen Mobilisierung in Irland ab 1493 aufhielt. Ein erster Invasionsversuch Anfang Juli 1495 an der Küste Kents schlug jedoch fehl. Warbeck floh zunächst nach Irland, dann nach Schottland, wo er am Hofe König Jakobs IV. nicht nur freundlich aufgenommen, sondern auch als legitimer Kronbewerber anerkannt und mit einer Angehörigen der schottischen Königsfamilie verheiratet wurde. Ein schottischer Einfall in England blieb zwar im Grenzgebiet stecken, führte aber zu einer unerwarteten Krise im Südwesten Englands. In Cornwall sah sich Heinrich einem regionalen Aufstand gegenüber, weil sich die Bevölkerung weigerte, Sondersteuern für den Krieg an der Nordgrenze aufzubringen. Eine cornische Rebellenarmee zog bis nach Blackheath vor die Tore Londons, wurde dann aber von den eilig von der schottischen Grenze abgezogenen königlichen Truppen vernichtend geschlagen. Warbeck hatte zunächst versucht, aus dem Aufstand politisches Kapital zu schlagen und sich dem Rebellenheer anzuschließen, erreichte die cornische Küste allerdings erst, nachdem der Aufstand längst niedergeschlagen worden war. Demoralisiert und verunsichert gab er schließlich auf, enttarnte sich als Hochstapler und empfahl sich der Gnade des Königs. Wieder ließ Heinrich zunächst Gnade walten und hielt den jungen Mann in eher lockerem Gewahrsam. Im November 1499 wurde Warbeck dann aber unter dem Verdacht der Konspiration gegen den König in London gehängt. Gleichzeitig verlor auch der immer noch im Tower inhaftierte Eduard von Warwick sein Leben. Er geriet in den Strudel einer Verschwörungsanklage und wurde am 29. November 1499 auf dem Towerhügel enthauptet. Bei der

Niederschlagung der Warbeck–Rebellion reagierte Heinrich diesmal aggressiver auf die Mittäterschaft des Earl of Kildare. 1492 entließ er Fitzgerald aus seinen Ämtern und übergab die Gouverneursstelle in Irland schließlich Sir Edward Poynings, einem fähigen Militär, der mit einer Armee von 650 Mann seinen Säuberungsaktionen im Land Gewicht verlieh. Zwischen 1494 und 1495 wurden von der Dubliner Regierung Reformen zur Straffung der Steuereinnahmen durchgeführt. Wichtigste und langfristig bedeutendste Änderung war allerdings die als *Poynings' Law* (oder *Statute of Drogheda*) bekannte Auflage an das irische Parlament, nur mit Zustimmung des Königs und seines Rates zu tagen. 1495 wurde Poynings jedoch wieder abberufen und ein Jahr später durch Fitzgerald ersetzt. Dieser hatte sich mittlerweile mit einer Verwandten Heinrichs verheiratet und stand somit wieder auf gutem Fuß mit der englischen Krone.[15] Die Aktivitäten yorkistischer Thronprätendenten sollten auch weiterhin wie ein Damoklesschwert über der Regierung Heinrichs hängen. Noch einmal versuchte ein legitimer Neffe Eduards IV. Heinrich mit Hilfe ausländischer Mächte den Thronanspruch streitig zu machen. Edmund, der Earl of Suffolk, ein Sohn von Eduards Schwester Elisabeth und Johann von Suffolk erhielt wiederum politische Unterstürzung vom Kontinent, wurde aber von Kaiser Maximilian ebenso schnell wieder fallengelassen, nachdem es auf dem außenpolitischen Parkett zwischen Heinrich und dem Kaiser zu einer Aussöhnung gekommen war. Dieser letzte politisch aktive Kronprätendent wurde 1506 nach England ausgeliefert, im Tower festgesetzt und schließlich 1513 ohne förmliches Verfahren von Heinrich VIII. hingerichtet.

Außenpolitische Bemühungen um die Anerkennung des Hauses Tudor in Europa

Herrschaftssicherung war auch das Leitthema von Heinrichs Außenpolitik. Hier galt es zum einen, wie bereits gezeigt, die Thronansprüche konkurrierender Adelsgeschlechter oder deren Strohmänner und deren ausländische Verbündete abzuwenden. Gleichzeitig musste Heinrich versuchen, seine eigene Familie international zu etablieren. Vor allem geschickte dynastische Heiratspläne sollten dem Haus Tudor zur Anerkennung auf dem politischen Parkett Europas verhelfen. Heinrichs älteste Tochter Margarete wurde 1503 mit dem schottischen König Jakob IV. verheiratet. Damit sollte gleichzeitig ein Schlussstrich unter die seit 1328 während Dauerkrise mit den nördlichen Nachbarn gezogen werden. Den größten heiratspolitischen Coup konnte Heinrich allerdings mit dem Ehebündnis seines ältesten Sohnes Arthur mit Katharina von Aragon, der Tochter der spanischen Könige Ferdinand und Isabella landen. Durch die Verbindung der englischen Krone mit einer der mächtigsten Dynastien Europas gelang Heinrich zweifellos ein sehr respektabler Einstieg in die internationale Politik. Nach mehrjährigen Verhandlungen wurde 1501 der damals 15-jährige Arthur mit seiner um ein Jahr älteren spanischen Braut vermählt. Nur wenige Monate später, im April 1502, starb Arthur vermutlich an Tuberkulose. Es spricht allerdings für die Beständigkeit des spanisch-englischen Bündnisses, dass die junge Witwe nicht wieder nach Spanien zurückreiste, sondern als Spielball für ein weiteres Heiratsprojekt herhalten musste, in dem Heinrichs zweiter Sohn und Thronfolger, der spätere Heinrich VIII., ab 1503 für kurze Zeit sogar der inzwischen ebenfalls verwitwete Heinrich VII. selbst als Ehepartner zur Debatte standen. Schließlich einigten sich Ferdinand, Isabella und Heinrich im Juni 1503 auf eine Ehe zwischen dem jungen Thronfolger und der Prinzessin, für die im Dezember desselben Jahres ein päpstlicher Dispens eingeholt wurde, der die Ehe zwischen Schwager und Schwägerin sanktionierte. Die Heirat sollte erst 1505 nach Heinrichs 15. Geburtstag stattfinden. In der Zwischenzeit vergifteten allerdings Streitigkeiten um die Mitgift der Braut und ihre Ausstattung als Witwe das Verhältnis zwischen den regierenden Herrschern, so dass die Hochzeit schließlich erst zwei Monate nach dem Tod Heinrichs VII. (am 21. April 1509) im Juni 1509 gefeiert wurde. Seine jüngere Tochter Maria sollte zunächst mit Kaiser Maximilians Enkel Karl von Burgund verheiratet werden. Diese Ehe kam allerdings nicht zustande.

Abgesehen von seinen heiratspolitischen Erfolgen blieb Heinrich VII. in Europa einflusslos. Das Königreich England war nach den schrittweisen Verlusten der französischen Besitzungen an die Peripherie des kontinentalen Mächtesystems gerückt. Es spricht für die politische Klugheit Heinrichs, dass er gar nicht erst versuchte, an die als glorreich empfundene internationale Rolle der englischen Dynastie der vergangenen Jahrhunderte anzuknüpfen. Für außenpolitische Machtdemonstrationen fehlte dem englischen Herrscher sowohl der finanzielle als auch der politische Rückhalt. Dass Heinrich beispielsweise bei dem großen internationalen Friedenskongress in Cambrai im Dezember 1508 gar nicht erst eingeladen wurde, macht das mangelnde Gewicht Englands im Konzert der europäischen Mächte des frühen 16. Jahrhunderts deutlich. Dennoch konnte Heinrich durchaus einige außenpolitische Erfolge verbuchen, die sich vor allem auf die wirtschaftliche Lage und die politische Stabilität im eigenen Lande auswirkten.

Durch sein taktisches Kalkül und seine Fähigkeit, in Krisensituationen schnell, flexibel und umsichtig zu handeln – Eigenschaften, die der König in den langen Jahren des Exils ausgebildet hatte – gelang es Heinrich, eine zunächst scheinbar verfahrene Situation in Frankreich zu seinen Gunsten zu wenden. Unter dem öffentlichen Druck hatte sich Heinrich 1492 einer Allianz mit Ferdinand und Isabella von Aragon-Kastilien und Kaiser Maximilian gegen die französische Annexionspolitik in der Bretagne angeschlossen. Als er Anfang Oktober 1492 mit einer Invasionsarmee von 25 000 Mann in Boulogne landete, schien alles darauf hinzudeuten, dass der Tudor-König an die traditionelle Expansionspolitik seiner Vorgänger anknüpfen wollte. Tatsächlich erkannte Heinrich allerdings schnell, dass von seinen Bündnispartnern in der Bretagne wenig Unterstützung zu erwarten war. In den mittlerweile einsetzenden Friedensverhandlungen, die durch die Heirat des französischen Königs Karl VIII. mit Anna, der Erbin der Bretagne, die Eingliederung des Herzogtums in die französische Krone auf eine berechtigte Basis stellten, konnte Heinrich den französischen König dazu verpflichten, in Zukunft keine Feinde der Tudor-Dynastie mehr in seinem Lande zu dulden. Gleichzeitig erklärte sich Karl im Vertrag von Étaples (3. November 1492) zur Zahlung der gewaltigen Summe von 745 000 Goldkronen für den Abzug des englischen Heeres bereit. Besonders erfolgreich entwickelte sich der Abschluss eines Handelsabkommens mit Burgund, der sogenannte *Intercursus Magnus* von 1496. Die hier getroffenen Absprachen sollten den Handel der englischen Wollindustrie mit den Niederlanden und den dortigen Hochburgen der Textilverarbeitung fördern. Englische Stoffe konnten zollfrei in die Niederlande eingeführt werden, während auf englischer Seite die traditionellen Zoll- und Importbestimmungen in Kraft blieben. Im Gefolge dieses Handelsabkommens stieg die Londoner Wirtschaftsvereinigung der *Merchant Adventurers* zum Monopolisten im Niederlandehandel auf. Weitere Handelsverträge waren bereits 1490 mit Dänemark und Florenz geschlossen worden.

Ordnung von Finanzen und Verwaltung

Gerade der Abschluss dieser internationalen Handelsverträge beleuchtet die finanzpolitische Strategie des ersten Tudorherrschers, der in der Forschung gerne als der „Finanzmanager auf dem englischen Thron"[16] bezeichnet wird. Ihm gelang es, im Rahmen traditioneller königlicher Einkommensquellen wie Zölle, Steuern und Gebühren, nicht nur seinen eigenen Finanzhaushalt zu konsolidieren, sondern auch den aufsteigenden Wirtschaftsschichten des Landes, auf dessen politische Hilfe er baute, in die Hände zu spielen. Vor allem die ältere Forschung hat sich intensiv mit der Finanzpolitik des ersten Tudorherrschers beschäftigt und hier detailliert herausgearbeitet, wie Heinrich seine ordentlichen und außerordentlichen Einnahmen innovativ optimierte.[17] Zu den ordentlichen königlichen Einnahmen gehörten seine Einkünfte als Grundeigentümer, als Nutznießer der Krondomäne und als Lehnsherr. Hinzu kamen Import- und Exportzölle sowie Gebühren verschiedener Art. Gerade beim letzten Punkt erwies sich Heinrich als äußerst flexibel. Vor allem die Vertretungsgebühren im Fall von minderjährigen Erben und die bei Volljährigkeit fälligen Ablösesummen (*Wardship* und *Livery*) zog der König mit großer Gewissenhaftigkeit ein. Anstelle von Leibes-, Ehren- und Gefängnisstrafen wurden Geldbußen gegen Rechtsübertretungen aller Art verhängt. Der gesamte Bereich der außerordentlichen Einnahmen, etwa in Form von Steuern zur Finanzierung außenpolitischer Unternehmen, war von Bewilligungen des Parlaments abhängig, und hier übte Heinrich eher Zurückhaltung. Insgesamt hinterließ Heinrich seinem Nachfolger einen wohlgeordneten Finanzhaushalt mit einer wohlgefüllten Staatskasse.

Während die historische Forschung sich relativ einig ist über die Erfolge, die Heinrich in England und in Europa zur Sicherung seines Hauses erringen konnte, haben die Maßnahmen zur inneren Herrschaftssicherung vor allem in den 1980er Jahren Anlass zu Kontroversen gegeben. Angelpunkt war die an der Modernisierungsforschung orientierte Frage nach Kontinuität und Wandel seiner Herrschaft. Kann man Heinrichs Politik als einen Schritt zur modernen Staatsführung verstehen oder überwiegt in seiner Politik die Kontinuität mittelalterlicher Rechts- und Verfahrenspraxis? Auf den ersten Blick entsteht der Eindruck, dass der erste Tudorkönig vor allem die Politik seines Vorgängers Eduards IV. weitergeführt hat. Viele der ehemaligen Berater Eduards IV. und Richards III. blieben in königlichen Diensten. Heinrich suchte nicht nur die personelle Kontinuität der Regierungsgeschäfte, die vielleicht auch als ein Akt der Versöhnung mit den potentiellen Gegnern seiner Dynastie verstanden werden kann.[18] Er stützte sich auch auf die traditionellen Herrschaftsinstitutionen, wie den königlichen Rat (*Privy Council*), als umfassende Gerichts- und Beratungsinstanz sowie die königliche Kammer als Finanzbehörde, die als eine Institution des Haushalts der unmittelbaren Kontrolle des Königs unterstand und mit der „offiziellen" Finanzbehörde des Landes, dem Schatzamt (*Exchequer*) konkurrierte. In die „Waagschale" der Modernisierer fällt vor allem Heinrichs Interesse an der Verbesserung lokaler Verwaltung. Zu diesem Zweck versuchte er, die vom König eingesetzten und ihm unmittelbar verantwortlichen Friedensrichter (*Justices of the Peace*) zugunsten der aus der lokalen Elite rekrutierten Sheriffs zu stärken. Als Friedensrichter wurden vor allem Mitglieder der unteren Schichten des Landadels (*Gentry*) herangezogen, um so ein Gegengewicht gegen die örtlichen Magnaten zu schaffen. Vor allem in den einzelnen *lowland-Counties* verdoppelte, beziehungsweise verdreifachte sich die Anzahl der Friedensrichter in den ersten 50 Jahren der Tudormonarchie. Zwar haben neuere Forschungen eingewandt, dass Heinrichs System auf lokaler Ebene nicht zu einer Durchsetzung von Recht und Ordnung, sondern zu Gewalt und Instabilität geführt habe und damit also gescheitert sei. Dieses, vor allem von Christine Carpenter aufgrund von Lokalstudien gefällte Urteil, ändert allerdings nichts an der grundsätzlichen Feststellung, dass Heinrich neue Herrschaftsmethoden eingeführt hat, die von seinen Nachfolgern übernommen wurden und zu einer neuen Qualität königlicher Herrschaftsdurchdringung führten.[19] Ziel dieses Herrschaftsstandards war zweifellos ein Mehr an Zentralismus und Bürokratie bei gleichzeitiger Schwächung adeliger Herrschaftsautonomie im Lande. Ob diese Tendenz bereits berechtigt, von einer „neuen Monarchie" zu sprechen, wie es die neuere Forschung wieder tut, mag dahingestellt bleiben. Heinrichs einzige institutionelle Neuschöpfung, der *Council Learned in the Law*, ein 1498/99 eingerichteter Gerichtshof, der sich ausschließlich mit Verstößen gegen königliches Recht beschäftigte, wurde unter seinem Nachfolger wieder abgeschafft. Insgesamt scheint die Diskussion um traditionelle und innovative Elemente der Herrschaft Heinrichs VII. allerdings in der neuesten Forschung nur noch wenige Gemüter zu bewegen. Die „Modernisierungs"-Thematik hat sich auch für den Bereich der englischen Tudorherrschaft ermüdet. Große alternative Debatten sind allerdings zur Zeit in der Tudor-Forschung nicht zu verzeichnen. Hier beschäftigt man sich noch mit Korrekturen der traditionellen *Whig*-Interpretation, die in der Tudormonarchie den unaufhaltsamen Aufstieg des englischen Nationalstaates nachgezeichnet hat. Für den ersten Tudorkönig bedeutet das beispielsweise ein verstärktes Interesse an den kulturellen Innovationen seines Hofes, die Heinrich aus dem Schatten seines extrovertierten Sohnes herausheben wollen. Das Image eines farblosen, uninspirierenden Herrschers, dessen Regierungsstil Geoffrey Elton als „*cold, calculating and cautious*" bezeichnet hat, wurde in den letzten Jahren rehabilitiert und durch das Bild eines erfolgreichen, intelligenten und kulturell wie politisch äußerst wirksamen Monarchen ersetzt.[20] Unter Heinrich VII. wurde der bereits von Eduard IV. nach burgundischem Vorbild stilisierte königliche Hof mit seinen Zeremoniellen und Ritualen verfeinert. Dazu gehörte auch für den „Geizkragen" der älteren Forschung die ostentative Zurschaustellung von Macht und Reichtum.

Heinrich VIII. (1509–1547)

Heinrich VII. starb am 21. April 1509 im Alter von 52 Jahren.
 Mit der reibungslosen Übernahme des Königstitels durch Heinrich VIII. am 22. April 1509 hatte sein Vater sein wichtigstes politisches Ziel, die dynastische Etablierung des Hauses Tudor verwirklicht. Der Regierungsantritt des damals nicht ganz 18-jährigen Heinrich Tudor verlief völlig selbstverständlich. Englische Rivalen um die Krone brauchte er während seiner gesamten langen Regierungszeit nicht zu fürchten. Im Vergleich zu dem schon äußerlich asketisch anmutenden Heinrich VII. ist das Bild, das Zeitgenossen und die historische Forschung von Heinrich entworfen haben, das Portrait eines Renaissance-Herrschers *par excellence*. Auch als zweiter und zunächst nicht für die Thronfolge bestimmter Sohn erhielt Heinrich eine nach den Richtlinien des 16. Jahrhunderts vorzügliche Ausbildung. Dazu gehörte die Beherrschung der lateinischen und der französischen Sprache, in denen Heinrich sich sowohl schriftlich als auch mündlich ausdrücken konnte. Hinzu kam etwas Italienisch und Spanisch, für kurze Zeit widmete sich der Prinz auch dem Griechischen. Bemerkens-

wert war seine Liebe zur Musik. Heinrich spielte nicht nur mehrere Instrumente, sondern komponierte Lieder und auch zwei Messen. Neben dem Repertoire humanistischer Bildung interessierte sich Heinrich besonders für die ritterlichen Beschäftigungen seiner gesellschaftlichen Klasse. Er brillierte im Reiten und Lanzenstechen, war ein guter Tennisspieler und Ringer. Mit seinen vermutlich 1,88 Metern (gemessen nach den zwei von ihm erhaltenen Ritterrüstungen) war er kräftig und athletisch gebaut und entsprach perfekt dem Ideal des Hofmannes, wie ihn Baldassare Castiglione in seinem 1528 erschienenen *Libro del Cortegiano*[21] anschaulich beschrieben hat. Dieses Bild vermitteln auch die zahlreichen, selbstbewussten Portraits des Königs, diesem Bild hat sich vor allem auch die ältere Forschung angeschlossen, die in Heinrich die Personifizierung eines neuen, kraftvollen Zeitalters sah, in dem England den kulturellen Anschluss an Kontinentaleuropa fand.

In der Tat fällt in die Zeit seiner Herrschaft der massive Ausbau repräsentativer Bauwerke im Renaissancestil. Heinrich ließ nicht weniger als 43 königliche Paläste und Landhäuser errichten, von denen *Hampton Court* und *St. James*'s zu den heute noch bekanntesten zählen. Die bereits existierenden Königssitze wurden modernisiert und den gesteigerten Bedürfnissen repräsentativer Herrschaft angepasst. Von *Greenwich Palace,* dem bevorzugten Aufenthaltsort der Tudormonarchen, ist heute so gut wie nichts mehr zu sehen. Pläne der Anlage zeigen, dass hier bis zu 500 Gäste beherbergt und versorgt werden konnten. Hinzu kamen großzügig angelegte Sporthallen vor allem für Tennis- und Bowlingveranstaltungen.[22] Wenn Kunsthistoriker im Vergleich mit kontinentaleuropäischen Palästen den Stil der Anlagen auch als weniger künstlerisch und geschmackvoll abgerundet klassifizieren, so entsprachen sie jedoch der ostentativen Repräsentation von Luxus und Reichtum, die Heinrich in ihnen verwirklicht sehen wollte. Dieser Demonstration von Wohlstand dienten auch die von Heinrich für seine internationalen Standesgenossen veranstalteten Feste und Feiern.

Der König und der Kardinal

Heinrich übernahm ein intaktes Königtum, eine blühende Wirtschaft und einen fähigen Beraterstab, der in den ersten Regierungsjahren des Königs von Erzbischof William Warham (als *Lord Chancellor*) und Bischof Richard Fox (als *Lord Keeper of the Privy*

Seal), nach 1512 von deren Zögling Thomas Wolsey dominiert wurde.

Zunächst änderte sich am Regierungsstil des neuen Königs und dem Instrumentarium seiner Herrschaft nichts. Heinrich zeigte sich allerdings insgesamt wenig am politischen Alltagsgeschäft interessiert, zog Jagdveranstaltungen den Sitzungen des *Privy Council* vor und überließ die politische Arbeit mehr und mehr seinem ersten Minister Wolsey. Vor allem die ältere Forschung und namentlich Geoffrey Elton weisen dem „Großen Kardinal" die unumstrittene Hauptrolle in der englischen Politik bis 1530 zu.[23] Thomas Wolsey, der Sohn eines Metzgers aus Ipswich und Fellow des Oxforder Magdalene College, hatte eine für sein Zeit typische Karrierechance gewählt und seinen Aufstieg zu Macht und Einfluss über die katholische Kirche begonnen. Er war bereits unter Heinrich VII. königlicher Kaplan gewesen, hatte sich Verdienste als effizienter Administrator erworben und war von Heinrich VIII. in die königliche Verwaltung übernommen worden. 1514 wurde Wolsey zum Erzbischof of York, dem zweithöchsten Amt in der Kirche Englands ernannt. Ambitionen auf den Erzbischofsstuhl in Canterbury blieben zunächst verstellt, da sich William Warham trotz fortgeschrittenen Alters einer guten Gesundheit erfreute. Anstelle dessen versuchte Wolsey durch enge Kontakte nach Rom seine Position in England weiter auszubauen. 1515 wurde ihm die Kardinalswürde übertragen. Vor allem durch seine Organisation von Heinrichs französischen und schottischen Kriegen stieg er in der Gunst des Königs. Daneben konnte er seine Position durch die Akkumulation weiterer Kircheneinkommen festigen. Schließlich stand seine Hofhaltung der des Königs an Pracht und ostentativem Luxus in nichts nach. Als 1515 William Warham als *Lord Chancellor* zurücktrat, schlug Wolseys Stunde und er übernahm dieses Amt. Als *Lord Chancellor* setzte er sich innenpolitisch zunächst für eine Verbesserung und Zentralisierung der Rechtsprechung ein. Obwohl selbst ohne juristische Ausbildung so zeigte Wolsey doch nicht nur großes Interesse, sondern auch ausgesprochenes Geschick im Umgang mit Rechtsangelegenheiten. Er präsidierte selbst über den *Court of Chancery*, einen Zivilgerichtshof, der traditionell der *Chancery*, also seiner eigenen Behörde unterstellt war, und nach Billigkeitsgrundsätzen entschied. Daneben wurden Gerichtsfälle nun verstärkt am *Court of Star Chamber*, dem Gericht des *Privy Council*, dem Wolsey ebenfalls vorsaß, verhandelt. Zudem übernahm der *Privy Council* mehr und mehr exekutive Funktionen. Die Friedensrichter, von denen viele quasi-autonome Autorität in ihren *Counties* ausübten, sollten nun wieder stärker an die Zentralregierung gebunden werden und dies durch die jährliche Erneuerung ihres Amtseides in Westminster manifestieren. Diese Maßnahmen kosteten den ohnehin vom politischen Establishment als Emporkömmling diskreditierten Wolsey viele Sympathien innerhalb der reichen Landbesitzerschicht. Ein nicht geringer Teil seines Einflusses bestand darin, dass sich der Kardinal persönlich im Regierungsgeschäft unentbehrlich machte, wichtige Positionen selbst bekleidete und sich den administrativen Schriftverkehr bis ins Kleinste vorlegen ließ. Den dadurch vollgepackten Arbeitstag nahm er für seine omnipotente Position gerne in Kauf. Auch als Finanzverwalter hat Wolsey Heinrichs ersten Regierungsjahren seinen Stempel aufgedrückt. Bereits 1513 reformierte er die Steuergesetzgebung und führte anstelle fixer Steuerraten eine flexible, am realen Einkommen der Steuerzahler gemessene Besteuerung ein. Die Steuerreform entwickelte sich nach anfänglichen Schwierigkeiten zu einem großen Erfolg für die Krone. Leider kam dieser allerdings hauptsächlich den außenpolitischen Ambitionen des Königs zugute und wurde darüber hinaus von Heinrichs aufwendigem Bauprogramm verschlungen. Dennoch konnten die Einnahmen die Kosten der Krone nicht decken. Eine Sondersteuer, der sogenannte *Amicable Grant* zur Finanzierung des Feldzuges gegen Frankreich, provozierte 1525 in weiten Landesteilen massive Steuerrebellionen und wurde daraufhin wieder abgeschafft. Für seinen Feldzug von 1544 bediente sich Heinrich dann des Mittels der Münzverschlechterung. Insgesamt ist die Bilanz von Wolseys innenpolitischen Initiativen eher gemischt. Im Bereich der Rechtsprechung erreichte der Kardinal die gewünschte Straffung und Zentralisierung, im Finanzhaushalt hinterließ er beträchtliche Defizite, die durch die aufwändige Regierung und Politik seines Auftraggebers verursacht worden waren.

Heinrich VIII. und Europa

Während innenpolitische Entscheidungen im *Privy Council* diskutiert wurden, blieb die Außenpolitik in Heinrichs ersten Regierungsjahren eine Angelegenheit zwischen ihm und seinem ersten Minister. Hier erwies sich Wolsey auf ganzer Linie als der bedingungslose Vollstrecker der Vorstellungen seines Königs, der dabei allerdings seine eigenen politischen Ambitionen, den Aufstieg zum päpstlichen Legaten, der ihm 1518 gelang, und vielleicht auch die Idee, selbst Papst zu werden, nie aus den Augen verlor. Er versagte am Ende nur in einer – der wichtigsten – Angelegenheit des Königs, die dann sein politischer Zögling und Nachfolger Thomas Cromwell in die Hand nahm. Von 1531 bis 1540 bestimmte Cromwell, der wie Wolsey aus kleinen Verhältnissen stammte, und nach dem Sturz seines Gönners aus dessen Schatten trat, die englische Außen- und Religionspolitik. Nach dem Fiasko um Heinrichs Heirat mit Anna von Kleve erlitt er allerdings im Juni 1540 ein ähnliches Schicksal wie sein politischer Ziehvater. Er wurde des Hochverrates angeklagt und hingerichtet.

Außenpolitik bewegte sich für Heinrich zunächst in der ostentativen Zurschaustellung der eigenen Macht, mit der er die europäischen Monarchen auf dem Kontinent zu beeindrucken versuchte.

Die schon unter seinem Vater beliebten Turnierveranstaltungen wurden von Heinrich als Mittel internationaler Diplomatie stilisiert, in denen er seine Leidenschaft für in seiner Zeit eigentlich schon anachronistische Ritterspiele mit dem Versuch politischer Einflussnahme in Europa verband. Die spektakulärste dieser Unternehmungen war zweifellos das Treffen Heinrichs mit Franz I. von Frankreich in der Nähe von Calais im Sommer 1520. Eigens für diese Veranstaltung wurden ein hölzerner Palast und ein Zeltlager aus Goldbrokat aufgebaut, nach dem der Treffpunkt schließlich als *Field of Cloth of Gold* bezeichnet wurde. Mit einem Turnier zwischen den beiden etwa gleich alten Königen, das Heinrich verlor, wurde die Freundschaft der Herrscher ostentativ zur Schau gestellt. Ähnliche Spektakel ließ Heinrich auch für Treffen mit anderen Monarchen, wie etwa Karl V. veranstalten, der auch selbst 1520 und 1522 zu Gast in England war. Diese Versuche, als ebenbürtiger Partner im europäischen Konzert der Mächte mitzuspielen, täuschten aber lediglich den König selbst darüber hinweg, dass England nach wie vor in der europäischen Politik nur eine sehr untergeordnete Rolle spielte und anstelle die Geschicke mitzubestimmen häufig zum Spielball der großen Kontrahenten aus den Häusern Valois und Habsburg wurde. Obwohl Heinrich mit einigen dramatischen außenpolitischen Aktionen versuchte, Einfluss auf die Politik auf dem Kontinent zu nehmen, waren seine internationalen Erfolge ausgesprochen gering und finanziell ruinös. England fehlten in jeder Hinsicht die Ressourcen, um mit dem Einkommen des römisch-deutschen Kaisers oder des französischen Königs konkurrieren zu können.

Insgesamt lassen sich in der Außenpolitik Heinrichs und seiner wechselnden Berater – zunächst Thomas Wolsey, dann Thomas Cromwell – drei Phasen unterscheiden. In den ersten Jahren seiner Herrschaft verbündete sich Heinrich mit den Habsburgern gegen die französischen Könige Ludwig XII. und Franz I. Ab 1527 lavierte Heinrich zwischen europapolitischer Neutralität und einer pro-französischen Haltung, die sich nicht zuletzt aus seinen Schwierigkeiten mit Karl V. in seiner Scheidungsangelegenheit speiste. Erst ab 1543 kehrte er zu der traditionellen pro-spanischen Allianz zurück.

1511 trat Heinrich auf Seiten der Habsburger der gegen Frankreich gegründeten Heiligen Liga bei. Mit habsburgischer Rückendeckung startete er 1513 einen Überfall auf die französische Enklave in Burgund, der an die großen Zeiten von Heinrichs Vorbild Heinrich V. anknüpfen sollte. Die Aktion, an der der König persönlich teilnahm, wurde mit viel Geld und propagandistischem Aufwand durchgeführt. Die englische Einnahme von Thérouanne und Tournai stilisierten Hofhistoriographen zu einem bedeutenden Sieg.[24] Noch im selben Jahr konnte Heinrich einen weiteren Sieg gegen den mit Frankreich verbündeten nördlichen Nachbarn Schottland feiern. Bei Flodden Field wurde das schottische Heer vernichtend geschlagen. Angeblich 10 000 schottische Soldaten verloren mit ihrem König Jakob IV. das Leben. Heinrichs Schwester Margarete, die Witwe des getöteten Königs, übernahm für ihren unmündigen Sohn, den späteren Jakob V., die Regentschaft. Ein Jahr später wurde auch mit Frankreich Frieden geschlossen, der mit der Ehe von Heinrichs jüngerer Schwester mit dem französischen König besiegelt werden sollte. Die 18-jährige Maria heiratete im Oktober 1514 den 52-jährigen Ludwig XII. von Frankreich, was allerdings außenpolitisch wenig Konsequenzen hatte und nicht zu der erhofften englischen Einflussnahme auf die französische Politik führte. Nach wenigen, offenbar auch nicht sehr glücklichen Ehemonaten (Ludwig hatte das gesamte englische Personal seiner jungen Frau kurzerhand entlassen) verstarb der Monarch. Eine zweite, bereits kurz darauf geschlossene Ehe Marias mit Charles Brandon, dem späteren Duke of Suffolk, verlief glücklicher, beraubte Heinrich allerdings weiterer Möglichkeiten, mit der Hand seiner Schwester Politik zu machen. 1515–1516 unterstützte Heinrich den Feldzug des Kaisers Maximilian gegen Frankreich in Norditalien. 1518 wurde im Vertrag von London ein Friedensschluss zwischen England, Frankreich, Spanien, dem Papst und Kaiser Maximilian vereinbart, für dessen Zustandekommen sich Heinrich verantwortlich fühlte. Dass die getroffenen Vereinbarungen durch den baldigen Tod Maximilians ohne Konsequenzen blieben, zeigt vielleicht einmal mehr, wie wenig Gewicht der selbst ernannte Vermittler Heinrich im europäischen Mächtesystem hatte. Wiederum in Überschätzung der eigenen Position bewarb sich Heinrich kurz darauf um die freigewordene Kaiserwürde, blieb aber zwischen den Rivalen Franz I. und Karl I. von Spanien, dem späteren Karl V., weit abgeschlagen. Nachdem durch Karls Siege gegen Frankreich in Norditalien die Gefahr einer erdrückenden habsburgischen Hegemonie in Europa in greifbare Nähe rückte, wechselte Heinrich erneut die Seiten und schloss 1527 mit Frankreich den Geheimvertrag von Westminster. Kurz darauf kam es am 6. Mai desselben Jahres nicht nur zu der skandalösen Eroberung und Plünderung Roms durch kaiserliche Truppen, sondern auch zum Beginn des Scheidungsverfahrens Heinrichs von Katharina von Aragon. Katharinas Neffe Karl war keinesfalls bereit, Heinrichs Scheidung von seiner Tante zu akzeptieren und setzte den von ihm abhängigen Papst Clemens VII. dementsprechend unter Druck. Damit endete die erste Phase der henrizianischen Außenpolitik und das Bündnis mit den Habsburgern. Zwei Jahre später, im August 1529, kam es mit dem sogenannten Damenfrieden von Cambrai auf internationaler Ebene zu einer Aussöhnung zwischen den europäischen Großmächten. Es spricht wiederum für die untergeordnete Rolle Englands, dass Heinrich nicht einmal zu den Friedensverhandlungen eingeladen wurde. In den folgenden Jahren bündelte die Scheidungsaffäre und die dadurch losgetretenen Reformen der englischen Kirche die Energien Heinrichs und seiner Berater. Auf der außenpolitischen Bühne sah er sich in offener Gegnerschaft gegen Karl V. und Papst Clemens VII. Der Versuch einer Annäherung an Frankreich konnte aber auch deshalb nicht gelingen, weil Franz nicht bereit war, mit einem Gegner des Papstes zu kooperieren und offensichtlich auch in Heinrich keinen wirklich wichtigen Bündnispartner sah. Verbündete fand Heinrich schließlich in den lutherischen deutschen Territorialherren des Schmalkaldischen Bundes. Heinrichs Außenpolitik wurde seit 1531 von seinem neuen Favoriten Thomas Cromwell geleitet, der in den Lutheranern wichtige Verbündete zur Schwächung Habsburgs sah und wohl auch hoffte, durch das lutherische Bündnis die protestantischen Interessen in England selbst zu stärken. Die Chance einer effektiven Schädigung Karls sah Cromwell schließlich in einer Allianz mit Herzog Wilhelm V., der seit Februar 1539 die an die habsburgischen Niederlande angrenzenden Herzogtümer Jülich, Kleve, Berg und ab August desselben Jahres auch Geldern regierte. In Cromwells Planung sollte das Bündnis mit dem Niederrheiner durch eine Heirat des inzwischen von seiner mittlerweile dritten Frau, Jane Seymour, verwitweten Heinrichs mit Wilhelms Schwester Anna von Kleve bekräftigt werden. In der Tat kam Anna Anfang Januar 1540 nach London und wurde unverzüglich mit dem englischen König vermählt. Die Verbindung hielt aber nur wenige Wochen, da sich Heinrich von seiner jungen Frau, die er bis zu ihrem Besuch in London nur durch ein Portrait seines Hofmalers Holbein gekannt hatte, enttäuscht sah. Damit blieb das ungleiche Bündnis mit dem deutschen Prinzen ohne große Konsequenzen. Thomas Cromwell kostete die missglückte Allianz allerdings den Kopf. Er wurde am 10. Juni 1540 festgenommen, des Hochverrats und der Ketzerei angeklagt und ohne förmliches Gerichtsverfahren per *Act of Attainder* zum Tode verurteilt. Insgesamt hinterließ diese Phase englischer Außenpolitik wenig Spuren. Bei aller Verstimmung über die Behandlung seiner Tante ging Kaiser Karl nicht so weit, die lukrativen wirtschaftlichen Beziehungen seiner niederländischen Besitzungen mit England aufs Spiel zu setzen. Der Tod Katharina von Aragons, die im Januar 1536 einem Krebsleiden erlag, verschaffte zudem einem Spannungsfeld in den anglo-habsburgischen Beziehungen Erleichterung.

Der Wiederannäherung Englands an die Habsburger spielten schließlich die erneuten Differenzen zwischen Karl V. und Franz I. in die Hände. Als im Sommer 1542 wiederum Krieg zwischen den beiden Mächten ausbrach, schlug sich Heinrich auf die Seite Habsburgs und entsandte 1543 englische Truppen im Umfang von 40000 Mann in die Niederlande und nach Calais. Wieder begleitete der mittlerweile körperlich stark angeschlagene König persönlich sein Heer. Wieder wurde unter großem propagandistischem und finanziellem Aufwand ein relativ bedeutungsloser Sieg errungen und die Stadt Boulogne an der französischen Kanalküste eingenommen. Wiederum spielte Heinrichs Position in den Friedensverhandlungen von Crépy 1544 keine Rolle. Heinrich, der nicht bereit war, Boulogne wieder aufzugeben, schloss erst im Juni 1546 einen Separatfrieden mit Frankreich, in dem ihm der Besitz der Stadt für die nächsten acht Jahre zugesichert wurde. Die erste Phase des anglo-französischen Krieges war außerdem überschattet vom Ausbruch der Feindseligkeiten mit Englands nördlichem Nachbarn Schottland. Aus Grenzstreitigkeiten im Sommer 1542 entwickelte sich im November eine schottische Invasion, die allerdings bereits bei Solway Moss an der englisch-schottischen Grenze ihr Ende fand und zum Tode des schottischen Königs Jakob V. führte. Ein englischer Angriff auf Edinburgh folgte im Frühjahr 1544 ohne die kriegerische Situation entscheidend zu verändern. Bei seinem Tod 1547 hinterließ Heinrich seinem Sohn und Nachfolger Eduard einen Krieg mit Schottland und einen eher lauwarmen Kompromissfrieden mit Frankreich.

Am Ende seiner Regierung stand das Land nach wie vor im außenpolitischen Abseits. Die kriegerischen Abenteuer, in die sich Heinrich gestürzt hatte, waren kostspielig und langfristig erfolglos. Entsprechend vernichtend ist die Bilanz der henrizianischen Außenpolitik.

The King's Great Matter

Während die wenig erfolgreiche Außenpolitik Heinrichs VIII. in der englischen Tudorforschung eher am Rande betrachtet worden ist, hat man sich sehr viel intensiver dem zweiten großen Komplex königlicher Politik zugewandt: dem schon von Zeitgenossen als „*the King's Great Matter*" postulierten Scheidungsverfahren Heinrichs und der dadurch losgetretenen Lawine königlicher Maßnahmen zur Trennung Englands von der römischen Kirche.[25]

Zunächst scheint die Ehe zwischen Heinrich und seiner Frau Katharina durchaus harmonisch und freundschaftlich gewesen zu sein. Problematisch wurde die Verbindung für den König erst, als nach langen Ehejahren und zahlreichen Schwangerschaften nur ein Mädchen, die 1516 geborene Maria, überlebte und somit die Thronnachfolge des Hauses Tudor in eine Krise geriet. Zwar schloss die gängige englische Praxis eine weibliche Thronerbin nicht generell aus. Die Erfahrungen mit der einzigen Königin auf Englands Thron, Mathilda, deren Regierung im 12. Jahrhundert zu einem verheerenden Bürgerkrieg geführt hatte, trugen aber eher dazu bei, die allgemeine Skepsis gegen ein Frauenregiment zu untermauern. Seit 1518 wurde die Königin überhaupt nicht mehr schwanger. Ein illegitimer Sohn aus einer Liaison des Königs mit Elisabeth Blount, der 1519 geborene Henry Fitzroy, kam als Thronnachfolger nicht in Frage.[26] Als religiöser Mensch seiner Zeit suchte Heinrich die Ursache für das Ausbleiben eines für die Dynastie so notwendigen Erbens in Gottes Ratschluss. Schließlich vermutete er, durch die Vermählung mit der Witwe seines Bruders gegen göttliches Gebot verstoßen zu haben, wie es im 3. Buch Moses (Leviticus) festgeschrieben steht. Laut Kapitel 18, 20 und

21 wurde eine solche Schwagerehe mit Kinderlosigkeit bestraft. Zusätzlich zu diesen religiös motivierten Zweifeln an der Rechtmäßigkeit seiner Ehe, die als solche durchaus ernst zu nehmen sind, kam Heinrichs Interesse an Anna Boleyn, der jüngeren Schwester einer seiner ehemaligen Mätressen, in die sich Heinrich zwischen 1525 und 1527 heftig verliebte, die ihn aber, anders als ihre Schwester und frühere Geliebte, zunächst in seinem Werben nicht erhörte. Wie sehr sich Heinrich in die junge, am Hof Franz I. aufgewachsene und allen Urteilen nach ausgesprochen charmante Frau verliebte, bezeugen die glühenden Liebesbriefe, die er ihr zwischen 1527 und 1528 in englischer und französischer Sprache schrieb.[27] Zusammen mit der Aussicht auf eine jüngere Frau, mit der er den ersehnten Thronfolger zeugen konnte und der Sorge, durch seine Ehe gegen das Gebot Gottes verstoßen zu haben, suchte Heinrich ab 1527 nach einem päpstlichen Dispens zur Aufhebung der Ehe mit Katharina. In einem durchaus üblichen Verfahren sollte die Ehe annulliert werden. Problematisch wurde dieser Vorgang aber vor allem durch die außenpolitische Konstellation der Zeit. Der Papst befand sich nach dem *Sacco di Roma* in der Hand Karls V. und dieser war nicht gewillt, die erniedrigende Scheidung seiner Tante Katharina hinzunehmen. Zur Überraschung Heinrichs kam es nicht zu der gewünschten Annullierung. In den folgenden Jahren sollten beide Seiten – denn auch Katharina war nicht gewillt, die Scheidung zu akzeptieren – versuchen, durch Rechtsgutachten ihre Position zu festigen. Kernpunkt von Katharinas Verteidigung war ihre Aussage, dass die Ehe mit Heinrichs Bruder Arthur nie vollzogen worden war, und damit das Problem der Schwagerehe gar nicht bestand, also auch keine Annullierung mit Berufung auf die erwähnte Bibelstelle möglich war. Die Verhandlungen zogen sich ergebnislos in die Länge und kosteten dem bis dahin ersten Mann der Tudorregierung, Kardinal Thomas Wolsey, der die Sache des Königs beim Papst zu vertreten hatte, das Amt des Lordkanzlers, das er bis 1529 inne hatte. Sie hätten dem am Hof schon seit langem unbeliebten Kardinal vermutlich auch das Leben gekostet, wäre er nicht – nachdem bereits eine Anklage wegen Hochverrats gegen ihn erhoben worden war –, Ende November 1530 gestorben. Ganz im Einklang mit der nun folgenden, romfeindlichen Strategie hatten seine politischen Gegner versucht, das seit 1353 bestehende *Statute of Praemunire* gegen ihn anzuwenden, das die Anrufung der päpstlichen Gerichtsbarkeit gegen den König unter Strafe stellte. Wolseys Aufstieg zum päpstlichen Legaten reichte hier zur Anklageerhebung.

Sein Nachfolger wurde, als erster Nichtgeistlicher in diesem hohen Amt, der Jurist Sir Thomas More, der seit 1515 für den König in diplomatischen Diensten unterwegs war und zu den gebildetsten und international gewandtesten Mitgliedern von Heinrichs *Privy Council* gehörte. Er war klug genug, den Posten nur unter der Bedingung anzunehmen, dass er nicht in die Scheidungsangelegenheit des Königs verwickelt wurde. More beschränkte sich auf die Aufsicht der Rechtspflege und machte keine Anstalten, in die Fußstapfen des großen Kardinals zu treten. Unterstützt von dem Cambridger Theologen Thomas Cranmer, der als engster Berater des Königs in geistlichen Angelegenheiten an die Stelle Wolseys aufgestiegen war, hatte Heinrich Gutachten über die Rechtmäßigkeit seiner Ehe von den beiden englischen Universitäten Oxford und Cambridge und von verschiedenen führenden Hochschulen Europas, so von Köln, Bologna, Ferrara und Padua eingeholt, aber auch hier waren die Ergebnisse unentschieden: wie vermutlich nicht anders zu erwarten, sprachen sich die spanischen, deutschen und eine Reihe von italienischen Gutachten gegen eine Scheidung, die englischen, französischen und einige andere italienische Antworten für die Sache des Königs aus. Hier war also keine weitere Hilfe zu erwarten. Deshalb schlug Heinrich nun eine neue Strategie ein, indem er versuchte, aus der insgesamt kirchenfeindlichen Atmosphäre seines Parlaments politisches Kapital zu schlagen und seine Politik mit Hilfe von parlamentarisch abgesicherten Gesetzen durchzusetzen, die schließlich auf eine fundamentale Neuregelung des Verhältnisses zwischen Staat und Kirche hinauslaufen und auch das Verhältnis zwischen Gläubigen und Obrigkeit auf eine neue Basis stellen sollten. Von einer gezielten Demontage der römischen Kirche in England war zu diesem Zeitpunkt allerdings noch keine Rede. 1529 berief der König nach sechs Jahren erstmals wieder ein Parlament ein. Zu Beginn der später als *Reformation Parliament* bezeichneten Sitzungen war weder Heinrichs Strategie noch der Gang der Ereignisse klar. Den Gedanken, eine Scheidung nicht vom Papst, sondern von der Kirche in England zu erwirken, hatte Heinrich nach den gescheiterten Verhandlungen in Rom bereits seit einiger Zeit erwogen. Ein kirchenrechtliches Gutachten der englischen Bischöfe im Oberhaus sollte ihm die Möglichkeit einer neuen Eheschließung eröffnen. Allerdings stand die Mehrzahl des englischen hohen Klerus auf Seiten Katharinas. William Warham, der Erzbischof von Canterbury, und damit das oberste Haupt der Kirche in England, hatte bereits unmissverständlich signalisiert, dass er nicht bereit war, eine Entscheidung gegen den Ratschluss des Papstes zu fällen. Die Aktionen der nächsten Jahre waren deshalb eher als Einschüchterungen der englischen Geistlichkeit gedacht und weniger an die Adresse des Papstes gerichtet. Dennoch erkannte Heinrich, dass es nur eine Frage der Zeit sein würde, den Widerstand der englischen Bischöfe zu brechen. 1532 starb der weit über achtzigjährige Warham, der mit päpstlicher Zustimmung durch Heinrichs Parteigänger Thomas Cranmer ersetzt wurde. Damit eröffnete sich eine reale Chance, die englische Geistlichkeit zur Zustimmung zu einem Scheidungsverfahren zu gewinnen. Bereits im Frühjahr 1532 hatte Heinrich das Parlament zur Verfassung einer Petition gegen die Missstände der Kirche bewegen können. Die Bittschrift diente als Druckmittel auf der Provinzialsynode von Canterbury, die beschloss, dass künftig sämtliche kirchlichen Gesetze und Verordnungen erst nach königlicher Zustimmung rechtskräftig wurden (*Act of Submission of the Clergy*). Damit wurde dem König erlaubt, über die Ernennung von Bischöfen und Prälaten nun selbst zu bestimmen. Gleichzeitig verfügte das Parlament, dass von nun an keine Annaten, das heißt die Einkünfte aus dem ersten Jahr bei Übernahme einer Kirchenpfründe an Rom abgeführt werden sollten (*Act of Conditional Restraint of Annates*). Die Durchsetzung dieses Gesetzes blieb allerdings zunächst noch offen, denn Heinrich hoffte immer noch auf einen Ausgleich mit dem Papst und wollte unnötige Konfrontationen vermeiden. Um seine Absichten auch außenpolitisch zu manifestieren, reiste der König mit Anna Boleyn im Oktober 1532 an den Hof Franz I. nach Frankreich und ließ seiner Begleiterin königliche Ehren zukommen. Zeremoniell wurde Anna als seine Gattin und Königin von England geehrt. Im folgenden Jahr beschleunigten sich die Ereignisse. Spätestens im Januar 1533 war klar, dass Anna ein Kind von Heinrich erwartete. Der erhoffte Sohn musste jedoch als rechtmäßiger Thronfolger geboren werden. Noch im selben Monat heiratete der König seine Geliebte. Rechtliche und theologische Grundlage dieser Ehe war der Tatbestand, dass sich Heinrich, da in seinen Augen nicht rechtmäßig mit Katharina von Aragon verbunden, als Junggeselle bezeichnete und deshalb ohne Schwierigkeiten eine Ehe eingehen konnte. Um Katharina und ihren Parteigängern die Möglichkeit der Appellation an den Papst zu verwehren, erließ das Parlament im März 1533 den *Act of Restraints of Appeals*, der die Anrufung päpstlicher Instanzen in kirchenrechtlichen Fragen verbot. Auch hier ließen Heinrich und seine Berater allerdings die Hintertür für eine Aussöhnung mit dem Papst offen. Verboten wurden lediglich Anrufungen in Heirats- und Erbschaftsangelegenheiten, nicht aber theologische Fragen etwa zur Häresie. Im Mai 1533 sanktionierte das neue Oberhaupt der englischen Kirche, Erzbischof Cranmer, die Scheidung von Katharina, indem er und die Mitglieder der Provinzialsynode in Canterbury die Ehe zwischen Heinrich und Katharina insgesamt für ungültig erklärten.

Am 1. Juni schließlich folgte die Krönung Anna Boleyns zur Königin. Der Papst reagierte noch im Juli mit der Androhung des Kirchenbannes für die Mitglieder der Synode, die Katharinas und Heinrichs Ehe für nichtig erklärt hatte. Nachdem weder Heinrich noch seine Bischöfe zum Einlenken bereit waren, wurde der Bann im September öffentlich verkündigt.

Damit schien die Verhandlungstür zwischen Papst und König endgültig zugeschlagen. In den folgenden Jahren zementierte eine Reihe fundamentaler Parlamentsbeschlüsse den Bruch der englischen Kirche mit Rom. Zu Beginn des Jahres 1534 trat der bereits beschlossene *Act of the Submission of the Clergy* in Kraft. Es folgten bis zum Jahresende die Suprematsakte, mit der sich Heinrich zum Oberhaupt der englischen Kirche erklärte, ferner die Sukzessionsakte, die die Tochter aus der Ehe mit Katharina von Aragon für illegitim erklärte und von der Thronfolge ausschloss. Die Nachfolge sollte auf die Kinder aus Heinrichs zweiter Ehe übergehen. Schließlich wurde jede Kritik an der neuen kirchenrechtlichen Regelung zu Hochverrat erklärt, der mit dem Tod bestraft werden konnte. Die neue Stellung Heinrichs in der Kirche, die Gültigkeit der zweiten Ehe und die Nachfolgeregelung hatten alle Untertanen mit einem Eid zu beschwören. Prominenteste Opfer dieses Gesetzes wurden der Bischof von Rochester John Fischer und der bereits 1532 als *Lord Chancellor* zurückgetretene Thomas More, die sich weigerten, die Neuregelung zu akzeptieren und beide im Sommer 1535 hingerichtet wurden. Für die Monarchie bedeutete die Loslösung von Rom eine enorme Aufwertung. Die Suprematsakte machte Heinrich zu einem Herrscher, der nur Gott selbst verantwortlich war. Seinen Untertanen wurde jedes Hilfeersuchen an eine ausländische Macht, wie es etwa durch die Anrufung kirchlicher Gerichte möglich gewesen war, nun unter Androhung der Todesstrafe verboten.

Architekt dieser Neuordnung war Thomas Cromwell, der seit 1530 im *Privy Council* tätig war. Seit 1531 gehörte er zum engsten Kreis des Königs, bekleidete eine Reihe hoher Regierungsämter und war ab 1536 *Keeper of the Privy Seal*. Zusammen mit Cranmer und Anna Boleyn versuchte er, schließlich erfolgreich, den König zu weitgesteckten Reformen der kirchlichen Organisation zu überreden.

In einer zweiten Phase des Machtwechsels von Monarchie und Kirche schloss sich die Enteignung des kirchlichen Besitzes zugunsten der Krone an. Hatte Heinrich bereits durch das Verbot der Annatenabführung nach Rom deutlich gemacht, dass keine Gelder mehr aus England an den Papst gehen sollten, gingen er und Cromwell nun zu einem Frontalangriff auf den umfangreichen Klosterbesitz im Land – etwa zehn Prozent der gesamten Anbaufläche in England – über. Die juristische Handhabe zu drastischen Enteignungen wurde im Visitationsrecht des Königs als dem neuen Oberhaupt der Kirche gefunden. Königliche Kontrolleure ordneten 1536 zunächst die Auflösung der kleineren Klöster mit Besitz von bis zu 200 Pfund an. Diese Maßnahmen wurden allerdings nicht widerspruchslos hingenommen. Im Sommer und Herbst 1536 formierte sich in Yorkshire ein Volksaufstand, der unter der in bewusster Anlehnung an die katholischen Pilgerfahrten gewählten Selbstbezeichnung *Pilgrimage of Grace* bekannt wurde. Der Aufstand, der teilweise bis zu 35 000 Teilnehmer zählte, erschien zunächst auch durch die Unterstützung durch Teile des Adels als eine ernsthafte Bedrohung, brach aber letzten Endes zusammen, weil die Aufständischen vor einer grundsätzlichen Attacke auf die Autorität des Königs zurückschreckten. Die Niederschlagung der Rebellion gab dem König nicht nur den Anlass zu einer Machtdemonstration, der zahlreiche Rädelsführer der Revolte zum Opfer fielen, er leitete auch die zweite Enteignungswelle der größeren Klöster im Lande ein, was im April 1539 geschah. Für die Eingliederung der enormen Summen, die dadurch in die königliche Kasse flossen, wurde eigens ein neuer Finanzgerichtshof, der *Court of the Augmentation of the King's Revenue*, eingerichtet. Etwa zwei Drittel des somit erworbenen Grundbesitzes gelangten zum Verkauf und wurden vor allem von den kleineren Grundbesitzern des Landes erworben. Die Säkularisierung der Klöster führte damit nicht nur zu einer gewaltigen Umverteilung von Landbesitz in England, sondern auch zu einer gesellschaftlichen Umstrukturierung, von der vor allem die wirtschaftlich aktive und innovative Gruppe der *Gentry*, der Kleinadeligen, profitierte. Damit konnte sich die Krone nicht nur finanziell von den außenpolitischen Debakeln von Heinrichs Europapolitik erholen, sondern auch die aufsteigende Gesellschaftsschicht der kleineren Landbesitzer an sich binden.

Kirchen- und Verwaltungsreformen in den Peripherien der Tudorherrschaft

Die neue Ordnung fand in den verschiedenen Herrschaftsgebieten ein geteiltes Echo. Sowohl in Wales als auch in Irland erfolgten die Reformen der Kirche in einer Periode der Zentralisierung und Herrschaftsverdichtung auf administrativer Ebene. Angeregt von Thomas Cromwell hatte Heinrich in allen Grenzregionen, in Irland, Wales und Nordengland 1534 Neubesetzungen der wichtigsten Ämter vorgenommen. Innerhalb eines Monats wurde in Irland der Earl of Kildare gegen den erfahrenen Militär Sir William Skeffington als *Lord Deputy of Ireland* ausgetauscht. Im Norden musste Lord Dacre zugunsten Henry Cliffords, des Earl of Cumberland, als *Warden of the Marches* zurücktreten, und in Wales ersetzte Bischof Rowland Lee Bischof Vesey als Präsident des *Council of the Marches*. Den ehemaligen Amtsträgern wurde wegen ihrer unabhängigen Verhandlungen mit den Feinden jenseits der Grenze oder im eigenen Land Hochverrat vorgeworfen. Die Ersetzung lokaler Magnaten und ihrer Netzwerke durch ortsfremde loyale Beamte des Königs sollte das lokale Mächtesystem erschüttern und den Einfluss der Zentralregierung stärken. Damit verbunden waren allerdings auch erheblich höhere Kosten zur Besetzung von Garnisonen und Befestigungsanlagen, da durch den Wegfall lokaler Autoritäten zunächst ein Machtvakuum entstand, das sowohl die gälischen Clanchefs in Irland als auch die Schotten in Nordengland durch Überfälle und Raubzüge für sich zu nutzen verstanden. In Irland führte die Absetzung des Earl of Kildare zu einer 14-monatigen Rebellion, die Heinrich nur mit großem finanziellen und materiellen Aufwand niederschlagen konnte. Einfälle gälischer Clans in das von England verwaltete Gebiet blieben dennoch an der Tagesordnung. 1541 versuchte Heinrich durch seine eigene Ernennung zum König von Irland, die festgefahrene Reorganisation des Pale neu zu beleben. In seinem neu geschaffenen Königreich sollten die gälischen Iren den Engländern rechtlich gleichgestellt werden. Damit verbunden werden sollte eine Landreform nach den Maßgaben des englischen *Common Law*. Aus den irischen Clanherrschaften sollten englische *Shires* werden. Grundlage dieser Strategie war die offizielle Unterwerfung gälischer Clanchefs unter die englische Herrschaft. Der Plan, der in der Forschung unter dem Schlagwort „*surrender and regrant*" diskutiert wird, sollte in Anlehnung an die Integrationsbemühung in

Wales englische Rechts- und Verwaltungsnormen auf die Verhältnisse in Irland überstülpen. Das Projekt, das als typisch für die englische Herrschaftsstrategie der Tudors gilt, konnte einige Erfolge verbuchen. Einflussreiche gälische Familien wie die O'Neills und die O'Briens wurden zu Earls of Tyrone und Thomond erhoben. Altenglische Adelige im Land konnten durch den Erwerb der ehemaligen Klosterbesitzungen stärker in das englische System eingebunden werden. Insgesamt blieben die alten Eliten jedoch weiterhin die stärkste Kraft im Land. Von einer grundsätzlichen Entmachtung der lokalen Magnaten zugunsten einer Beamtenelite, die in der bis in die 1990er Jahre fast durchgängig Englandzentrierten Tudorforschung als Siegeszug der Tudorherrschaft auf dem Weg zur Staatsbildung vertreten worden ist, kann man zumindest in den Grenzregionen der Tudormonarchie jedenfalls nicht sprechen.[28] Gerade in Irland erfolgte ab der zweiten Hälfte des 16. Jahrhunderts der Zusammenbruch dieser Ansätze einer Verwaltungsreform und der Umschlag in eine nach militärischen Grundsätzen organisierte Besiedlung. Ein Grund für den Zusammenbruch einer ohnehin instabilen Ordnung war zweifellos die wachsende Entfremdung der altenglischen Eliten von den politischen Zusammenhängen. Mit der Ernennung Heinrichs zum König änderte sich an der politischen Struktur des Pale nichts. Das Teilkönigreich Irland blieb weiterhin von den Entscheidungen des Königs und seines englischen *Privy Council* abhängig. Rechtsstreitigkeiten mussten vor Gerichten in England ausgetragen werden, und nach wie vor konnte das irische Parlament ohne ausdrückliche Genehmigung des Königs weder zusammenkommen noch legislativ tätig werden.

Auch im Norden Englands versuchte die königliche Zentralregierung durch die Einziehung und Neuverteilung des Kirchenbesitzes neue Allianzen mit den kleineren Landbesitzern der Region aufzubauen oder das eigene loyale Klientel aus dem Süden erfolgreich abzufinden. Insgesamt ist auch hier die Erfolgsbilanz der Zentralisierungsbemühungen von Heinrich und Cromwell, der hier wiederum die treibende Kraft war, gemischt. Zwar gelang die Zerstörung lokaler Machtzentren vor allem auf Kosten der Familie Percy, deren Güter enteignet wurden, teilweise in der Hand der Krone blieben, zu anderen Teilen an Parteigänger Heinrichs vergeben wurden, aber das dadurch entstandene Vakuum konnte nicht durchgängig erfolgreich gefüllt werden. Zwar arbeitete der neue, vor allem aus südlichen Aufsteigern bestehende *Council* relativ effektiv, die notorische Unterfinanzierung der Garnisonen und

Befestigungen machte aber gerade das nördliche Grenzgebiet zu einer von Überfällen und Viehdiebstahl geschüttelten Krisenregion.[29]

Sehr viel erfolgreicher waren die henrizianischen Zentralisierungsmaßnahmen in Wales. Die Ernennung von Bischof Rowland Lee zum Vorsitzenden des *Council of the Marches* erwies sich als glücklich für die Reformeifrigen, als traumatisch für viele Waliser, die nicht bereit waren, sich den neuen Zentralisierungstendenzen zu beugen. Hand in Hand mit seiner Ernennung ging die Verabschiedung einer Reihe von Statuten zur Vereinheitlichung der walisischen Gesetzespraxis nach englischen Normen. Zwischen 1536 und 1543 wurden die ehemaligen Marken in englische *Shires* umgewandelt und der in England üblichen Verwaltungspraxis mit Friedensrichtern, Sheriffs und der dazugehörigen Verwaltungsmaschinerie angeglichen. Gleichzeitig wurden diese neuen Verwaltungseinheiten den englischen Grafschaften gleichgestellt und konnten je einen Abgeordneten – anstelle der jeweils zwei in englischen *Counties* – zum Parlament nach Westminster schicken. Offizielle Amtssprache wurde allein englisch. Die Ersetzung traditioneller Herrschaftsstrukturen durch englische Verwaltungseinheiten sollte zu einer generellen Strategie werden, die die Tudor- und Stuartherrscher im Hinblick auf neue, dem Herrschaftsverband einzugliedernde Landesteile anwendeten. Die vom Standpunkt der Zentralregierung aus erfolgreiche Vereinnahmung von Wales, die im offiziellen *Act of Union* 1536 ihren formellen Abschluss fand, wurde zum Prototyp gelungener Integration stilisiert, der nicht immer den Realitäten vor Ort entsprach.

Der Charakter der henrizianischen Reformen

Die Klosterauflösung wurde nicht nur deshalb von den Zeitgenossen als einschneidendes Ereignis betrachtet, weil sie die traditionelle Autorität der katholischen Kirche und ihrer Repräsentanten fundamental außer Kraft setzte, sie galt vielen Männern und Frauen in England auch deshalb als bedrohlich, weil damit grundlegende soziale Funktionen, die die Klöster inne hatten, nicht mehr ausgeübt wurden. Dazu gehörten vor allem die caritativen Aufgaben der Kirche, die zu einem großen Teil in den Händen der Klöster gelegen hatten. Mit der Auflösung der Klöster war auch ein Angriff auf die traditionelle Sozialordnung des Landes verbunden, und dieser Angriff hatte die Teilnehmer der

Pilgrimage of Grace auf die Straße getrieben. In der Tat standen den Menschen des henrizianischen England, ausgelöst durch die Heiratspolitik ihres Königs, fundamentale Veränderungen im sozialen und kulturellen Alltag bevor, auf die sie in unterschiedlicher Weise reagierten.

Kritik an der englischen Kirche hatte sich vor Heinrichs Reformen im üblichen europäischen Rahmen von Klagen über Machtmissbrauch und Ämtervergabe bewegt. Einziger wirklicher Unterschied zu der Situation in Europa war die Tatsache, dass die englische vorreformatorische Kirche enormen Reichtum besaß. Wichtig für die Entfremdung zwischen Land und Kirche war auch die Tatsache, dass in England einflussreiche kirchliche Positionen nicht unbedingt von den größten Adelsfamilien besetzt wurden. Hier kamen oft Männer aus der *Gentry* zum Zuge, die eine theologische Ausbildung in Oxford oder Cambridge absolviert hatten. Diese Karrieremöglichkeit für soziale Aufsteiger führte nicht selten zu sehr robusten Versuchen, die eigene Familie durch Kirchenpfründe und andere Sondereinnahmen zu bereichern. Wie auf dem Kontinent, konnten sich kirchliche Institutionen in England auf Sonderrechte berufen. Sie genossen Steuerprivilegien, rechtliche Immunität in verschiedenen Fällen und konnten Sondersteuern erheben. Ein Teil der allgemeinen kirchenfeindlichen Kritik richtete sich gegen diese Privilegien. Darüber hinaus gab es vor allem im Südosten des Landes seit langer Zeit starke nonkonformistische Strömungen. Im 14. Jahrhundert hatte sich die Lollarden-Bewegung unter ihrem geistigen Führer John Wyclif formiert. Trotz religiöser Verfolgungen und einem Ausschluss aus den Universitäten hielten sich kleine, oft sehr gut organisierte Gruppen dieser Bewegung bis ins 16. Jahrhundert. Martin Luthers Aktivitäten in Deutschland wurden von ihnen begrüßt und gaben Anlass zur Ausformung weiterer protestantischer Reforminitiativen. In den ersten Dekaden des 16. Jahrhunderts etablierte sich auch eine kleine, illegale Anabaptistengemeinde in London. Besondere Nahrung erhielten die *Dissenter* durch die nicht autorisierte Publikation der ersten englischen Bibel, deren Übersetzung der Oxforder Gelehrte und im Exil lebende William Tyndale 1525/26 besorgte.

Die religiöse Landschaft, die aus den Reformen Heinrichs VIII. herauswuchs, gründete allerdings, anders als in Deutschland, insgesamt nicht auf einer Protestbewegung „von unten", sondern basierte auf den staatlichen Initiativen von Krone und Parlament, die zunächst einzig der Herrschaftssicherung des Hauses Tudor dienen sollten. Dass dabei die landesfremde Macht des Papstes ausgeschaltet wurde, war ein Ergebnis, das zunächst nicht im Zentrum der königlichen Absichten gestanden hatte, sich aber sowohl aus dem Dilemma der unbewilligten Scheidung als auch aus der allgemeinen Unzufriedenheit mit der Finanzabschöpfung nach Rom und den separaten Rechtstiteln und Freiräumen der Kirche in einer an stärkerem Zentralismus interessierten Regierung ergab.

Die Gesetze der 1530er Jahre hatten die Frage religiöser Doktrin, wie sie seit Martin Luthers öffentlichen Auftritten in Deutschland auf dem Kontinent diskutiert wurden, nicht berührt. Heinrich und seinem Parlament ging es um die Neuorganisation der Kirche als rechtlicher Institution. Erst in einem zweiten Reformenschub wurden ab Mitte der 1530er Jahre auch Fragen des katholischen Ritus berührt. Hier spielten vor allem Erzbischof Thomas Cranmer und Thomas Cromwell eine entscheidende Rolle. Anders als Heinrich selbst waren beide Männer Sympathisanten der Reformation und versuchten, in der allgemeinen Neuordnung der Kirche in England diesen Stempel aufzudrücken. Unterstützt wurden sie dabei auch von der neuen Königin, die sich ebenfalls für protestantisches Gedankengut interessierte. Heinrich selbst blieb im Innersten dem katholischen Glauben verhaftet. Er hatte sich 1521 in eine Disputation mit Martin Luther um die Sakramentenlehre eingelassen und war für seine Schrift *Assertio septem sacramentorum* vom Papst mit dem Ehrentitel Defensor fidei ausgezeichnet worden. Vor allem in den Jahren unmittelbar nach den Reformen tendierte Heinrich nun selbst allerdings stärker zu eher protestantischem Glaubensgut. In seinen 1536 verfassten und öffentlich erlassenen *Ten Articles* nahm Heinrich jetzt Abstriche an seiner eigenen Verteidigungsschrift vor und forderte für die englische Kirche Änderungen in der Liturgie und in einigen Glaubensinhalten. So wurden unter anderem die Sakramente auf Taufe, Beichte und Eucharistie reduziert. 1536 proklamierte Cromwell die Reduzierung der Feiertage auf 25 (außer den Sonntagen). Fortgeführt wurde diese Politik in den folgenden Jahren durch die von Cromwell verfügten und vom König sanktionierten *Royal Injunctions*, in denen eine Reinigung der christlichen Lehre vom sogenannten Aberglauben vorgenommen werden sollte. Bilder, Reliquien und Wallfahrten wurden abgeschafft. Diese Verbote bedeuteten tiefe Einschnitte nicht nur in die religiöse, sondern auch in die soziale Welt der Engländer. Sie wurden nicht ohne Widerstand hingenommen.

Die Durchsetzung der Kirchenreformen ging in den anderen Teilen des Königreiches Hand in Hand mit den Zentralisierungsbemühungen der englischen Krone. In den Randgebieten wurden sie nur mit gemischtem Erfolg durchgesetzt. Weder in Wales noch in Irland hatte es vor den königlichen Gesetzen nennenswerte protestantische Initiativen gegeben. Dennoch wurden in den ländlichen Grenzregionen mit ihrem hohen Anteil an Illiterarität das Verschwinden der Bilder, Rituale und Zeremonien zugunsten des geschriebenen Wortes nur mit Widerstand aufgenommen. In Teilen Irlands und Wales sah man das Erscheinen englischer Bibeltexte zugleich als einen Angriff auf die eigene, keltische Kultur und ein weiteres Druckmittel zur Konformität mit englischen Normen. Dennoch kam es in Wales nicht zu landesweiten Protestbewegungen gegen die Reformen. Die Klöster in Wales wurden aufgelöst, der Landbesitz auch an die walisische Führungselite verkauft. In Irland gelang das nur für den schmalen Streifen des Pale unter effektiver Verwaltung der Engländer. Etwas mehr als die Hälfte aller irischen Klöster blieb bestehen. Zwar wurden alle führenden Mitglieder der irischen Geistlichkeit aus dem Marionettenparlament in Dublin ausgeschlossen, gleichzeitig intensivierte aber der Papst seine Unterstützung für die Arbeit der katholischen Orden im Lande: 1536 konnten die Dominikaner gegen die öffentliche Regierungspolitik eine neue unabhängige Provinz in Irland einrichten. Initiativen zur Durchsetzung der theologischen Reformen, die der Säkularisierung des Kirchenbesitzes folgten, stießen auch im Pale auf wenig Gegenliebe. Die Predigtkampagnen des von Cromwell eingesetzten neuen Bischofs von Dublin, George Browne, verliefen in den 1540er Jahren mehr oder weniger im Sande. Mit der Aufgabe ihrer theologischen und sakramentalen Traditionen taten sich die Bewohner des Pale offensichtlich schwerer als mit der Neuordnung des ehemaligen Klosterbesitzes. Vor allem im Westen, aber auch zusehends im Osten sollte die protestantische Kirche in den folgenden Jahren eindeutig mit der ungeliebten englischen Macht verbunden werden, während sich die katholische Kirche zur Kirche der unterdrückten keltischen und altenglischen Nation stilisieren konnte.[30]

Erfolgreicher sollte die Reformation in Wales werden. Hier kam es nicht zu einer Trennung zwischen walisischer Identität und Protestantismus. Die walisischen Bischöfe, die selbst so gut wie durchweg aus England kamen, unterstützten die Produktion theologischer Texte in der walisischen Landessprache. Die erste walisische Bibel erschien beispielsweise bereits 1588.

In der zweiten Hälfte der 1530er Jahre wurden dann einige der eher protestantischen Maßnahmen wieder zurückgezogen, und ab 1539 pendelte sich ein gemäßigterer Kurs in der henrizianischen Kirchenpolitik ein. Die Provinzialsynode desselben Jahres hatte ergeben, dass die Reformer erheblich in der Minderheit waren. Im selben Jahr erließ der König die vom Parlament gebilligten *Six Articles*, die einige der Reformen wieder rückgängig machten, die Zahl der Sakramente wieder auf die katholischen sieben festschrieb und die englische Kirche insgesamt wieder stärker in katholisches Fahrwasser lenkte. Diese Wende kam auch der persönlichen Überzeugung Heinrichs entgegen, der in seinen späteren Lebensjahren wieder deutlich katholisch eingestellt war. Die Transsubstantiation als wesentlicher Teil der Messe wurde wieder eingeführt, die Kommunion sollte nur noch in traditioneller Form, das heißt ohne den Laienkelch ausgeteilt werden, Gläubige erhielten das Recht auf Privatmessen und die Ohrenbeichte, Mönchs- und Nonnengelübde wurden wieder anerkannt, und die Priesterehe wieder abgeschafft. Selbst die Förderung des Bibelstudiums, die Teil der früheren Maßnahmen gewesen war, wurde aufgegeben. Die englischen Bibeln, die seit 1539 in jeder Kirche zur Lektüre für alle Gläubigen ausliegen sollten, wurden wieder eingezogen. 1543 erließ Heinrich den *Act for the Advancement of True Religion*, der ausdrücklich unorthodoxe Bibelübersetzungen verbot und eine Liste derjenigen gesellschaftlichen Gruppen aufstellte, die nicht mehr ohne Aufsicht die Heilige Schrift lesen durften. Darunter fielen Frauen und alle Mitglieder der unteren Gesellschaftsschichten: Handwerker, Bauern, Lehrlinge und Gesellen.

Die englische Reformation – pro und contra

Während ältere Studien gern einen Siegeszug der Reformation in England proklamiert haben, als habe das Land nur auf die Reformation von oben gewartet, um sich vom alten Glauben loszusagen, ist die neuere englische Forschung von der Durchschlagungskraft der Reformen sehr viel weniger überzeugt.[31] Zur Zeit kann man in der britischen Reformationsforschung eine Tendenz feststellen, die bemüht ist, die Stabilität der katholischen Kirche im vorreformatorischen England stärker zu betonen als in der traditionellen Geschichtsschreibung bislang angenommen worden ist. Der wohl wichtigste Protagonist dieser These, der in Cambridge lehrende gebürtige Ire Eamon Duffy, hat in einer beeindruckenden Mikrostudie die allgemeine Akzeptanz der katholischen Kirche und ihrer rituellen Welt für das Leben der einfachen Leute herausgearbeitet.[32] Duffy und andere Historiker des „katholischen Flügels" – wenn man diese Forschungsrichtung in grober Vereinfachung so bezeichnen kann – argumentieren, dass die Annahme des Protestantismus in breiteren Bevölkerungsschichten erst in den 1580er Jahren erfolgt sei und sehr viel stärker durch das „Ausbluten" der katholischen Welt, etwa durch den Wegfall einer katholischen Geistlichkeit, zu erklären ist als durch die Überzeugungskraft der protestantischen Erneuerungsbewegung.[33] Ihm gegenüber steht als vielleicht prominentester Historiker des „protestantischen Flügels" Diarmaid McCulloch, der in seinen Studien den Erfolg der protestantischen Sache nachzeichnet und den Siegeszug des Protestantismus in England durch die Ausstrahlungskraft nicht nur der kontinentalen Reformer, sondern auch des Humanismus in seiner englischen Ausprägung verstanden sieht.[34] Insgesamt liegt in der britischen Reformationsforschung zur Zeit das vielleicht innovativste, sicherlich aber passionierteste Forschungsfeld im Bereich der Tudorhistoriographie, wobei die Debatten in ihrer kontroversen Schärfe an die Diskussionen um die Englische Revolution der 1970er und 1980er Jahre erinnern.

Mit der neuen Rolle als Oberhaupt der englischen Kirche ging auch eine Neudefinition des englischen Königtums einher, die Heinrich und seine Berater ikonographisch und ideologisch ausgestalteten. Das Frontispiz der ersten offiziellen englischen Bibel, die auf der Grundlage von Miles Coverdales Übersetzung als *The Byble in Englyshe* 1539 veröffentlicht wurde, zeigte Heinrich als den neuen David, der seinen Untertanen das Wort Gottes überbringt. Die Analogie mit David sollte einerseits die Übernahme der höchsten kirchlichen Autorität durch den englischen König zementieren, gleichzeitig wurden die Reformen dadurch auch als Rückkehr zu einer alten, echten Ordnung, nicht als Neuanfang, stilisiert. Der König erhielt so seinen angestammten Platz, der ihm durch ein verirrtes Papsttum zeitweilig aberkannt worden war. Ausdruck dieses neuen Selbstverständnisses ist auch die in diesem Zusammenhang vielzitierte Präambel des *Act of the Restraint of Appeals* von 1533, in dem sich Heinrich darauf berief, dass England seit dem zweiten Jahrhundert ein Imperium sei, dem der König in weltlichen und kirchlichen Dingen vorstehe. Modell für dieses Imperium war sowohl das biblische Israel als auch das römische Kaiserreich der Spätantike. Diese Theorie war aus Anlass des

Scheidungsverfahrens von Heinrichs Beratern in einer Schrift zusammengestellt worden, die dem König 1530 unter dem Titel *Collectanea satis copiosa* vorgelegt worden war. Ursprünglich, so wurde weiter argumentiert, war die englische Kirche eine von Rom unabhängige Provinz. Erst nach der normannischen Eroberung hatte sich der Papst unrechtmäßig zum Oberhaupt der gesamten Christenheit aufgeschwungen. Die Doktrin des souveränen Herrschers sollte finanziell durch die Klösterenteignung abgestützt werden. Ursprünglich war nicht geplant gewesen, das konfiszierte Kirchengut zu verkaufen, sondern zur unmittelbaren Einnahmequelle des Königs zu machen, der damit zugleich von allen parlamentarischen Steuern unabhängig werden sollte. Die notorische Finanznot seines Königs machte Cromwells Plan dann jedoch zunichte. Im Gegenteil, die Kooperation zwischen Heinrich und seinem Reformparlament stärkte nicht nur faktisch die Rolle des Parlaments, sie spielte auch der Vertragstheorie zwischen Herrschern und Beherrschten in die Hände. Während die ältere Forschung angeführt von Geoffrey Elton in guter *Whig*-Tradition hier einen weiteren Meilenstein auf dem Siegeszug des Parlaments als demokratischer Herrschaftsinstitution sieht, heben neuere Studien, etwa von John Guy, sehr viel stärker die absolutistischen Tendenzen der Politik Heinrichs VIII. hervor.[35] Insgesamt steht zur Zeit in der Tudorforschung der königliche Hof mit seinen politischen Institutionen einschließlich des *Privy Council* sehr viel stärker im Zentrum des historischen Interesses als das Parlament.[36] Unzweifelhaft ist jedoch, dass sich Heinrich in seiner wichtigsten Angelegenheit auf die Zusammenarbeit mit den Parlament stützte und hier erstmals die spätmittelalterliche Idee des *King-in-Parliament* in praktische Politik umsetzte. Die politische Theorie einer grundsätzlichen Kollaboration zwischen Herrschern und Beherrschten funktionierte für die Tudorherrscher deshalb, weil grundsätzlich Konsens zwischen der Politik des Königs und den Vertretern des Parlaments bestand und weil sowohl Heinrich als auch seine Nachfolger bereit waren, innerhalb des parlamentarischen Rahmens zu agieren.

Tudor-Historiographie, Propaganda und Kunst

Zu dem enormen Aufwand, den die Tudors zu ihrer eigenen Repräsentation veranstalteten, gehörte auch ein neues Interesse an der Geschichte, die sie für die Selbstvergewisserung der eigenen

Dynastie im Inland und im Ausland nutzbar machten.³⁷ Zu diesem Zweck wurden nun erstmals Geschichtsschreiber beschäftigt, die nicht mehr aus den Reihen des Klerus kamen, aber an den neuen wissenschaftlichen Regeln des Humanismus geschult waren. Bereits zitiert wurde das Werk des Londoner Juristen Eduard Hall, dessen Geschichte der Häuser Tudor und York 1548 posthum erschien. Leitthema von Halls Buch war der Appell an die politische Einheit des Landes unter einem allseits anerkannten Herrscher. Im Zusammenhang mit Heinrichs Scheidungsangelegenheit erschien es dem König besonders wichtig, noch einmal an die große Krise zu erinnern, in die England durch die Rosenkriege hineingeraten war. Am Ende der Adelsrivalitäten steht dann für Hall der Beginn eines neuen, goldenen Zeitalters, symbolisiert durch die Tudorherrscher und besonders durch Heinrich VIII. Englische Geschichte ist hier die Geschichte der Monarchie. Gleichzeitig bediente Hall die Vorurteile und Stereotypen seiner Zeit, denn seine Geschichte ist die Geschichte der Krise und des Aufstiegs Englands, nicht die Geschichte aller Nationen, die unter der Tudormonarchie zusammengefasst waren. Die Iren begegnen bei Hall, wie auch bei fast allen anderen englischen Autoren seiner Zeit als wilde Barbaren, die Waliser sind abergläubisch und unzuverlässig, die Schotten unzivilisiert und die Franzosen hinterhältig und doppelzüngig und überhaupt die Erzfeinde der Engländer. Gleichzeitig entwickelte sich unter der Kommission Heinrichs VIII. ein weiterer historiographischer Zweig in Form von Topographien und Landesbeschreibungen, die nicht nur dazu dienten, den Monarchen und andere gebildete Leser über die geographischen Beschaffenheiten des Landes zu informieren. Die Chorographien, die aus den Traditionen des Humanismus erwachsen waren und sich auf dem Kontinent bereits großer Beliebtheit erfreuten, bedienten ein durch die Renaissance erwachtes Interesse an Archäologie, Artefakten und anderen nicht–schriftlichen Quellen der Vergangenheit. Antike Überreste, Münzen, Ruinen, aber auch Ortsnamen, Straßenverläufe, heraldische Wappen und verlassene Siedlungen fanden in diesen Beschreibungen Aufnahme. Wie in den narrativen Geschichtswerken war hier das Hauptanliegen der königlichen Auftraggeber die Propagierung der eigenen Dynastie, aber auch der Versuch, die Geschichte Englands in einen neuen Kontext zu stellen, der nun nach dem Bruch mit Rom nicht länger in der Tradition der christlichen, katholischen Heilsgeschichte stehen konnte, sondern sich seinen Bezugsrahmen etwa im Referenzhorizont der römischen Invasion und späterer angelsächsischer und normannischer Besiedlungswellen suchte. Sowohl die Geschichtsschreibung als auch die Chorographie als Form der Herrschaftssicherung wurden von Heinrichs Nachfolgern, vor allem von Königin Elisabeth aufgenommen und ereichten ihren Höhepunkt mit den Arbeiten von William Camden und Raphael Holinshed. Für die Zeit Heinrichs VIII. sind vor allem die Arbeiten von John Leland (1506–1552) von Bedeutung. Sein posthum veröffentlichtes umfangreiches Itinerar beruhte auf einer sechsjährigen Englandreise, die Leland im Auftrag von Heinrich VIII. durchführte. Seine Arbeit sollte als Beweis dafür dienen, dass auch nach der Auflösung der Klöster mit ihren Bibliotheken England weiterhin ein Land der Gelehrsamkeit und des wissenschaftlichen Fortschritts war und auf eine lange Tradition hochstehender kultureller Leistungen zurückblicken konnte.[38] Unter den Tudors, und vor allem unter Heinrich VIII. und Elisabeth I. erlebten die Portraitmalerei und besonders die Herrscherdarstellungen einen enormen Aufschwung. Ab 1536 beschäftigte Heinrich VIII. Hans Holbein an seinem Hof. Dessen berühmtestes Portrait des etwa 40-jährigen Königs spiegelte nicht nur das zeitgenössische Verständnis eines Renaissanceherrschers auf dem Gipfel seiner Macht in meisterhafter Weise wider, sondern setzte auch Standards für die Darstellung von Monarchen weit über das 16. Jahrhundert hinaus. Die zahlreichen Portraits des Königs in verschiedenen Herrschaftsphasen hatten zweifellos politische Funktion. Holbeins Werk *Solomon and the Queen of Sheba*, in der er Heinrich als König Salomon darstellte, sollte beispielsweise Heinrichs Herrscherrolle über die englische Kirche symbolisieren. In seinem *Henry VIII and the Barber Surgeons* zitierte Holbein Themen und Motive der traditionellen Sakralkunst, in diesem Fall der Anbetung und der Majestas Christi, und setzte sie in die Bildsprache des 16. Jahrhunderts um. Diese Darstellungen hatten allerdings eine doppelseitige Appellationsfunktion. Greg Walker hat zu Recht hervorgehoben, dass diese Portraits zwar als Herrschaftsmedien inszeniert wurden, damit aber gleichzeitig auch eine Verpflichtung des Monarchen einherging, den hier dargestellten Herrschaftsfunktionen, etwa als guter Hirte und Oberhaupt der Kirche, gerecht zu werden.[39]

Die Frauen Heinrichs VIII.

Insgesamt löste der Bruch mit Rom zunächst Heinrichs dynastisches Dilemma nicht. Am 7. September 1533 gebar Anna Boleyn zur großen Enttäuschung ihres Mannes eine Tochter, Elisabeth. Ab 1536 wandte sich der König einer anderen Hofdame, Jane Seymour, zu. Eine erneute Trennung von der gerade erst geheirateten zweiten Frau schien zunächst unmöglich, wurde aber durch den Tod Katharina von Aragons 1536 erleichtert. Eine Fehlgeburt der im dritten Monat schwangeren Anna im Januar 1536 besiegelte ihr Schicksal. Noch im selben Jahr bezichtigte Heinrich seine Frau des Ehebruchs und stellte ein Hochverratsverfahren gegen sie an. Anna wurde zum Tode verurteilt und am 15. Mai 1536 hingerichtet. Kurz zuvor hatte wiederum ein kirchliches Gericht unter Thomas Cranmer die Ehe zwischen Anna und Heinrich mit der Begründung, Heinrich hätte vor der Verbindung mit Anna sexuelle Beziehungen zu ihrer Schwester gehabt, für ungültig erklärt. Nur zwei Wochen nach der Enthauptung seiner zweiten Frau heiratete er seine neue Favoritin Jane Seymour, die 1537 den heiß ersehnten Thronfolger gebar, aber selbst noch im Kindbett starb. Eine neue Sukzessionsakte erklärte seine zweite Tochter für illegitim und übertrug die Thronfolge auf Heinrichs drittes Kind, Eduard. Nach der missglückten Verbindung mit Anna von Kleve 1540 heiratete der König kurz nach der Annullierung seiner vierten Ehe die 19-jährige Hofdame Katharina Howard, die Nichte des Herzogs von Norfolk, der sich durch diese Verbindung nicht zu Unrecht weiteren Einfluss am Hof versprach. Die Ehe, von der Heinrich sich vielleicht weitere Kinder erhofft hatte, endete allerdings schon bald in einem Fiasko. Im November 1541 erhielt Heinrich Hinweise darauf, dass Katharina bereits vor ihrer Heirat intime Beziehungen zu anderen Männern gehabt hatte und auch weiterhin außereheliche Affären unterhielt. Die Liebe des Königs schlug daraufhin in Hass um. Am 13. Februar 1542 wurde Katharina Howard nach einem Hochverratsprozess hingerichtet. Ihr einflussreicher Onkel entging der eigenen Hinrichtung nur dadurch, dass er selbst im *House of Lords* dem Todesurteil über seine Nichte zustimmte. Eine weitere und letzte Ehe Heinrichs mit Katharina Parr, der selbst bereits zweimal verwitweten Tochter eines Landadeligen aus Northamptonshire verlief in ruhigeren Bahnen. Katharina hielt sich ganz aus den politischen Geschäften ihres Mannes und des Hofes heraus und kümmerte sich anstelle dessen um die Erziehung von Heinrichs drei Kindern. Sie überlebte ihren Mann, der am 28. Januar 1547 vermutlich an einer Niereninsuffizienz verstarb. 1543 hatte er in einer weiteren Sukzessionsakte die Nachfolge für seinen Sohn Eduard vorgesehen, zweite in der Thronfolge wurde Maria, seine älteste Tochter, gefolgt von Elisabeth.

In den meisten Geschichten der Tudordynastie fällt das Scheinwerferlicht auf die Monarchen selbst und gerade bei Partnerinnen eines so exzentrischen und aktiven Königs wie Heinrich VIII. entsteht schnell der Eindruck, man habe es bei seinen Frauen, sieht man einmal von der als manipulativ bezeichneten Anna Boleyn ab, nur mit Nebencharakteren zu tun, die den Launen ihres Mannes nicht selten auf Leben und Tod ausgeliefert waren. Das mag vielleicht für die junge Katharina Howard zutreffen, die in ihrem kurzen Leben wenig Eindrücke für die historische Forschung hinterlassen hat. Das mag auch für die kurze Ehe Heinrichs mit Anna von Kleve zutreffen, nicht aber für das Leben Annas selbst, die nach der Scheidung von Heinrich in England blieb, mit einer angemessenen Apanage versorgt wurde und einen eigenen Hof führte. Was die erste Frau Heinrichs und erbitterte Gegenspielerin in der Scheidungsangelegenheit Katharina von Aragon angeht, so stand sie vor allem in der älteren Forschung unter dem Schatten der „falschen" Religion und galt als Landfremde. Für Geoffrey Elton war sie zu Beginn des Scheidungsverfahrens nichts mehr als *„old and ugly with confinements und disappointments"* und mit einer *„growing addiction to Spanish piety"*: ein bemitleidenswertes Opfer der Umstände, die sie weder verstand, noch gutheißen konnte.[40] Dieses Bild hatten aber zumindest die Zeitgenossen nicht von ihr. Erasmus von Rotterdam beispielsweise lobte die Königin als eine der gebildetsten Frauen seiner Zeit. Keiner anderen Frau schickte er so viele Briefe wie Katharina, die selbst eine ausgezeichnete Bildung nach den Standards der Renaissance erhalten hatte und Latein, Französisch und später Englisch lesen und schreiben konnte. Katharina unterstützte die neuen humanistischen Bildungsinitiativen in Oxford und Cambridge und setzte sich vor allem für die Bildung von Frauen ein. Sie finanzierte Bücher zu diesem Thema, die sie bei dem bekannten Humanisten Juan de Vives in Auftrag gab, darunter die 1523 in Antwerpen erschienenen *De Instructione feminae Christianae*. Ebenso interessiert an Bildung und Erziehung war auch Anna Boleyn. Entsprechend ihrer Erziehung in Frankreich orientierte sich Anna sehr viel mehr am französischen Humanismus. Sie hatte ein echtes Interesse an Luthers Lehren, sie unterstützte die Bemühungen um Bibelübersetzungen in die Muttersprache und beteiligte sich an theologischen Gesprächskreisen. Die Geschichte beider Frauen und ihr Einfluss auf Politik und Kultur wäre zweifellos gänzlich anders verlaufen, wären sie nicht den dynastischen Anforderungen des Hauses Tudor zum Opfer gefallen. Katharina Parr, die letzte von Heinrichs Frauen, hatte nicht die ausgezeichnete Erziehung der ersten beiden Königinnen genossen, nutzte aber jede Möglichkeit zur eigenen Weiterbildung, lernte selbst noch Latein und machte ihren Hof zu einem kulturellen Zentrum des Landes. Ihrem Beispiel und ihrer Erziehung war es nicht zuletzt zu verdanken, dass intellektuelle Bildung für Frauen am Hof nicht mehr die Ausnahme blieb.[41]

Mid-Tudor Crisis?

Lange Zeit hat die englische Forschung die Tudorherrschaft an ihren beiden bekanntesten und sicherlich auch einflussreichsten Regenten, Heinrich VIII. und Elisabeth I. gemessen.

Die Regierungen von Heinrichs jüngstem und seinem ältesten Kind, Eduard und Maria, galten als Perioden der Krise, die unter dem Stichwort der *Mid-Tudor Crisis* abgehandelt wurden.[42] Während die Herrschaft eines minderjährigen Kindes, wie im Fall Eduards, generell als prekär und problematisch galt und zudem von Intrigen und Machtkämpfen innerhalb des Regentschaftsrates bestimmt war, lag die Regierung seiner ältesten Schwester Maria lange Zeit unter dem Schatten der erzwungenen Rekatholisierung. Sicherlich spielen auch die kurzen Regierungszeiten beider Monarchen, sechs Jahre im Fall von Eduard und nur fünf Jahre für Maria Tudor, eine Rolle im Vergleich mit den langen Herrschaftsperioden von Heinrich VIII. und seiner zweiten Tochter Elisabeth. Zudem fallen in diese Zeit mit der *Western Rebellion* und der sogenannten *Kett's Rebellion* zwei große, die etablierte Ordnung gefährdende Volksaufstände, die durch Inflation, Münzverschlechterung und eine wachsende Kritik an der Einhegungsbewegung auf dem Agrarsektor noch verschärft wurden. Diese Vorstellung eines düsteren Zwischenspiels in der englischen Erfolgsgeschichte des 16. Jahrhunderts hat allerdings in den letzten Jahren eine deutliche Revision erfahren. Zwar leugnen auch neuere Forschungen nicht die wirtschaftlichen Schwierigkeiten, mit denen sich ein Großteil der englischen Bevölkerung um die Jahrhundertmitte konfrontiert sah. Auch die religiöse Schaukelpolitik zwischen Protestantisierung nach kontinentaleuropäischem Vorbild und erzwungener Rekatholisierung trug zweifellos zur allgemeinen Verunsicherung bei. Dennoch scheint es heute überzogen, eine Krise der Monarchie in diese sicherlich schwierigen Zeiten hineinzuinterpretieren. Auch wenn Eduard während des Großteils seiner kurzen Regierung mehr oder weniger als Marionette seiner hastig wechselnden Protektoren galt, und auch wenn Maria Tudor als katholische Königin und Gattin eines spanischen Herrschers im Laufe ihrer Regierungszeit rapide an Prestige verlor, so trug die Bonität des Hauses Tudor doch über alle Kritik hinweg, wie der gescheiterte Coup um Lady Jane Grey beweist. Die englische Elite akzeptierte eher eine katholische Tochter Heinrich Tudors als eine protestantische Königin mit einem zweitrangigen Anspruch auf den englischen Thron. Auch in der Bewertung von Marias Herrschaft liegt heute das Gewicht sehr viel mehr auf den institutionellen Kontinuitäten als auf dem Bruch, den die erneute religiöse Kehrtwendung für die Zeitgenossen bedeutete. Diese Revision bestehender Vorurteile hat seine Gründe unter anderem in der Kritik am *whiggistischen* Paradigma der protestantischen Nation England auf dem Siegeszug zur parlamentarischen Freiheit und unabhängigen Weltherrschaft.

Eduard VI. (1547–1553)

Die Regierungsübernahme durch Eduard VI. verlief ebenso unproblematisch wie die Thronbesteigung seines Vaters. In seinem letzten Testament vom 30. Dezember 1546 hatte Heinrich Eduard zu seinem rechtmäßigen Nachfolger bestimmt und einen sechzehnköpfigen Thronrat ernannt, der die Regierungsgeschäfte während der Minderjährigkeit des damals Neunjährigen übernehmen sollte. Zur Unterstützung dieses Rates hatte Heinrich weitere zwölf Ratgeber ausgewählt, die in Zweifels- und Krisenfällen gehört werden sollten. Insgesamt stellten in dieser Versammlung die „Reformierer" die Mehrheit. Innerhalb dieses Gremiums dominierte eine kleine Gruppe von Politikern, die bereits in den letzten Lebensjahren Heinrichs an Macht und Einfluss am Hof gewonnen hatten: Eduard Seymour, Graf von Hertford und Onkel des neuen Königs, John Dudley, Viscount Lisle und Sir William Paget. In dieser Gruppe entwickelten sich allerdings in kurzer Zeit Rivalitäten, in die sich auch der ehrgeizige Bruder Eduard Seymours, Thomas, einschaltete. Bereits kurz nach ihrem Amtsantritt wählten die Mitglieder des Regentschaftsrates am 1. Februar 1547 Edward Seymour zum *Governor and Protector*. Der junge Prinz wurde lediglich über diese Entscheidung informiert, hatte aber offenbar selbst kein Mitspracherecht in dieser Angelegenheit. Am 4. Februar übernahm Eduard Seymour zugleich das Amt des Schatzkanzlers und des Oberhofmarschalls. Dudley wurde zum Kämmerer, der Bruder des Protektors, Thomas Seymour, zum Admiral ernannt. Mit der Übernahme dieser Ämter ging eine Rangerhöhung einher. Am 18. Februar erhob Eduard den Protektor zum Herzog von Somerset, Dudley zum Grafen von Warwick und Thomas Seymour zum Baron Seymour von Sudeley. Zwei Tage später, am 20. Februar, krönte Erzbischof Cranmer Eduard zum König von England. Eduards religiöse Überzeugungen, die durch eine streng protestantische Erziehung geformt worden waren, manifestierten sich rasch in seiner Kirchenpolitik, die von seinen führenden Ratgebern geteilt und unterstützt wurde. Während Eduard im ersten Jahr seiner Regierung noch in katholischer Tradition an Sonn- und Feiertagen Geld spendete, setzte er sich von 1548 an für eine stärker protestantische Ausrichtung der englischen Kirche ein. Der König unterstützte Erzbischof Cranmers 1549 komplettiertes *Book of Common Prayer*, das der Vereinheitlichung des Gottesdienstes im Königreich dienen sollte und verfolgte die Parlamentsdebatten um dessen Durchsetzung mit großem Interesse. Während seiner Regierungszeit wurden wichtige protestantische Vertreter aus dem Ausland, wie etwa Johannes à Lasco, Martin Bucer und Peter Martyr, nach England eingeladen. Niederländische Refugianten konnten in London ihre Vorstellungen einer protestantischen Gemeinschaft calvinistischer Prägung verwirklichen und standen in engem Kontakt mit den geistlichen Oberhäuptern der englischen Kirche.[43] In den 1550er Jahren predigte auch John Knox häufig in Windsor und Westminster. Insgesamt versuchten Eduard und seine geistlichen Berater die von Heinrich begonnenen Reformen auf einer stärker protestantischen Linie zu vereinheitlichen. Erst jetzt kam es tatsächlich zur Ausbildung einer englischen protestantischen Doktrin und Kirche. Dazu diente auch die ebenfalls 1549 erlassene Uniformitätsakte, die alle Untertanen förmlich auf die Anerkennung des *Common Prayer Book* verpflichtete und die traditionelle lateinische Messe durch einen englischsprachigen Gottesdienst ersetzte. Das Altarsakrament wurde in beiderlei Gestalt an die Gläubigen ausgeteilt, die Transsubstantiationslehre zunächst noch beibehalten. Altarräume und Priestergewänder blieben unverändert. Die revidierte Fassung von Cranmers *Common Prayer Book*, die mit der zweiten Uniformitätsakte 1552 durchgesetzt wurde, trug allerdings deutlich protestantischere Züge und war von Cranmers Auseinandersetzung mit kontinentalen Reformern wie Peter Martyr und Martin Bucer geprägt. Die Transsubstantiationslehre, die Gebete für die Toten und die Messgewänder der Priester verschwanden. Kirchenräume wurden nach protestantischen Vorstellungen umgestaltet, Altäre durch schlichte Kommunionstische ersetzt. Die protestantische Doktrin sollte durch die ebenfalls von Cranmer ausgearbeiteten sogenannten 42 Artikel festgelegt werden. Sie konnten allerdings während Eduards Regierungszeit nicht mehr Gesetzeskraft erlangen, da der König zuvor verstarb. Wiederum wurde bei der Durchsetzung der theologischen Reformen in den einzelnen Herrschaftsgebieten der Tudors eine unterschiedliche Gangart eingeschlagen. Sehr vorsichtig, aber deutlich an einer protestantischen Reformation interessiert, agierten Eduards Vertreter in Irland. Zur Einführung der Reformen wurde kein Parlament einberufen. Möglicherweise befürchtete man hier allzu heftigen Widerstand, der jede Initiative bereits im Keim ersticken würde. Erwartungsgemäß opponierten dann auch die katholischen Bischöfe im Land, die weiterhin vom Papst bestellt und von weiten Teilen der Bevölkerung unterstützt wurden, gegen das *Book of Common Prayer*. Aber auch vom König selbst eingesetzte Bischöfe äußerten sich skeptisch. George Dowdall, der Erzbischof von Armagh, ging schließlich, weil er die Abschaffung der Messe und die Einführung des *Common Prayer Book* nicht akzeptieren konnte, 1551 ins Exil. Am Ende wurde ein Kompromiss gefunden. Seelenmessen durften weiterhin in Irland gelesen werden. Zwar wurde das englische *Common Prayer Book* bereits 1549 auch in Irland eingeführt und 1551 selbst in Dublin gedruckt, die zweite, radikalere Reform der kirchlichen Liturgie von 1552 erreichte Irland allerdings nicht und auch mit der Durchsetzung der ersten Uniformitätsakte scheint man es, nach Angaben einiger enttäuschter reformatorisch orientierter Geistlicher, wie etwa dem Bischof von Ossory John Bale, nicht besonders ernst genommen zu haben. Ein Grund für die geringe Wirkung des Protestantismus in Irland war sicherlich auch das Fehlen einer „häretischen Tradition", wie sie sich in England seit dem 14. Jahrhundert etwa in der Lollardenbewegung manifestiert hatte. Zudem waren die Entwicklungen des kontinentaleuropäischen Protestantismus in Irland kaum wahrgenommen worden.

Dass zwischen der ersten und der zweiten Uniformitätsakte drei Jahre vergingen, lag auch daran, dass es in der Zwischenzeit erbitterte Machtkämpfe im Regentschaftsrat gegeben hatte, in deren Verlauf Eduard Seymour von seinem Rivalen, dem von König Eduard 1551 zum Duke of Northumberland erhobenen John Dudley, entmachtet worden war. Dudley selbst war vermutlich weniger reformatorisch eingestellt als Seymour, schlug sich aber aus opportunistischen Gründen schließlich auf die Seite Cranmers.

Außenpolitisch führten sowohl Seymour als auch Dudley und Cranmer die traditionelle Politik Heinrichs VIII. weiter. Frankreich und Schottland blieben die Kriegsgegner der Tudors. Vor allem Seymour schien nahezu fixiert auf einen Eroberungsfeldzug gegen die Schotten. In der Schlacht bei Pinkie im September 1547 schien er seinem Ziel sehr nahe zu kommen. Eine Reihe von neuen Garnisonen und die Befestigung alter Stützpunkte mit dem enormen Kostenaufwand von 140 000 Pfund pro Jahr sollten die englische Invasion im Norden unterstützen. Diese Politik rief allerdings Schottlands traditionellen Verbündeten Frankreich auf den Plan. 1548 erklärte der neue französische König Heinrich II. England den Krieg und belagerte im folgenden Jahr die von Heinrich VIII. so mühsam errungene Stadt Boulogne. Nicht zuletzt dieser neue Zweifrontenkrieg kostete Seymour seine Position am Hof. Der neue Favorit Dudley und seine Fraktion mussten die englischen Truppen sowohl aus Boulogne als auch aus Schottland zurückziehen. Dennoch sah sich die englische Regierung weiterhin gezwungen, große Summen in die Grenzbefestigungen im Norden, vor allem in die Festung Berwick, zu investieren, da das schottisch-französische Bündnis als ausgesprochene Bedrohung empfunden wurde. Ebenso gefährdet schien nun auch die englische Position in Irland. Auch hier fürchtete man eine ausländische Intervention zugunsten der einheimischen Clans und verstärkte das englische Truppenkontingent auf 1 500 Mann, die ebenfalls kostenaufwändig zu versorgen waren. Die von Heinrich VIII. zeitweise angestrebte Allianz mit den protestantischen Prinzen des Heiligen Römischen Reiches wurde von den Beratern seines Sohnes allerdings nicht wieder aufgenommen, obwohl man auf dem Kontinent im protestantischen Lager die eduardischen Kirchenreformen mit großem Wohlwollen registrierte.

Zu diesen enorm kostspieligen und wenig erfolgreichen außenpolitischen Manövern kam die innenpolitische Krise, mit der sich der Regentschaftsrat durch zwei große Volksaufstände 1547 und 1549 konfrontiert sah. Den Auftakt bildete in Devon und

Cornwall die *Western Rebellion*, die sich gegen adelige Einhegungspolitik und die königliche Verteilung von Kirchengütern an Adelige richtete. Damit reagierte die Landbevölkerung auf einen agrarwirtschaftlichen Trend, der seit dem 14. Jahrhundert in England zu verzeichnen ist und mit der Umstellung von Acker- auf Weideland im Zusammenhang stand. Größere Landbesitzer, aber auch einzelne Bauern versuchten, ihren Landbesitz auf Kosten der traditionellen Allmende zu konsolidieren. Pächter wurden ausgekauft, Pachtverträge nicht mehr verlängert. Insgesamt folgte der Trend der stärkeren ökonomischen Landnutzung, auf die bereits hingewiesen worden ist. Alte Dorfrechte sollten individueller Gewinnoptimierung weichen. Seit dem Beginn des 16. Jahrhunderts hatte die königliche Regierung auf die Klagen gegen die *Enclosures* mit einer Reihe von Gesetzen reagiert, die vor allem die Kritik an der auf Kosten des Ackerlandes expandierenden Weidewirtschaft aufnahm. Gesetzlich festgelegte Limits von Schafherden, Kompensationszahlungen an die Krone bei Umstellung von Acker- auf Weideland und die Idee einer besonderen Steuer für Schafzüchter scheiterten am Widerstand der *Commons*, in denen gerade die Aufsteigerschicht der Schafzüchter das Sagen hatte. Diese in weiten Teilen der Bauernschaft als bedrohlich empfundenen Missstände wurden durch eine neue Steuer zur Finanzierung des Krieges gegen Schottland und eine weitere Münzverschlechterung verstärkt und brachten schließlich 1549 das Fass zum Überlaufen. Aus einer Mischung verschiedener Gravamina, zu denen sicherlich auch die Verunsicherung durch die neuen religiösen Reformen und die skrupellose Umverteilung von Kirchenbesitz an gerade diejenigen Mitglieder der *Gentry*, die aus der Weidewirtschaft Profit schlugen, zählten, kam es zunächst im Südwesten, später in East Anglia zu Volksaufständen, die von dem neuen starken Mann im Regentschaftsrat, John Dudley, blutig niedergeschlagen wurden.[44]

Der König selbst scheint unter der Regentschaft Dudleys mehr und mehr in die Entscheidungskompetenzen am Hof hineingezogen worden zu sein. Er nahm immer häufiger an Sitzungen teil und verfasste verschiedene Konzepte und Memoranden zu den Ämterbefugnissen des Rates. Allerdings gab seine schwache Gesundheit bald Anlass zur Sorge. Im Frühjahr 1552 war er an Masern und Blattern erkrankt. Der traditionelle Umritt durch sein Land im folgenden Sommer tat ein Übriges, um die kränkliche Konstitution Eduards noch weiter zu belasten. Am 15. September 1552 musste er die königliche Tour in Windsor abbrechen. In den folgenden Monaten verschlechterte sich der Zustand des jungen Monarchen zusehends und am 6. Juli 1553 verstarb der erst 15-Jährige an Tuberkulose.

Der Tod des Königs wurde zunächst geheim gehalten. Nach der Thronfolgeregelung würde nun Maria, Heinrichs erste Tochter aus der Ehe mit Katharina von Aragon, Königin von England werden. Dieser Entwicklung stellte sich vor allem Northumberland entgegen, der von der katholischen Regentin nichts Gutes zu erwarten hatte. Die zweite Uniformitätsakte und die damit verbundenen protestantischen Neuerungen trugen allzu deutlich Cranmers und seine Handschrift. Zudem fürchtete er, die Besitzungen, die er aus der Enteignung des Kirchengutes erworben hatte, wieder zu verlieren, da zu erwarten stand, dass Maria, die aus ihrer Loyalität zum alten Glauben nie einen Hehl gemacht hatte, die katholische Kirche wieder restituieren würde. Seinem allzu wahrscheinlichen Fall wollte Northumberland durch einen Putsch zuvorkommen, indem er die Nachfolgeregelung durch die Heirat seines Sohnes Guildford Dudley mit Lady Jane Grey, der Enkelin von Heinrichs VIII. Schwester Maria und Henry Grey, auszuhebeln versuchte. Ein angeblicher letzter Wille Eduards bestimmte Lady Jane zu seiner Erbin und unmittelbar nach dessen Tod proklamierte Dudley seine Schwiegertochter am 9. Juli zur neuen Königin. Dudley hoffte, dass die englische Elite eher eine Königin mit zwar zweifelhaftem Anspruch, aber einer klaren Aussage für die neue Religion akzeptieren würde als eine katholische, und zudem halb-spanische Frau, die während des größten Teils ihres Lebens als illegitim diskreditiert worden war. In dieser Annahme irrte Dudley allerdings. Es sollte sich bald herausstellen, dass in der englischen Führungsschicht die Loyalität zum Hause Tudor größer war als die Angst vor einer erneuten religionspolitischen Kehrtwende. Dudleys Versuch, Maria Tudor festzunehmen, scheiterte nicht zuletzt an der Rebellion seiner eigenen Soldaten, die kurzerhand auf die Seite Marias überliefen. Dudleys Machtpolitik und vor allem seine skrupellosen persönlichen Bereicherungen hatten ihm wenig Freunde eingebracht, und so brach sein Regime bereits am 18. Juli zusammen. In London selbst wurde er von demselben Regentschaftsrat, den er mit seinen eigenen Günstlingen besetzt hatte, gestürzt. Lady Jane, die vermutlich wenig von den politischen Kabalen um ihre Person verstand, Northumberland und sein Anhang wurden zunächst in den Tower gebracht und schließlich hingerichtet. Am 29. September 1553 wurde Maria in Westminster zur Königin gekrönt.

Maria Tudor (1553–1558)

Mit der Thronbesteigung Maria Tudors beginnt ein Kapitel englischer Geschichte, das in der populären Wahrnehmung immer noch stark im Schatten einer erzwungenen, angeblich blutig durchgesetzten Rekatholisierung steht. Es ist vielleicht nicht zufällig, dass zum Goldenen Thronjubiläum der in England nach wie vor sehr beliebten Königin Elisabeth II. am 3. Juni 2002 der nicht eben zimperliche britische Fernsehsender Channel 5 in der Sendereihe *The Most Evil Men and Women in History* ein halbstündiges Profil von Königin Maria präsentierte, ihre Herrschaft gleichsam als Kontrapunkt zu den Jubelfeiern für die amtierende Monarchin als „*reign of terror*" – so die Vorschau in der Fernsehbeilage der Sonntagszeitung *Observer* – zusammenfasste und fast ausschließlich auf die mörderische Verfolgung von Protestanten reduzierte.[45] Diese Perspektive, wenn auch in deutlich differenzierterer und wissenschaftlich fundierterer Form, hat lange Zeit auch die historische Forschung zu Maria Tudor eingenommen. So schrieb Geoffrey Elton beispielsweise unter der bezeichnenden Kapitelüberschrift „*Mary and the Failure of Reaction*" über die „*obstinate wrong-headedness of her rule*".[46] Neuere Forschungen haben dieses Bild revidiert und betonen sehr viel stärker die Kontinuität der Regierung, zum Beispiel in Fragen der Außenpolitik, während die Vorstellung von brennenden Scheiterhaufen mit protestantischen Märtyrern, wie sie vor allem Marias Zeitgenosse John Foxe in seinem *Book of Martyrs* propagiert hat, auf ein zwar immer noch dramatisches, aber für die damalige Zeit vielleicht doch eher moderates Maß von knapp 300 Hingerichteten zusammengeschrumpft ist. Dennoch endete Marias Regierung für die Königin selbst sicherlich mit einer Niederlage: Weder konnte sie ihr Amt auf einen sehnlichst erhofften Erben übertragen, noch erwarten, dass ihre Anstrengungen zur Rekatholisierung des Landes von ihrer Nachfolgerin Elisabeth weitergeführt wurden.

Die damals 37-jährige Maria trat ihre Regierung zwar nicht unerwartet, aber doch unvorbereitet an. Seit dem Verlust ihres Titels als Prinzessin von Wales 1533 hatte sie in einem Zustand der politischen Isolierung und Unsicherheit gelebt, kannte sich weder in den Ränkespielen bei Hof, noch in der Politikführung aus und hatte kaum Beziehungen zur politischen Elite ihres Landes aufbauen können. Die Allianz, die sich für ihren Thronanspruch formierte, war eher aus einer Ablehnung des korrupten und egoistischen Dudley-Regimes geschmiedet als aus der Überzeugung, mit Maria eine fähige Monarchin auf den Thron zu heben. Festen Halt fand die neue Königin allerdings in Gestalt der nun aus dem Exil oder dem Gefängnis zurückkehrenden katholischen Klerikerelite. Engste Verbündete in ihren Bemühungen zur Restauration des alten, für sie wahren Glaubens wurden Stephen Gardiner, der Bischof von Winchester, der die vorangegangenen fünf Jahre im Tower verbringen musste und nun zum *Lord Chancellor* erhoben wurde, Edmund Bonner, der Bischof von London, und der aus Rom zurückgeholte Kardinal und Cousin der Königin, Reginald Pole. Dass die Rückführung Englands zum Katholizismus ganz oben auf Marias Regierungsagenda stand, wurde schon vor ihrer Krönung deutlich, denn ihr erster Befehl nach dem Sturz Northumberlands war die Wiedererrichtung des Kruzifixes in der Pfarrkirche von Framlingham, wo sie sich zur Zeit gerade aufhielt. Dieser von den Zeitgenossen durchaus als Signal verstandenen Geste folgten weitere Anordnungen zur Restitution der katholischen Ordnung. Die protestantischen Bischöfe wurden aus dem *Privy Council* entlassen. Die wichtigsten Protagonisten des englischen Protestantismus, die nicht rechtzeitig ins Exil gingen oder gehen wollten, mussten den Scheiterhaufen besteigen, allen voran der von Maria tief verabscheute Architekt der protestantischen Reform Erzbischof Cranmer. Allerdings blieben auch viele der früheren Berater Eduards im Amt, da Maria auf ihre Expertise angewiesen war. Weil sie darüber hinaus auch ihre eigene Klientel versorgen musste, war ihr *Privy Council* mit maximal 50 Mitgliedern ungewöhnlich groß. Politik machte aber im Grunde nur ein relativ kleiner Kreis von 19 Männern. Gleichzeitig war Maria vor allem in ihrer Religionspolitik vom Konsens des Parlaments abhängig, das ihr allerdings eher Steine in den Weg legte, so dass am Ende die Rekatholisierung Stückwerk blieb. Maria konnte sich nicht ohne Zustimmung des Parlamentes des in ihren Augen unrechtmäßigen Titels des *Supreme Head of the Church*, den ihr Vater für sich und alle seine königlichen Nachfolger angenommen hatte, entledigen. Als Gegenleistung dazu musste sie bei der Restitution von Kircheneigentum erhebliche Abstriche machen, da gerade die durch den Erwerb ehemaliger Klostergüter reich gewordenen Parlamentarier nicht bereit waren, auf ihre neuen Besitzungen zu verzichten. Zwar konnte Maria wieder einige Klöster in England eröffnen, denen sie das noch nicht von der Krone veräußerte Kirchengut übergab, der Großteil des Landes blieb allerdings in den Händen der neuen Elite. Eine parlamentarische Gesetzesregelung von 1554 sah die Wiederanerkennung des Papstes als Oberhaupt der englischen Kirche vor, bestätigte aber gleichzeitig die Säkularisierung der Kirchengüter. Weniger parlamentarischer Widerstand schlug der Königin bei der Restitution der katholischen Theologie entgegen. Die eduardischen Religionsgesetze wurden wieder rückgängig gemacht, die Kirche auf den Zustand von vor 1547 zurückgeführt. Altäre, Heiligenbilder und Reliquien erschienen wieder in den Kirchen, das Abendmahl wurde wieder nach traditionellem katholischem Ritus gefeiert, die sieben Sakramente hatten wieder Gültigkeit. Insgesamt scheint jedoch die Rückkehr zum Katholizismus in England nur recht schleppend vorangegangen zu sein. Sicherlich waren die Zeitgenossen nach dem mehrfachen Religionswechsel der letzten zwanzig Jahre zurückhaltend und skeptisch gegenüber erneuten Veränderungen. Zudem fehlte es an Priestern vor Ort und sicherlich an der Zeit, die eine erneute Etablierung der katholischen Kirche benötigt hätte. Sehr viel enthusiastischer wurde die Rekatholisierung in Irland aufgenommen. Anders als ihr Vorgänger Eduard berief Maria ein irisches Parlament nach Dublin, das der Rückkehr des Landes zum Katholizismus offiziell zustimmte. Wie in England verweigerte das Parlament aber auch hier die Rückführung der bereits enteigneten Klöster in Kirchenbesitz. Maria entließ die wenigen protestantischen Bischöfe, die bereits geheiratet hatten, und besetzte ihre Stellen mit Katholiken.

Als die Königin starb, konnte sie nicht hoffen, dass ihre Rekatholisierungsmaßnahmen ihren Tod lange überdauern würden.

Der Durchsetzung ihrer wohl wichtigsten Angelegenheit wurde allerdings auch durch ihre Heirats- und Außenpolitik behindert, mit der sie die Sympathie ihrer Untertanen als Tochter Heinrichs VIII. mehr und mehr verspielte. Obwohl Maria außenpolitisch im Grunde die traditionelle Tudorpolitik der Annäherung an Spanien gegen Frankreich fortführte, setzte sie doch durch die Heirat mit Philipp II., dem Erben der spanischen Krone, am 25. Juli 1554 neue Akzente, die von ihren Untertanen und der politischen Elite Englands mit Misstrauen beobachtet wurden. Wenngleich eine anglo-habsburgische Heirat durchaus im Rahmen der dynastischen Allianzen der Tudors lag und eine Verbindung mit dem Hause Habsburg nach wie vor den Aufstieg der Randmacht England in das Konzert der europäischen Großmächte signalisierte, rieten die meisten von Marias Beratern von einer Hochzeit mit dem Sohn Karls V. ab. Während ihr Vater mit Katharina von Aragon eine junge, politisch unerfahrene und letztendlich machtlose Frau ins Land gebracht hatte, war Maria in der Ehe mit Philipp II. nicht nur machtpolitisch sondern auch ganz persönlich weit unterlegen. Obwohl Philipp im Heiratsvertrag öffentlich unterzeichnet hatte, in England selbst keine königliche Macht auszuüben, und ausdrücklich festgelegt wurde, dass von England im Fall eines Krieges zwischen Spanien und einer anderen Kontinentalmacht keine finanzielle Unterstützung zu erwarten war, zog der Prinzgemahl das Land 1557 in einen Krieg mit Frankreich, der England nicht nur große finanzielle und menschliche Opfer, sondern im Vertrag von Cateau-Cambrésis vom April 1559 auch den letzten Stützpunkt auf dem europäischen Festland, Calais, kostete. Ob der Krieg in England selbst populär oder unpopulär war, darüber scheiden sich die wissenschaftlichen Geister, sein Ergebnis wurde jedenfalls als Desaster empfunden und auf dem „Schuldenkonto" der mehr und mehr als landfremden, „spanischen" Königin empfundenen Maria verbucht. Dieses Konto war schon durch die Maria angelastete innenpolitische Krise schwer in die „roten Zahlen" geraten. Bereits 1554 war es zu einer Rebellion in Kent gekommen, die von einem ehemaligen Parteigänger der Königin, Sir Thomas Wyatt, angeführt wurde und sich ebenfalls am Unmut der Bevölkerung über die spanische Hochzeit entzündete. Obwohl der Aufstand schnell niedergeschlagen werden konnte, war er doch Ausdruck der nationalen Besorgnis, mit der spanischen Allianz und der Anerkennung des Papstes die eigene Unabhängigkeit und die gerade langsam aufblühende nationale Identität des Landes zu verspielen. Zu dieser Unzufriedenheit gesellte sich eine massive Wirtschaftskrise, die durch das Überangebot von Wolle und Wollwaren und den dadurch erfolgenden dramatischen Preisverfall von Englands Hauptexportartikel den englischen Handel zusammenbrechen ließ. Nun wurden auch die Folgen der von Heinrich begonnenen und von Eduard weitergeführten Münzverschlechterungen deutlich. Mehrere Missernten und verheerende Grippewellen taten ein Übriges, um die allgemeine Stimmung in England auf den Nullpunkt sinken zu lassen.

Diese düstere Perspektive, die sicherlich der wirtschaftlichen Realität der meisten Zeitgenossen entsprach, verdeckt allerdings die positiven, richtungsweisenden Innovationen vor allem in der Verwaltung, die von Maria auf den Weg gebracht wurden und von denen später ihre Nachfolgerin Elisabeth profitieren sollte. Die Theorie von königlichen Einnahmen wurde durch Finanzfachleute wie Sir William Cecil und Sir Thomas Smith neu definiert. An die Stelle der außerordentlichen Steuern im Kriegsfall setzte sie die Vorstellung des steuerpflichtigen Untertanen, der auch für den Unterhalt der Regierung und ein nationales Budget in die Pflicht genommen werden konnte. Elisabeth hat diese Vorstellung später nicht aufgegriffen, wohl aber die von Marias Beratern begonnene Neuordnung der Zölle zur Aufbesserung der königlichen Finanzen weidlich ausgenutzt.

Auch persönlich endete Marias Regierung als Misserfolg. Trotz mehrfacher Hoffnungen auf eine Schwangerschaft blieb der erwünschte Thronfolger aus. Philipp II. verbrachte zwar das erste Ehejahr in England, ließ sich danach aber nur noch selten auf der Insel blicken und betrachtete seine Heirat sehr viel stärker als dynastische Allianz denn als Liebesangelegenheit. Der Gesundheitszustand der Monarchin verschlechterte sich schließlich im Sommer 1558 rapide. Am 17. November starb die 42-Jährige vermutlich an dem Tumor, der sie noch im Vorjahr an die ersehnte Schwangerschaft hatte glauben lassen.

Elisabeth I. (1558–1603)

Nach dem Tod der katholischen Maria betrat nun eine Frau die englische politische Bühne, die bereits von Zeitgenossen, aber ebenso stark von späteren Biographen bis hin ins 21. Jahrhundert zur Lichtgestalt der englischen Geschichte stilisiert worden ist. Heinrichs zweite Tochter Elisabeth stach nicht nur durch ihre Jugend, ihre eindeutig englische Abstammung und Ausrichtung und die Ähnlichkeit mit ihrem verehrten Vater von der spanisch-fremden Maria ab, sondern erfüllte auch die Erwartungshaltungen einer von Krisen und politischen wie religiösen Verunsicherungen geschüttelten Gesellschaft. Mit Hilfe einer geschickt die Bedürfnisse der Gesellschaft befriedigenden Propaganda und Selbststilisierung machten Elisabeth und ihre Anhänger die Königin zu einer Ikone, die von nun an all das repräsentierte, wofür England und *Englishness* stand und stehen sollte. Dass diese Begeisterung nicht von allen Untertanen der Tudorkönigreiche geteilt wurde, hatte in der offiziellen englischen Rhetorik keinen Platz. An der Beliebtheit von Königin Elisabeth I. in der englischen öffentlichen Meinung hat sich seither wenig geändert. In einer Radioumfrage von BBC Radio 4 wählten am 28. Dezember 2001 einunddreißig

Prozent von etwa 10 000 Hörern Elisabeth I. zur bedeutendsten britischen Monarchin aller Zeiten. Gefolgt wurde sie übrigens mit siebenundzwanzig Prozent von der amtierenden Königin und Namensvetterin Elisabeth II.

Elisabeth hatte ihre Jugend in prekärer Unsicherheit verbringen müssen. Durch die Annullierung der Ehe Heinrichs VIII. mit ihrer Mutter Anna Boleyn war Elisabeth wie ihre Halbschwester Maria zum illegitimen Kind geworden, das die stürmischen Regierungsjahre ihres Vaters in Hatfield, zuletzt aber im Haushalt von Katharina Parr, Heinrichs letzter Frau, in Chelsea verlebte. Sie hatte eine gründliche humanistisch-protestantische Erziehung erfahren, die sie zu einer der gebildetsten Frauen ihrer Zeit machte. Ihre Hauslehrer, vor allem der Cambridger Professor Roger Ascham, förderten besonders Elisabeths Fremdsprachenausbildung. Die Prinzessin konnte sich fließend in lateinisch unterhalten, sie sprach französisch, italienisch, spanisch und walisisch und las altgriechische Texte ohne Schwierigkeiten. Obwohl sie sich vor ihrer Thronbesteigung ernst und akademisch darstellte, war Elisabeth eine ausgesprochene Musikliebhaberin, die bis in ihr hohes Alter tanzte und Musikveranstaltungen am Hof förderte. Wie sie persönlich mit dem Tod ihrer Mutter und der Rolle ihres Vaters bei deren Hinrichtung fertig wurde, ist nicht bekannt. Historiker haben häufig darüber spekuliert, ob ihre bewusste Entscheidung zur Ehelosigkeit mit den traumatischen Kindheitserfahrungen zusammenhing.[47] Zu dem Schicksal von Anna Boleyn äußerte sie sich jedenfalls nicht öffentlich, unternahm nach ihrer Krönung keine Versuche zur Rehabilitierung ihrer Mutter und bedachte deren Familie auch nicht übermäßig mit Gunstbeweisen. In der offiziellen Charakterisierung Elisabeths sagte man ihr allerdings eine tiefe Verehrung für Heinrich VIII. nach. Ihre unsichere Jugend trug aber sicherlich dazu bei, ihr Gespür für politische Manöver und vorsichtige diplomatische Schachzüge zu schärfen, für die ihre Regierung berühmt werden sollte. Während sich Elisabeth in den Regierungsjahren ihres Vaters und ihres Halbbruders Eduard durch Stillschweigen und Zurückhaltung eine Position politischer Sicherheit bewahren konnte, entwickelte sich aus der Thronbesteigung Marias und deren Rekatholisierungsmaßnahmen eine bedrohliche Krise für die junge Frau, die Maria, sollte diese ohne Erben sterben, was mehr und mehr abzusehen war, als englische Königin nachfolgen würde. Um sie versammelten sich die mit der neuen Religionspolitik Unzufriedenen. Elisabeth war allerdings klug genug, sich aus jeder potentiellen Verschwörung gegen ihre Halbschwester herauszuhalten und zunächst einfach abzuwarten. Sie ging sogar soweit, sich nominell der geforderten Rekatholisierung zu unterwerfen. Dennoch ließ Königin Maria sie 1554 unter Hausarrest stellen. 1556 wurde eine Verschwörung aufgedeckt, an der Mitglieder ihres Haushalts beteiligt waren. Elisabeth insistierte auf ihrer Unschuld. Was ihr zu diesem Zeitpunkt vermutlich mehr in die Hände spielte, war allerdings die außenpolitische Konstellation, mit der sich England konfrontiert sah. Als alternative Thronkandidatin gegen Elisabeth kam nämlich nur die schottische Königstochter Maria Stuart in Frage, die mit dem französischen Thronfolger verheiratet worden war. Vor allem aus der Sicht von Marias spanischem Ehemann hätte diese Regelung einen allzu bedrohlichen Machtzuwachs für Frankreich bedeutet, der die Hegemoniestellung Spaniens in Europa empfindlich gefährdet hätte. Wie die Bevölkerung zu diesem Zeitpunkt auf eine dynastische Personalunion mit Schottland reagiert hätte, ist nicht bekannt. So verlief die Machtübernahme von Elisabeth nach dem Tod ihrer Schwester zunächst reibungslos. Auf dem Sterbebett hatte Maria die Nachfolgeregelung ihres Vater bestätigt. Noch am Todestag Maria Tudors wurde Elisabeth zur neuen Königin proklamiert. Die Krönung fand am 15. Januar 1559 statt.

Die Regelung der Religionsfrage –
The Elizabethan Settlement

Trotz der durch die Regierung Marias weiter verstärkten zeitgenössischen Bedenken gegen ein Frauenregiment, das sich noch im Jahr von Elisabeths Thronbesteigung durch John Knox' Streitschrift *The First Blast of the Trumpet against the Monstrous Regiment of Women*[48] Luft gemacht hatte, wurde Elisabeths Regierungsantritt in England allgemein mit Jubel aufgenommen.

Hauptthema der Regierungspolitik war zunächst die Neuordnung der religiösen Orientierung des Landes. Elisabeth selbst war protestantisch erzogen worden, hatte aber aus verständlichen taktischen Gründen zu religiösen Fragen vor ihrem Regierungsantritt nie Stellung bezogen. Diese durch die eigene schmerzliche Lebenserfahrung geprägte Strategie behielt sie auch als Königin bei. Bezeichnenderweise ließ sie selbst bei ihrem Krönungszeremoniell in Westminster ihre Untertanen über die eigene religiöse Überzeugung im Dunkeln. Zwar hielt sie während des Krönungszuges die englische Bibel in den Händen, die Krönung selbst erfolgte allerdings im Rahmen eines Hochamtes nach römisch-katholischem Ritus. Bei der Wandlung, dem umstrittensten Teil der Liturgie, entzog sich Elisabeth den Augen des Publikums. Ihr persönlicher Umgang mit Glaubensfragen entsprach auch der Strategie, die die Königin in öffentlichen Religionsangelegenheiten bevorzugte. Für „ihre" Kirche forderte sie eine offizielle Konformität und Einheitlichkeit, was die Untertanen glaubten, blieb ihre Privatangelegenheit, solange diese nicht mit der staatlichen Religionspolitik öffentlich kollidierte. Das sogenannte *Elizabethan Settlement*, das im Wesentlichen zwei Gesetze umfasste, die Elisabeth von ihrem ersten Parlament zwischen dem 25. Januar und dem 8. Mai 1559 diskutieren und ratifizieren ließ, spiegelt diese Haltung. Mit der Suprematsakte stellte Elisabeth zunächst ihre absolute Hoheit über die englische Kirche wieder her. Dabei wusste die Königin geschickt die Kritik einer patriarchalisch denkenden Gesellschaft zu umgehen, indem sie sich selbst nicht zum *Supreme Head*, sondern zum *Supreme Governor* der Kirche von England erklärte. Als *Governor* stand sie zwar der Kirche vor, tat dies aber gleichsam von außen. Diese Umwidmung ihres Titels änderte nichts an der Tatsache, dass Elisabeth das Oberhaupt der englischen Kirche blieb, sollte aber den Zeitgenossen die Vorstellung einer Frau an der Spitze der kirchlichen Hierarchie erleichtern und ließ den Katholiken Raum für Spekulationen über eine Annäherung an Rom. Elisabeths kirchenpolitischer Regierungsstil blieb bestimmt, aber eher zurückhaltend. Zur Durchsetzung ihrer kirchenpolitischen Maßnahmen berief sich die Königin nicht auf eine Bischofskongregation, sondern auf das Parlament. Allerdings wurden die Gesetze des *Elizabethan Settlement* vor allem im House of Lords mit Kritik aufgenommen, die vor allem von den marianischen Bischöfen ausging, die zu diesem Zeitpunkt noch Mitglieder des Oberhauses waren. Im *Act of Uniformity* schließlich wurde die im zweiten von Elisabeths Vorgänger Eduard in Auftrag gegebenen *Book of Common Prayer* von 1552 vorgesehene allgemeine Gottesdienstordnung mit englischsprachiger Liturgie wieder eingeführt. Hierbei versuchte man allerdings, die Auslegung der Kommunionsfeier so vage zu halten, dass die verschiedenen protestantischen Vorstellungen und sogar die katholische Interpretation von der realen Präsens Gottes in der Wandlung darunter subsumiert werden konnten. Wiederum wurden die katholischen Altäre durch Kommunionstische ersetzt, Bilder und Votivtafeln aus den Kirchen entfernt und durch Schrifttafeln mit den Zehn Geboten, aber auch mit dem Wappen der Tudormonarchie ersetzt. Damit machte Elisabeth unmissverständlich klar, wen sie für das Oberhaupt der Kirche hielt. Chorröcke und Messgewänder verschwanden als Priesterkleidung. Das protestantische Vokabular, „*minister*" anstelle von „*priest*", „*table*" anstelle von „*altar*", hatte sich insgesamt schon soweit durchgesetzt, dass die Wiedereinführung der protestantischen Nomenklatur ohne große Schwierigkeiten erfolgte. Weiteren Protestantisierungsschüben, etwa in Richtung kontinentaleuropäischer calvinistischer Modelle kongregationalistischer Kirchenorganisation stand die Königin ablehnend gegenüber. Eine hierarchische Bischofskirche entsprach sehr viel mehr ihren Ordnungsvorstellungen und spielte der Durchsetzung königlicher Gewalt stärker in die Hände als eine eher horizontal organisierte Presbyterialkirche. 17 der 18 marianischen Bischöfe verweigerten den von ihnen geforderten Suprematseid. Zwischen 1559 und 1561 wurden sie durch überzeugte Protestanten ohne radikale Neigungen ersetzt (in diesem Rotationskarussell kam Elisabeth außerdem die schwere Grippeepidemie des Jahres 1558 entgegen, der nicht wenige katholische Würdenträger zum Opfer fielen). Die genaue Festlegung der Doktrin für Elisabeths Kirche wurde schließlich einem Theologengremium übergeben, das in der Konvokation von Canterbury 1563 in den sogenannten *39 Articles* die bereits von Eduard festgelegten Grundsätze bis auf wenige Ausnahmen und Modifikationen wieder aufnahmen. Eine neue Predigtlehre, die offizielle Wiedereinführung der englischen Bibel sowie des Katechismus calvinistischer Prägung komplettierten die offiziellen kirchenpolitischen Maßnahmen Elisabeths. Während damit für die ältere englische Reformationsgeschichte die Protestantisierung Englands abgeschlossen war, hat man sich in den letzten Jahren sehr viel stärker für die tatsächliche Durchsetzungskraft der königlichen Erlasse und Dekrete auf der Pfarrebene interessiert.[49] Hier gab es offenbar gravierende regionale Unterschiede. Während beispielsweise die Bevölkerung von London und dem dichter bevölkerten und stärker urbanisierten Südosten Englands die Rückkehr des Protestantismus im Allgemeinen begrüßte, blieben vor allem die nördlichen, weniger bevölkerungsreichen Landesteile zurückhaltend. In den 1560er Jahren wurde die Überwachung der neuen Gottesdienstordnung und der eingeforderte regelmäßige Kirchgang der Pfarrmitglieder allerdings kaum durchgesetzt. Auch die zur Inspektion landesweit verschickten königlichen Kommissionen registrierten lediglich Mängel, wie etwa das Fehlen von Bibeln und Gebetbüchern, gingen aber nicht nachhaltig dagegen vor. Rekusanten wurden zunächst kaum ernsthaft zur Rede gestellt. Dennoch erwies es sich für die heimlich ins Land geschleusten katholischen Priester als schwierig, ihre Mission durchzuführen. Zwar befanden sich um 1580 etwa 100 Priester in England, von denen die Mehrzahl im von William Allen 1568 im nordfranzösischen Douai speziell für die Mission auf den britischen Inseln gegründeten Priesterseminar ausgebildet war. Ihr Aktionsradius beschränkte sich allerdings größtenteils auf Privathaushalte vermögender Engländer, die den Unterhalt der Missionare finanzieren konnten. Dadurch entwickelte sich die katholische Kirche in England immer stärker zu einer Religion der Wohlhabenden, während die Unterschichten auf die spirituelle Versorgung durch die offizielle Kirche angewiesen blieben. Damit wurde der Katholizismus im Lande förmlich ausgetrocknet.

Die elisabethanische Religionsregelung hinterließ allerdings auch in protestantischen Kreisen Englands einen faden Beigeschmack. Am radikaleren Rand des protestantischen Spektrums bildete sich eine Bewegung, die in späteren Jahren unter der wenig aussagekräftigen Sammelbezeichnung „Puritaner" an Boden gewann. Viele der unter Maria ins kontinentaleuropäische Exil geflohenen Kleriker sahen im elisabethanischen Kirchenkompromiss eine verpasste Chance für echte Reformen in dem calvinistischen Geist, den sie in Genf oder Straßburg geatmet hatten. Auseinandersetzungen brachen in den 1560er Jahren zunächst über die scheinbar nebensächliche, für die frühneuzeitliche Welt aber höchst symbolträchtige Frage der Predigerkleidung aus, die 1565 in den offiziellen Anweisungen (*Advertisements*) zum Tragen der traditionellen Priestergewänder kulminierten. Hier sahen die Befürworter eines Protestantismus kontinentaleuropäischer Prägung zu viele katholische Requisiten. Die Kritik weitete sich schließlich zu einer Attacke gegen die Bischöfe und die Bischofskirche als Institution aus, die in den Augen der Puritaner nicht mit der biblischen Ursprungskirche zu vereinbaren war. 1587 wurde dem Parlament ein Antrag auf Errichtung einer presbyterianischen Kirche unterbreitet, der allerdings abgeschmettert wurde. Alle weiteren offiziellen Initiativen in diese Richtung wurden durch die elisabethanische Gesetzgebung in den 1590er Jahren erstickt. Unter John Whitgift als Erzbischof von Canterbury verhärteten sich die Fronten. Der englische Klerus wurde von puritanischen Aktivisten gesäubert. Viele mit der offiziellen Kirche Unzufriedene sammelten sich allerdings auf Pfarrebene in eigenen Zirkeln, um alternative Modelle der Religionsausübung nicht nur zu diskutieren, sondern auch zu praktizieren. Gerade diesen Konventikeln begegnete Elisabeth mit äußerster Skepsis, da sie hier den Nährboden für weitreichende Verschwörungen vermutete. In diesen Jahren wurden von Seiten der Verfechter des englischen Kirchenkompromisses etwa mit den Schriften des zunächst wenig beachteten, unter Karl I. aber hochangesehenen Oxforder Theologen Richard Hooker, selbst ein überzeugendes Korpus wichtiger Texte produziert, die die Rolle der englischen Staatskirche zwischen Neuerung und Restauration positionierten und damit sehr viel stärker von einer Verbesserung der früheren, also der katholischen Kirchenorganisation als von einem radikalen Neubeginn ausgingen. Fester Bestandteil dieser Organisation waren und blieben die Bischöfe.[50]

Sehr erfolgreich scheint die Protestantisierung in Wales verlaufen zu sein. Die meisten der nach 1559 neuberufenen Bischöfe in Wales kamen aus dem Land selbst. Nicht wenige unterstützten einheimische Barden, die in der walisischen Kultur eine wichtige Rolle spielten. Damit wurde ein festes Bindeglied zwischen der walisischen Identität und dem Protestantismus geschaffen. Weitere Bildungsinitiativen zur Integration der walisischen Elite in das protestantische Establishment wie die Gründung des Oxforder Jesus College speziell für walisische Studenten und die Publikation einer walisischen Ausgabe des *Common Prayer Books* und schließlich der walisischen Übersetzung der englischen Bibel 1588 komplettierten die Anbindung Wales' an die englische Religionspolitik. Erstaunlich unproblematisch begann zunächst auch die Protestantisierung Irlands. 1560 akzeptierte ein von Elisabeth in Dublin einberufenes Parlament anstandslos die Uniformitätsgesetze. Ob dies tatsächlich durch den Trick gelang, den weitaus zahlreicheren anti-protestantischen Parlamentariern den Sitzungstag als parlamentsfrei anzukündigen und sie damit von der Abstimmung fern zu halten, bleibt allerdings Spekulation.[51] Kurz darauf wurde das Parlament jedenfalls aufgelöst. Wie bereits in der eduardischen Phase scheiterte die elisabethanische Reformation in Irland schließlich an den damit verbundenen politischen Implikationen. Die protestantischen Bildungsinitiativen konnten in Irland nicht durchgesetzt werden. Es kam nicht zu Schulgründungen, religiöse Texte wurden erst ab dem 17. Jahrhundert und nur sehr vereinzelt in die gälische Sprache übersetzt, die erste protestantische Universität des Landes, Trinity College, wurde 1592, als sich die Fronten bereits unüberbrückbar verhärtet hatten, in Dublin gegründet, nachdem der Bischof von Dublin sich jahrzehntelang geweigert hatte, einen Teil der Pfründe der Bischofskirche St. Patrick zur Finanzierung des Projektes bereitzustellen. Zusammen mit Elisabeths neuer, sehr viel martialischer ausgerichteten Siedlungspolitik wurde der Protestantismus in Irland mehr und mehr mit der Macht der Unterdrücker identifiziert, während die katholische Gegenreformation schnell an Boden gewinnen konnte. Vor allem in den letzten beiden Jahrzehnten des 16. Jahrhunderts spitzte sich die Lage dramatisch zu. Während die englischen Offiziellen bis dahin eine eher lässige Handhabung in Religionsangelegenheiten bevorzugt hatten, sahen sie sich nun nicht nur einem starken, durch gut ausgebildete Jesuitenmissionare unterstützten katholischen Netzwerk gegenüber. Auch im internationalen Kräftespiel hatte sich eine starke katholische Front gebildet, die Irland zum Trittbrett für eine anti-englische Politik benutzte.

Die ersten Regierungsjahre

Neben der Regelung der Religionsangelegenheiten mussten sich Elisabeth und ihre Berater in den ersten Regierungsjahren mit der Konsolidierung der außenpolitischen Situation und mit der wirtschaftlichen Lage im eigenen Land beschäftigen. Der Friedensvertrag mit Frankreich wurde wenige Monate nach Regierungsantritt der Königin geschlossen. Die ernüchternde Aufgabe von Calais sollte zwar formell nur für zehn Jahre zugesichert, dann noch einmal diskutiert werden, kam aber nie wieder zur Sprache. Ein Jahr später wurde im Frieden von Edinburgh die englische Unterstützung für die schottischen Rebellen, die sich gegen die fatale Herrschaft Maria Stuarts gewandt hatten, eingestellt. In England führte Elisabeth 1560–1561 eine Münzreform durch, die das Vertrauen in die seit Heinrich VIII. kontinuierlich abgewertete Währung wiederherstellte. Die neuen Münzen hatten einen deutlich höheren Silbergehalt und stabilisierten die Kaufkraft des englischen Pfundes im In- und Ausland.

In den ersten Regierungsjahren Elisabeths beschäftigte vor allem angesichts alternativer Thronkandidatinnen die Heiratsfrage und damit die Frage nach einem legitimen leiblichen Erben der Königin die politische Nation. Akut wurde das Problem besonders als Elisabeth 1562 ernsthaft an den Blattern erkrankte und eine Zeitlang mit ihrem Tod gerechnet werden musste. 1563 brachte das Unterhaus in einem zur Finanzierung einer militärischen Aktion in Frankreich zusammengerufenen Parlament die

Nachfolgeregelung offiziell zur Sprache und forderte von der Königin eine Stellungnahme. Elisabeth wollte sich allerdings weder in Heirats- noch in Nachfolgeangelegenheiten festlegen lassen und blieb dem Parlament ihre Antwort schuldig.[52] Auch einem 1566 einberufenen weiteren Parlament entzog sich Elisabeth der Festlegung auf einen Ehegatten oder Erben, was vor allem durch die politischen Ereignisse um die katholische Maria Stuart von vielen *Privy Councillors* als problematisch empfunden wurde.

Die katholische politische Opposition in England hatte gegen Ende der 1560er Jahren bedeutend an Boden gewonnen. Auslöser war hier die Inhaftierung Maria Stuarts, die aufgrund ihres skandalösen Privatlebens und ihres, dem presbyterianischen Establishment allzu offensichtlich repräsentierten Katholizismus, 1568 aus dem eigenen Land nach England fliehen musste, nur um dort von ihrer Cousine Elisabeth in Fotheringhay Castle inhaftiert zu werden. Zu Recht befürchtete die englische Königin, dass sich eine englische Opposition hinter Maria stellen und sie gegen Elisabeth als Thronkandidatin aufbauen würde. Maria war die Enkelin von Margarete, der Schwester Heinrichs VIII. und hatte somit einen ernst zu nehmenden Thronanspruch in England vor allem für diejenigen, die in Elisabeth nichts mehr als die 1537 bastardisierte Tochter Heinrichs sahen. Angeführt von Thomas Howard, dem Herzog von Norfolk, entwickelte sich zunächst eine Verschwörung am Hof, der nach dem als Vermittler mit dem spanischen Gesandten eingesetzten Florentiner Kaufmann Roberto Ridolfi benannte *Ridolfi-Plot*, der allerdings wegen mangelnder Unterstützung von Spanien schon bald zusammenbrach. Howard floh daraufhin auf seine Güter und setzte sich mit den Grafen von Westmoreland und Northumberland in Verbindung, um im Norden des Landes einen Aufstand zu initiieren, mit dem die Mächtigen in der Grenzregion auch ihrem Ärger über die Ernennung von fremden Amtsträgern aus Südengland Luft machten. Mit der Entthronung Elisabeths und der Erhebung der katholischen Maria erhofften sich die Magnaten die Restauration ihres traditionellen Einflusses in der Region. Der Aufstand vom November 1569 blieb aber nach der Verhaftung Norfolks in den Anfängen stecken und brach kurz darauf zusammen. Eine 1570 durch Lord Dacre aus Cumberland angeführte Streitmacht wurde von den königlichen Truppen ebenfalls geschlagen. Dennoch sollte die nördliche Grenzregion eine Schwachstelle in der Regierung Elisabeths bleiben, in deren Beherrschung sie, wie schon ihr Vater, viel Geld für insgesamt unbefriedigende Resultate investieren musste. Schließlich verschlechterte sich auch das außenpolitische Klima zuungunsten der protestantischen Königin. Während Philipp II. in den ersten Regierungsjahren noch um ein gutes Verhältnis zu seiner Schwägerin bemüht war und damit zunächst durch seinen Einfluss auf den Papst die Initiativen der katholischen Kirche gegen Elisabeth abschmettern konnte, stimmte er, verärgert durch die seit 1566 mehr oder weniger inoffizielle Unterstützung Englands für den Aufstand der Niederlande, schließlich der päpstlichen Politik zu, die Elisabeth mit der langerwarteten Bulle *Regnans in excelsis* 1570 als Häretikerin exkommunizierte. Ihre Untertanen waren dadurch von der Treueverpflichtung für die Monarchin entbunden, mögliche Umsturzversuche innerhalb und außerhalb des Landes konnten somit legitimiert werden. Die Katholiken im eigenen Land galten nun als ausgesprochene Gegner der Königin und sahen sich selbst nicht selten in Loyalitätskonflikten zwischen dem Gehorsam gegenüber der katholischen Kirche und der Treue zur Tudormonarchie. Von Seiten der Regierung wurden nun die Rekusanten stärker beobachtet, die Strafgelder für das Fernbleiben vom protestantischen Gottesdienst erhöht und auch verstärkt eingetrieben. Die englische Regierung reagierte offensiv gegen die katholische Mission und erklärte die katholischen Priester im Land 1581 per Parlamentsbeschluss zu Hochverrätern. Der Katholizismus erhielt dadurch eine für die herrschende Ordnung äußerst bedrohliche politische Konnotation. Insgesamt wurden von den etwa 600 während der Regierungszeit Elisabeths in England bekannten Priestern etwa 300 inhaftiert, 130 von ihnen schließlich hingerichtet. Ab 1581 griffen die Regierungsbehörden auch katholische Laien an. Mehr als 60 Männer und Frauen wurden wegen der Allianz mit Rom des Hochverrates angeklagt und hingerichtet. Die Strafgelder für Rekusanten kletterten von 12 Shilling pro überführter „Straftat" auf eine Pauschale von 20 Pfund im Monat für praktizierende Katholiken. Insgesamt sah die Bilanz der von der elisabethanischen Regierung wegen ihres Glaubens Hingerichteten kaum besser aus als die Zahlen, die von den marianischen Verfolgungen überliefert sind. Dass sie zumindest in der englischen Geschichtsschreibung weitaus weniger Beachtung gefunden haben, liegt wohlmöglich darin, dass sie in der offiziellen Lesart nicht als Häretiker, sondern als Hochverräter hingerichtet wurden. Für die zeitgenössische Propaganda waren sie Kriminelle, nicht Märtyrer.

Gloriana

Zusammen mit einer Reihe spektakulärer katholischer Verschwörungen im Dunstkreis des Hofes wie dem sogenannten *Throckmorton Plot* von 1583 und dem *Babington Plot* von 1586 entwickelte sich der Katholizismus zum onmipräsenten, von ausländischen Kräften gesteuerten Feindbild, das sich nicht nur gegen die protestantische Königin, sondern auch gegen die politische Nation England richtete. An diesem Feindbild konnte sich gleichsam als Positivdarstellung eine protestantische englische Identität herausbilden. Die Opposition gegen die gefürchteten „Papisten" – so der zeitgenössische Wortgebrauch – hat möglicherweise zur Etablierung der elisabethanischen Kirche ebenso nachhaltig beigetragen wie die Durchdringung des Landes mit protestantischem Gedankengut. Protestantische Autoren und Propagandisten bedienten sich hier eines umfangreichen Repertoires antienglischer, katholischer Politik, angefangen mit der fatalen Loyalität Maria Tudors zu ihrem Mann, dem Spanier Philipp, der England die letzte Festlandsbesitzung Calais gekostet hatte, über die marianischen Märtyrer auf den katholischen Scheiterhaufen des Landes bis hin zu den illoyalen Magnaten Nordenglands, die lieber eine landesfremde, katholische Schottin auf Englands Thron sehen wollten. Die erfolgreichste Publikation in diesem Genre war zweifellos John Foxes *Act and Monuments*, das unter dem vielsagenden Titel *Book of Martyrs* zu einem Bestseller in der elisabethanischen englischen Gesellschaft aufstieg. Foxe erzählt darin die Geschichte der protestantischen englischen Kirche und vor allem das Martyrium der marianischen Opfer. Das umfangreiche Werk wurde 1563 erstmals veröffentlicht und bis 1596 in England sechsmal neu aufgelegt. Es wurde im Stil der Zeit, in der bestenfalls zehn Prozent der Bevölkerung lesen konnten, mit zahlreichen Illustrationen ausgestattet, die in eindeutigen Bildern die Dichotomie zwischen den guten protestantischen Engländern und den bösen katholischen Ausländern verdeutlichten. Neuere Forschungen vermuten sogar, dass viele der doppelseitig bedruckten Holzschnitte aus den Büchern entnommen, koloriert und in Wohnstuben aufgehängt wurden.[53] Mit dem Sieg über die spanische Armada von 1588 erreichte die Gleichsetzung der englischen Nation mit dem Protestantismus einen erneuten propagandistischen Höhepunkt. Für die Zeitgenossen war die außerordentliche englische Seetüchtigkeit und die offensichtliche Hand Gottes, der einen „protestantischen Wind" zugunsten seines auserwählten Volkes gegen die Spanier geschickt hatte, für den spektakulären Sieg über die europäische Supermacht Nummer 1 verantwortlich.[54] Die im Gefolge des Armadasieges massenweise publizierten Balladen und Gedichte führten das von Foxe popularisierte Leitthema des fundamentalen Kampfes zwischen dem protestantischen England und dem römischen Antichristen (und seinen spanischen Helfershelfern) in aller Ausführlichkeit und Dramatik fort. Nach dem Armadasieg ließ Elisabeth Münzen mit der Aufprägung „Gott blies – und sie wurden zerstreut" drucken und stilisierte sich als die Vollstreckerin göttlichen Willens. Wie ihr Vater beschäftigte die Königin eine Reihe von Historikern, deren Aufgabe in der historischen Bestätigung der englischen protestantischen Nation und des Hauses Tudor an dessen Spitze bestand. Wichtigste Beispiele für diese neue nationalhistorische Geschichtsschreibung ist etwa das Kompendium von Raphael Holinshed, der unter dem Titel *The Chronicles of England, Scotland, and Ireland* 1577 eine Reihe von Geschichtswerken verschiedener Autoren herausgab, die später als Vorlage für die Historiendramen William Shakespeares dienen sollten. Neben der Geschichtsschreibung war es wiederum die Landesbeschreibung, die sich die Regierung zur Propagierung des eigenen Herrschaftsanspruchs und der Glorifizierung des eigenen Landes zunutze machte. Im königlichen Auftrag reiste William Camden über zwanzig Jahre lang durch England, Schottland und Wales und machte detaillierte Aufzeichnungen über die natürliche und die historische Topographie des Landes. Er sammelte Münzen, transkribierte Inschriften und skizzierte Ruinen aus römischer, sächsischer und normannischer Zeit. Sein 1586 erschienenes Werk *Britannia*[55] sollte der Vorstellung eines traditionsreichen Landes zuarbeiten, das durch die normannische Herrschaft und schließlich die Tudors (in späteren Ausgaben durch die Personalunion von englischem und schottischem König in der Gestalt von Jakob I. und VI.) politisch geeint worden ist. An die Stelle der christlichen Tradition der katholischen Kirche, die bis zum Bruch mit Rom die allgemein akzeptierte Meistererzählung der Geschichte Englands gewesen war, setzte Camden nun den Rekurs auf die römischen Ansiedlungen und die Zeit der Sachsen und Normannen, die den Grundstein für die englische staatliche Einheit legten. Camden arbeitete eng mit dem flandrischen Kartographen Abraham Ortelius und anderen Chorographen auf dem Kontinent zusammen. Sein Werk erschien in englischen und lateinischen Ausgaben für den in- und ausländischen Buchmarkt und wurde mehrfach aktualisiert.[56] Sowohl in der Geschichtsschreibung als auch in der Chorographie bemühte man sie um eine vollständige Darstellung des Herrschaftsbereiches der Tudors. Holinshed's *Chronicles* umfassten auch Geschichtswerke aus Irland, wie etwa die für die gälische Bevölkerung wenig schmeichelhafte *Description of Ireland* von Richard Stanihurst.[57] Camden reiste sowohl durch Wales als auch durch den Norden Englands bis hinauf zum Hadrianswall. Damit sollten jede Zweifel am Umfang des Herrschaftsbereiches der Tudors beseitigt werden. In der Herrschaftsarchitektur erwies sich Elisabeth als ausgesprochen zurückhaltend. Nach dem Tod Heinrichs VIII. wurden unter den Tudors keine weiteren Königspaläste gebaut. Elisabeth residierte entweder in den Palästen ihres Vaters oder besuchte ihre Höflinge, was diese nicht selten in schwere wirtschaftliche Schwierigkeiten brachte. Damit schonte Elisabeth einerseits das eigene Budget, erhielt sich andererseits bei der politischen Elite präsent und nutzte ihre Besuche in ihrem Favoritenspiel zur Demonstration politischer Gunst, die das soziale und politische Prestige der Besuchten innerhalb der politische Nation erhöhten. Einzig unter Elisabeth strahlte die englische Musik auf Kontinentaleuropa aus. Neben der Förderung der Kirchenmusik, deren Tradition durch den Protestantismus abgebrochen war, unterstützte die Königin Komponisten, Musiker und Chöre. Unter ihrer Förderung entwickelte sich die englische Madrigalmusik zu einem ausgesprochen erfolgreichen Genre. Die Geförderten reagierten erwartungsgemäß: 1601 erschien beispielsweise das von Thomas Morley herausgegebene Werk *Triumphs of Oriana* zur Verherrlichung der alternden Monarchin. Es enthielt Kompositionen von mehr als 20 englischen Komponisten.

Im Bereich der visuellen Künste übernahm Elisabeth die von ihrem Vater begonnene Förderung von Herrschaftsportraits. In den Darstellungen der Königin bemühte man sich allerdings um einen neuen, weniger naturalistischen, stärker stilisierenden, symbolischen Stil. Bereits ab den 1570er Jahren förderte die Königin ihre eigene Apotheose durch eine Ikonographie, die sich aus Versatzstücken der katholischen, nun verbotenen Mariendarstellungen zusammensetzte. Typische Marienrequisiten wie Perlen, Lilien und Rosen schmückten die Portraits der Königin. Das Pelikan-Portrait Richard Hilliards aus den späten 1570er Jahren zeigt die Königin beispielsweise mit einen Pelikananhänger an der Brust, der in der christlichen Bildsprache Gott symbolisiert, der sein Blut für seine Kinder vergossen hat. Die Analogie zu der Opferbereitschaft der Königin für das Wohl ihres Landes erhielt so eine religiöse Erhöhung. Geschickt nutzte Elisabeth ihre bewusst gewählte Ehelosigkeit, um sich als *Virgin Queen*, die mit ihrem Land verheiratet sei, und deshalb keinen anderen und sicherlich keinen besseren Ehegatten haben konnte, zu stilisieren und positiv gegen ihre Schwester Maria abzuheben. Balladen wie etwa William Birchs 1558/59 komponierter *Songe betwene the Quenes majestie and Englande* popularisierten das Thema. Bezeichnenderweise textete Birch seinen fiktiven Dialog zur Musik eines traditionellen Marienliedes. Von James Askes *Elizabetha Triumphans* (1588), Edmund Spencers *Faerie Queene* (1590) bis zu William Shakespeares *Midsummer Night's Dream* (1594/95) nahm sich die zeitgenössische Literatur des Themas an. In jährlichen Umzügen vor allem im Südosten ihres Landes repräsentierte sich die Königin als sorgfältige Landesmutter, der die Wohlfahrt ihrer Untertanen am Herzen lag. Elisabeths Taktik ging auf. 1572 wurde mit dem *Accession Day* (17. November) ein neuer mit Begeisterung begrüßter Feiertag eingeführt, an dem die Bevölkerung der Thronbesteigung ihrer Monarchin gedachte.[58]

Virgin Queen

Mit dieser Strategie gelang es Elisabeth auch erfolgreich, das zweite Krisenelement ihrer Regierung, ihr Geschlecht, von einer Schwäche in eine Stärke umzuwandeln. Vor allem in den ersten Regierungsjahren der bei ihrem Thronantritt 25-jährigen Königin wurde Elisabeth immer wieder von ihren Beratern und der politischen Nation zur Heirat aufgefordert. Die Kandidatenwahl war nicht einfach. Einerseits hatte man gesehen, wie England durch einen ausländischen Prinzgemahl, wie im Falle Philipps II. zu einem Spielball im europäischen Konzert der Mächte werden konnte, andererseits konnte sich die Königin auch schlecht mit einem ihr rangmäßig unterlegenen Einheimischen verheiraten, und damit die Chance einer internationalen Standeserhöhung ausschlagen. Schließlich stand natürlich die Frage der Thronnachfolge vor allem angesichts katholischer Alternativen, brennend im Raum. Elisabeth selbst weigerte sich resolut, Eheangelegenheiten mit ihrem Parlament zu diskutieren, spielte aber bis in die späten 1570er Jahre, als die Chancen auf einen leiblichen Erben so gut wie nicht mehr bestanden, ihre Eligibilität als Heiratskandidatin in der internationalen Politik aus. An ausländischen Anwärtern mangelte es trotz der päpstlichen Bulle nicht. Die Liste der Kandidaten reichte von ihrem Schwager Philipp, der sich vor allen in Elisabeths ersten Regierungsjahren Chancen auf die Hand der Königin ausrechnete, über König Erich XIV. von Schweden, den österreichischen Erzherzog Karl, der eine Zeitlang zur Debatte stand, bis zum Herzog von Anjou, mit dem ab 1578 mehr oder weniger ernsthaft um eine Heirat verhandelt wurde und schließlich seinem jüngeren Bruder, dem Herzog von Alençon, dessen Werbung um eine Frau, die von ihrem Alter her gut seine Mutter hätte sein können, in höfischen Kreisen zum Teil mit Spott und Heiterkeit kommentiert wurde. Ob Robert Dudley, der Earl of Leicester und langjährige enge Freund der Königin, dem sie offensichtlich sehr zugetan war, jemals als ernsthafter Heiratskandidat in Frage kam, ist umstritten. Der mysteriöse Tod seiner Ehefrau Amy Robsart, die 1560 mit gebrochenem Genick an der Treppe ihres Hauses gefunden wurde, machte diese Verbindung jedenfalls vollkommen unmöglich. Elisabeth war klug genug, ihre politische Kredibilität nicht durch eine Ehe, die nicht nur unstandesgemäß war, sondern der auch der Verdacht des Gattenmordes anhaftete, zu gefährden. Ihre Ehelosigkeit benutzte die Königin nicht nur zu ihrer Stilisierung als Landesmutter, sondern auch im komplizierten Patronage- und Favoritenkarussell am Hof. In ihr *Privy Council* ernannte Elisabeth erfahrene Politiker und Administratoren aus den Regierungen ihrer Vorgänger, die bereits unter Maria, Eduard und sogar Heinrich VIII. ihre Professionalität und ihre Loyalität zum Hause Tudor unter Beweis gestellt hatten. Erfahrung und Können rangierten in Elisabeths Favoritenliste weit vor dem politischen Rang der jeweiligen Familie. Die Cecils, Bedfords, Knollys, Sidneys und Dudleys arbeiteten bereits in der zweiten oder dritten Generation für die königliche Regierung. Mit dieser Auswahl nahm Elisabeth eine Herrschaftsstrategie ihres Vaters auf, der sich ebenfalls bemüht hatte, das mittelalterliche Klientelsystem, das sich aus der Verwandtschaft und Anhänglichkeit zur königlichen Familie ergeben hatte, durch die Kooperation mit der politischen Klasse der Landbesitzer des gesamten Herrschaftsgebietes zu ersetzen. Bereits Heinrich hatte versucht, durch die Schaffung neuer, kleinerer Ämter die Anzahl der am politischen Prozess in der ein oder anderen Form beteiligten Elite zu erweitern. Dieses Verfahren, das der Tudor-Historiker Wallace MacCaffrey als „*nationalization of politics*"[59] bezeichnet hat, führte zu einer weiteren Entmachtung der traditionellen Hocharistokratie. Die meisten Mitglieder von Elisabeths *Privy Council* hatten ihre Würden erst durch den Adelsschlag der Tudors erhalten. William Paget, seit 1549 Baron von Beaudesert, stammte aus einer Londoner Kaufmannsfamilie, Sir William Petre, der *Secretary of State* kam aus einem Devoner Bauerngeschlecht. Selbst William Cecil wurde erst 1571 von Elisabeth in den Adelsstand erhoben. Im Gegenzug setzten sich einige der alten Adelsfamilien durch gescheiterte anti-monarchistische Verschwörungen und Aufstände selbst außer Gefecht. Die Nevilles verloren ihr Leben und ihren Anspruch auf die Grafschaft Westmoreland durch den Aufstand von 1569. Ebenso erging es den Percys in Northumberland. Thomas Howard, der letzte Herzog von Norfolk, wurde 1572 als Konsequenz aus seiner Beteiligung am *Ridolfi-Plot* hingerichtet. Dadurch gewann eine neue bürokratische Elite an Einfluss im Land. Die wichtigsten *Privy Councillors*, wie etwa William Cecil, Lord Burghley oder Robert Dudley, der Earl of Leicester, konnten sich ein eigenes Klientelsystem unter der Landaristokratie aufbauen. Damit wurden genau die regionalen Zwischeninstanzen ausgeschaltet, die noch hundert Jahre zuvor zu den tödlichen Adelsrivalitäten der Rosenkriege geführt hatten. Gleichzeitig versuchte Elisabeth, den Fehler ihres Vaters nicht zu wiederholen und sich in Regierungsangelegenheiten ganz auf einen ersten Minister, hieß er nun Wolsey oder Cromwell, zu verlassen. Zwar war Lord Burghley vierzig Jahre lang sicherlich der wichtigste Berater und engste Vertraute der Königin, mit der Berufung des politisch unerfahrenen und oft ungeschickten Robert Dudley in den Kronrat stellte Elisabeth William Cecil aber ein Gegengewicht an die Seite, das seinen Einfluss einzig und allein der Sympathie der Königin verdankte. Das führte zunächst zu Auseinandersetzungen, als aber beide Seiten feststellen mussten, dass sie einander nicht loswerden würden, betrieb man eine mehr oder weniger einmütige Politik, die insgesamt charakteristisch für die Arbeit des Kronrates unter Elisabeth war. Gehör verschaffen konnten sich auch so wichtige Politiker und *Privy Councillors* wie Sir Francis Walsingham, der vor allem in außenpolitischen Fragen zu Rate gezogen wurde und ein Netz von Spionen und Agenten in Europa unterhielt. Ein weiteres Charakteristikum von Elisabeths *Privy Council* ist das Fehlen von Kirchenmännern. Es gab unter den Beratern Elisabeths nur einen Kleriker, den 1583 zum Erzbischof von Canterbury ernannten John Whitgift, der ab 1586 Mitglied des Rates war.

Sehr viel stärker als bisher wurde auch der Hof zum Zentrum der Macht. Hier nutzte die Königin ebenfalls ihre Ehelosigkeit zu einem „Spiel" um ihre Gunst, das zwar auch mit den Waffen der Galanterie geführt wurde, aber sowohl von Seiten der Höflinge und Favoriten als auch in Elisabeths Kalkül Teil des politischen Geschäftes war und blieb, bei dem es primär um Geld und Einfluss ging. Mitglieder der *Gentry* wie Sir Francis Drake und Sir Walter Raleigh konnten so zu größerem Reichtum und Ansehen aufsteigen (und, im Fall Raleighs, wieder ebenso tief fallen) als es ihnen im mittelalterlichen, stärker an Stand und Familie orientierten Patronagesystem möglich gewesen wäre. Gerade in diesem neuen, an Tüchtigkeit, Charme und Risikobereitschaft orientierten Politikverständnis liegt vielleicht die größte Faszination des elisabethanischen Zeitalters, wie sie bis ins 20. Jahrhundert in den farbenprächtigen Mantel- und Degenfilmen mit Errol Flynns Francis Drake weiterlebt.

Elisabeth und das Parlament

Wichtig waren diese Männer auch für Elisabeths Umgang mit ihren Parlamenten. Grundsätzlich zeigte sich die Königin sehr viel weniger geneigt, Parlamente einzuberufen als ihre Vorgänger. In ihrer 45-jährigen Regierungszeit kamen beide Häuser insgesamt nur 13 mal zusammen.[60] Zwar dauerten nun die Sitzungsperioden länger, aber man verabschiedete deutlich weniger Gesetze als in früheren Parlamentsphasen. In mittelalterlicher Tradition diente das Parlament der Königin primär zur Bewilligung von Steuern. Zwölf der 13 Parlamente wurden ausdrücklich aus diesem Grund zusammengerufen und kamen den Forderungen Elisabeths auch entsprechend nach. Dennoch verliefen die Beziehungen zwischen Krone und Parlament nicht immer reibungslos, wenn auch meistens letztendlich nach den Wünschen der Königin. Während ältere englische Verfassungshistoriker aus *whiggistischer* Perspektive Elisabeths Parlamenten die Rolle einer zwar von königlicher Einberufung abhängigen, aber politisch autonom agierenden Institution zuschrieben, die sich zur Plattform militanter Puritaner entwickelte, betont die neuere Forschung sehr viel stärker die Kooperation zwischen Krone und Parlament.[61] Analysen der Patronagestruktur hinter der Parlamentsmitgliedschaft haben ergeben, dass ein Großteil der Parlamentarier von *Privy Councillors* gefördert wurde, die für diese Unterstützung Solidarität in politischen Fragen einforderten. Störungen im Einvernehmen zwischen Krone und Parlament bedeuteten deshalb gleichzeitig Störungen zwischen Elisabeth und ihren Ratgebern, die mit Hilfe „ihrer" Parlamentarier versuchten, Druck auf die Entscheidungen der Königin auszuüben. Diese Manöver wurden bei der Frage um das Schicksal des Duke of Norfolk und um die erwünschte und von

Elisabeth hartnäckig verweigerte Exekution Maria Stuarts 1572 und 1586 angewandt. Besonders in der schottischen Angelegenheit bereiteten die Befürworter einer Exekution der schottischen Königin in beiden Häusern eine gezielte Kampagne vor, die Elisabeth 1572 allerdings abschmetterte. Maria Stuart wurde lediglich offiziell von der Thronfolge ausgeschlossen. 1586 gab sie dann allerdings, wiederum nach gezielten Vorgaben beider Häuser, nach und willigte der Hinrichtung ihrer Cousine zu. In anderen Fällen, so etwa in der Frage einer dynastischen Heirat, die 1563 und 1566 aufgeworfen wurde, erklärte die Königin die Versammlung für nicht zuständig, um diese Dinge zu besprechen und verbat sich fortan jede Einmischung der Parlamentarier in diese Angelegenheiten. Eine 1571 eingeforderte Verschärfung der anti-katholischen Maßnahmen schmetterte sie durch ihr Veto ab. Alles in allem machte Elisabeth von ihrem Veto-Recht allerdings sehr wenig Gebrauch. Von den insgesamt 506 Eingaben verweigerte sie nur vierzehn Prozent die Zustimmung. Allen anderen Fällen stimmte sie entweder widerspruchslos zu oder initiierte Änderungen. In der Regel verstand sie es durch geschickte Rhetorik unliebsame Vorschläge bereits im Vorfeld abzubiegen, so dass es gar nicht erst zu kontroversen Auseinandersetzungen kommen musste. Elisabeth erwies sich als Meisterin der politischen Rede, die sie immer häufiger einsetzte, um die Parlamentarier von ihrer Position zu überzeugen. Ab 1585 wurden ihre Parlamentsreden kopiert, unter den Mitgliedern verteilt und auch in anderen Publikationen für ein weiteres Publikum gedruckt. Direktive der königlichen Politik gegenüber dem Parlament war die Unterscheidung zwischen „*matters of state*", also Staatsangelegenheiten, wie die Außen- und auch Religionspolitik, die alleinige Kompetenz der Krone und ihrer Ratgeber blieb, und „*matters of commonwealth*", soziale und wirtschaftliche Belange, die von den Parlamentariern zu diskutieren waren. Elisabeth selbst hatte genügend Status erworben, dass sowohl Ratgeber als auch Parlamentarier diese Trennung akzeptierten.

Internationale Politik der ersten Jahre

Außenpolitisch bestimmte zunächst die traditionelle Allianz mit Spanien den politischen Kurs. Trotz der schlechten Erfahrungen mit Prinzgemahl Philipp und dem ihm und seiner Ausnutzung der englischen Kräfte zur Last gelegten Verlust von Calais erschien

Elisabeth die Freundschaft zu ihrem Schwager als wichtiges politisches Gegengewicht zur französisch-schottischen Allianz an den Grenzen ihres Herrschaftsgebietes. Besonders gefährdet fühlte man sich in England zunächst durch die Heirat der schottischen Thronerbin Maria Stuart mit dem französischen Dauphin. Der junge, kränkelnde Mann starb zwar bereits ein Jahr nach seiner Königskrönung im Dezember 1560, das politische Bündnis zwischen Frankreich und Schottland blieb aber vor allem durch die Politik der Königinmutter und Regentin Maria von Guise bestehen. Die politischen Ereignisse in Schottland nahmen jedoch nach dem Tod der einflussreichen Regentin eine andere, für ihre Tochter wenig erfreuliche Wende. Eine zweite Ehe Marias mit dem schottischen Lord Darnley, einem Urenkel Heinrichs VII. spitzte die Gefahr der Thronkonkurrenz für Elisabeth noch einmal erheblich zu. Durch ihre dilettantische Politik und vor allem durch den Verdacht der Anstiftung zum Gattenmord durch ihren Geliebten Lord Bothwell verlor Maria dann allerdings jegliche Unterstützung im eigenen Land. Anstelle dessen erhielt eine politische Adelsgruppe strenger Presbyterianer in Schottland die Oberhand, die von Elisabeth nachhaltig unterstützt wurde. Maria floh 1568 ausgerechnet nach England, wo sie bis zu ihrem Tode von ihrer Cousine Elisabeth in Haft gehalten wurde. Dass Maria in England zu einem Zentrum äußerst ernst zu nehmender Opposition wurde, zeichnete sich bereits mit den Verschwörungen und Aufständen des folgenden Jahres ab. Nachdem die katholischen Verschwörungen zum Sturz Elisabeths zugunsten der schottischen Rivalin auch in den 1580er Jahren nicht abrissen, ließ sich Elisabeth schließlich von ihren Ratgebern mehr oder weniger widerwillig überreden, das Todesurteil für ihre Verwandte zu unterzeichnen. Nach fast zwanzig Haftjahren wurde Maria Stuart am 8. Februar 1586 wegen Konspiration gegen die Königin hingerichtet. Mit der Eliminierung Maria Stuarts aus der schottischen Politik begann in Schottland eine Phase innenpolitischer Instabilität, von der Elisabeth insofern profitieren konnte, als dass vom Norden keine unmittelbare Bedrohung für England ausging. Eine Invasion von Schottland zur Befreiung der inhaftierten Maria stand nicht zu befürchten. Daran änderte sich auch mit der Thronbesteigung von Maria Stuarts Sohn Jakob 1585 nichts. Zu diesem Zeitpunkt war klar, dass Elisabeth keinen leiblichen Erben haben würde. Jakob brauchte also zunächst nur abzuwarten, da er der nächste Verwandte der Königin war, um dann seinen Anspruch auf die Krone Englands geltend zu machen.

In Frankreich waren die politischen Kräfte ebenfalls durch den blutigen Krieg zwischen verschiedenen Adelsfraktionen gebunden und trotz der wachsenden Unstimmigkeiten über die Politik in den Niederlanden kam es bis 1585 nicht zum offenen Ausbruch von Feindseligkeiten zwischen Philipp II. und seiner Schwägerin.

Frieden

Insgesamt spielten also die innenpolitischen Krisen von Englands traditionellen Gegnern der königlichen Politik in die Hände und läuteten eine für frühneuzeitliche Verhältnisse lange Periode außenpolitischer Stabilität und innenpolitischer Prosperität ein, der das elisabethanische Zeitalter viel von seiner Reputation verdankt. Elisabeth erhob weniger und geringere Steuern als ihre Vorgänger, da sie auf kostspielige außenpolitische Interventionen verzichten konnte. Zwischen 1562 und 1585 erlebte das Land kontinuierliche landwirtschaftliche Erfolge, keine einzige Missernte bedrohte die Lebensgrundlage der Bevölkerung. Bis 1593 gab es keine nennenswerten Epidemien.

An der Erfolgsstory der elisabethanischen Regierungsperiode partizipierten allerdings nicht alle Untertanen im Lande. Das im 16. Jahrhundert zu verzeichnende Bevölkerungswachstum führte vor allem am unteren Spektrum der englischen Gesellschaft zu Versorgungskrisen und einem Anstieg der Obdachlosenzahlen. Im öffentlichen Bewusstsein wurde Vagantentum nicht selten mit Kriminalität gleichgesetzt. Neuere Studien haben das von frühneuzeitlichen englischen Behörden in düsteren Farben geschilderte Bild herumziehender Räuberbanden allerdings deutlich relativiert.[62] Gemeinsam mit der Furcht vor umherziehenden Unruhestiftern sahen sich die lokalen Behörden auch mit der Aufgabe einer Neuordnung der Armenversorgung konfrontiert, die bis zur Auflösung der Klöster größtenteils in den Händen religiöser Institutionen gelegen hatte. Insgesamt begann ein Umdenken in Sachen Armenhilfe allerdings schon am Ende des 15. Jahrhunderts und reflektierte damit eine Neuinterpretation des Wertes Arbeit, die sich durch die Reformation mit ihrer Ablehnung mildtätiger Taten als Freikauf auf dem Weg ins Himmelreich noch verstärkte. Unter Elisabeth erfuhren die bislang regional und lokal beschränkten Initiativen einer auf Pfarrebene wirksamen Armenfürsorge eine nationale Bündelung, die unter dem Begriff *Old Poor Law* bis 1834 wirksam bleiben sollte. Das Prinzip der elisabethanischen

Armengesetzgebungen von 1597 und 1601 beruhte auf der Unterscheidung von Unterstützungsberechtigten (Alte, Kranke und Schwache, die nicht selbst für ihren Unterhalt aufkommen konnten und in ihren Heimatpfarreien als Eingesessene anerkannt waren) und Unberechtigten (hauptsächlich Vagabunden und Bettler, die ohne erkennbare Not keiner Arbeit nachgingen). Hilfe wurde auf Pfarrebene, also lokal geregelt und speiste sich aus den finanziellen Beiträgen der Gemeindemitglieder, die regelmäßig, oft wöchentlich, von zwei dazu bestimmten Pfarrangehörigen eingefordert wurden. Hilfe wurde auch nur auf Pfarrebene und an Pfarrkinder gegeben. Ortsfremde und Menschen, die nicht in der Pfarre registriert waren, wurden an ihren Geburtsort verwiesen. Daneben sollten alle Pfarreien den Arbeitsfähigen Arbeitsmöglichkeiten zur Verfügung stellen. In London wurde ab 1553 ein ehemaliger Königspalast, Bridewell, als Arbeitshaus eingerichtet. Der Name dieser Institution avancierte bald zur generischen Formel für Arbeitsanstalten, die nun in allen Teilen des Landes entstanden. Neben der Arbeitsbeschaffung, die allerdings nicht in die Selbstständigkeit, sondern eher in eine verstärkte Abhängigkeit von sozialen Institutionen führte, sollten hier auch Kinder und Jugendliche ausgebildet werden, denen ansonsten nur ein Leben als Bettler, Prostituierte und Kriminelle offen stand. Die Häuser wurden oft von lokalen Unternehmern geleitet, die nicht unbedingt an der Wohlfahrt ihrer Insassen, wohl aber an der Akkumulierung von Gewinn durch die hier geleistete Arbeit interessiert waren. Die arbeitsunfähigen Unterhaltsberechtigten erhielten durch die Gemeindevertreter regelmäßige Unterstützung, die allerdings bei Fehlverhalten und Änderung der Umstände wie Wiederverheiratung einer Witwe oder Eintritt der Waisen und Halbwaisen ins Erwachsenenalter beendet wurden. Die Armenversorgung blieb auf den städtischen Bereich beschränkt. Arme Landleute waren nach wie vor abhängig von Familien- und Nachbarschaftshilfe und der Großzügigkeit lokaler Landbesitzer. Insgesamt war das Versorgungssystem in England weniger aus einem Sinn für soziale Gerechtigkeit oder Großherzigkeit angelegt worden, sondern vielmehr aus der Sorge der lokalen Institutionen, durch ein Heer von Bettlern, Arbeitslosen und Vagabunden die soziale Sicherheit und wirtschaftliche Attraktivität einer Stadt zu gefährden. Trotz aller Kritik an einer insgesamt konservativen, die bestehende Sozialordnung stabilisierende Gesetzgebung erwies sich das *Old Poor Law* als enorm hilfreich für weite Teile der armen englischen Bevölkerung, von der viele Menschen sicherlich ohne die Hilfe der

Gemeinde weiter in die Obdachlosigkeit abgerutscht wären. Damit war England der einzige größere Staat im Europa des 16. Jahrhunderts, der die Armenversorgung zentral gesetzlich regelte.

Irland

Ausnahme in der allgemein als stabil und prosperierend empfundenen elisabethanischen Herrschaft der frühen Jahre war und blieb die Situation in Irland, die nach wie vor erhebliche finanzielle Mittel für eine relativ prekäre Herrschaftssicherung verschlang. Das von Heinrich VIII. angeregte „*surrender and regrant*"-Programm kam ins Stocken, vor allem die altenglischen Magnaten wehrten sich in einer Reihe von blutigen Rebellionen gegen die zunehmend militärisch bestimmte englische Politik in Irland. Die englische Regierung versuchte, die bereits in Wales eingeführte Verwaltungsstruktur des *Regional Council* auch auf Irland zu übertragen, das von einem – englischen – Provinzpräsidenten geleitet wurde. Ihm war es gestattet, nach Militärrecht in seinem *Council* zu herrschen und regelmäßige Abgaben von der Bevölkerung einzufordern, die an die Stelle der bislang an die lokalen Magnaten traditionell aufzubringenden Abgaben (*coigne and livery*) traten. Englische Militärpolitik nach Kriegsrecht ersetzte immer häufiger die Arbeit des irischen Parlaments. Vor allem die Steigerung der Militärabgaben, der sogenannten *cess*, die traditionell direkt durch den Vizekönig eingetrieben werden konnte, entwickelte sich zu einem Kritikpunkt, da die Bevölkerung die finanzielle Belastung der zunächst als außerordentliche Abgabe eingeführten, im Verlauf des 16. Jahrhunderts aber immer regelmäßiger erhobenen Militärsteuer zu tragen hatte. Englische Kampagnen richteten sich nun zunehmend gegen die Mitglieder der altenglischen Elite in den Gebieten Irlands und nicht mehr nur gegen die gälischen Clanchefs. Massive Revolten im Süden und Südwesten der Insel (1568–1573), in Leinster und Munster (1579–1583) wurden mit äußerster Härte blutig niedergeschlagen. Viele der altenglischen Aufständischen erhoben ähnliche Gravamina wie die nordenglischen Magnaten in den Aufständen von 1569. Sie fühlten sich durch die Einwanderungswelle neuenglischer Siedler, die Elisabeth mit Land und Rechtstiteln in Irland für ihre Dienste belohnte, in ihrer traditionellen Machtposition bedroht. Die von der Krone unterstützten privaten Ansiedlungsprojekte von Sir Thomas Smith und Walter Devereux, dem Earl of Essex in Antrim und Down scheiterten zwar, hinterließen aber vor allem durch das äußerst brutale Vorgehen von Devereux und seinen Soldaten einen äußerst schlechten Eindruck bei der ansässigen Bevölkerung. Gleichzeitig verband sich der politische Widerstand immer stärker mit dem Widerstand gegen die neue, protestantische Religion. Führende Aufständische wie die O'Neills flohen nach Spanien, wo sie sich Unterstützung von ihren katholischen Glaubensgenossen erhofften. Vor allem nach dem offenen Ausbruch der Feindseligkeiten zwischen Spanien und der englischen Krone wurde eine altenglische, durch spanische Kräfte unterstützte Revolte zu einer ernst zu nehmenden Bedrohung für die englischen Siedler und Militärs in Irland. Die Spirale der Gewalt drehte sich weiter und weiter nach unten und kulminierte in den letzten Regierungsjahren Elisabeths im sogenannten Neunjährigen Krieg. Hugh O'Neill, seit 1585 Earl of Tyrone, sammelte mit spanischer Hilfe eine Streitmacht gegen die englischen Besatzer. 1597 konnte er einen dramatischen Sieg gegen die englischen Truppen in Ulster erzielen, der den Aufständischen einen enormen Prestigegewinn einbrachte und in London zu fieberhaften Aktivitäten führte. 1599 entsandte Elisabeth ihren Favoriten Robert Devereux, den militärisch wenig erfahrenen Sohn des Irland-Veteranen Walter Devereux als *Lord Deputy* nach Irland, der dort als Heerführer auf ganzer Linie versagte. Dieses Fiasko, das Devereux viel von der Gunst seiner Königin kostete, sandte Schockwellen durch das politische Establishment in England. Erneut konnte O'Neill 1601 eine kleine spanische Streitmacht nach Irland führen. Spanien hatte sich allerdings trotz des Krieges mit England nicht wirklich ernsthaft auf eine Invasion Irlands eingelassen.[63] Die Invasionstruppen wurden von dem neuen englischen Oberbefehlshaber Lord Mountjoy in einer brutalen, für die Engländer erfolgreichen Kampagne geschlagen. O'Neill musste sich ergeben, kam aber mit dem Leben davon. Insgesamt setzte sich in Irland eine Politik der stärker militärisch orientierten Kolonisierung nach außereuropäischem Muster durch. Die Bezeichnung *plantation* wurde auch für die englischen Kolonien in Nordamerika verwendet und viele der ersten Kolonisten hatten sich vor ihrer Überseeexpedition mit Ansiedlungsprojekten in Irland versucht, die aber allesamt scheiterten. Der Charakter dieser Besiedlungsprojekte war durch und durch militärisch. Sie wurden von Soldaten, nicht von Bauern oder Handwerkern durchgeführt. Die Siedlungsbevölkerung war fast ausschließlich männlich, die Rechtsformen entsprachen dem Militärrecht.

Während vor allem die ältere irische Forschung die englisch-irischen Beziehungen durch die Epochen hinweg als gezielte und bewusst geplante englische Attacke auf die irische Freiheit und Kultur interpretiert, weisen neuere Forschungsergebnisse auf eine schrittweise, ungeplante Verschärfung der englisch-irischen Gegensätze hin. Vor allem unter Eduard und Maria wurden kurzfristige militärische Aktionen und Zwangsmaßnahmen gegenüber den gälischen und altenglischen Landbesitzern durchgeführt und die ersten Ansiedlungsexperimente im Sinne der *plantations* begonnen. Einen *master-plan* zur Eroberung Irlands scheint es jedenfalls nicht gegeben zu haben.[64]

Krieg gegen Spanien

Während die englische Irlandpolitik unter Elisabeth kontinuierliche Militärausgaben verursachte, ohne zu befriedigenden Ergebnissen zu führen, waren die anderen militärischen Interventionen, auf die sich die Königin und ihre Berater einließen, erfolgreicher und sehr viel stärker an ökonomischen Vorteilen als an der Erhöhung von Englands Glorie orientiert, von der noch Heinrich VIII. geträumt hatte. Eine wichtige Rolle spielten hier Englands Nachbarn jenseits des Ärmelkanals. In dem Maße, in dem der Stern der Hansekaufleute in England und anderswo sank, interessierte man sich in englischen Unternehmerkreisen für die Märkte in den Niederlanden. Die Londoner *Merchant Adventurers* lösten hier die Hansekaufleute als Zwischenhändler im Verkauf von Wollwaren zur Weiterverarbeitung in den flandrischen Textilzentren ab. Die Entwicklung brachte der englischen Krone Zolleinnahmen, die größten Profite machten aber die Niederländer, die die verfeinerten Tuchprodukte in ganz Europa weiterverkaufen konnten. Die wirtschaftlichen Beziehungen wurden in den 1560er Jahren allerdings durch eine Reihe politisch wenig effektiver und wirtschaftlich ruinöser Handelsblockaden (1563/64 und 1568/73) gestört. Hinzu kam die mehr oder weniger direkte Unterstützung der Engländer für den niederländischen Unabhängigkeitskrieg, der ab 1566 aus der Forderung niederländischer Edelleute zur Beibehaltung ihrer traditionellen Rechte zu einem Krieg gegen die spanische Herrschaft eskalierte. Nach einer Serie von Raubzügen des englischen Freibeuters John Hawkins gegen die spanische Flotte in der Karibik verschärften sich die anglo-spanischen Fronten soweit, dass beide Länder 1568 ihre Botschafter abzogen. Philipp II.

ernannte zwar wenig später einen neuen Gesandten in London, Gureau de Spes galt aber als ausgesprochener Hardliner, der jede Möglichkeit zur Diskreditierung Englands nutzte und sich Elisabeths Beratern gegenüber aggressiv und feindschaftlich verhielt.[65] Die Beschlagnahmung spanischer Schiffe, die aufgrund widriger Windverhältnisse in einem englischen Hafen Schutz gesucht hatten und die Konfiszierung der Ladung, einer beträchtlichen Geldsumme, die Philipp von genuesischen Bankern zur Finanzierung des spanischen Heeres in den Niederlanden geliehen hatte, brachte das Fass zum Überlaufen. Zwar konnten die gegenseitigen Kriegsandrohungen noch einmal abgewendet werden, die spanische Handelsblockade für englische Exporte in die Niederlande wirkte sich aber äußerst negativ für die englische Wirtschaft aus. Damit war die traditionelle anglo-spanische Allianz endgültig zusammengebrochen. Auch das *Rapprochement* von 1572, das zumindest die wirtschaftlichen Beziehungen wieder herstellte, konnte diesen Bruch nicht mehr kitten. Während der 1570er und frühen 1580er Jahre blieb die englische Unterstützung für die aufständischen Niederländer indirekt, so etwa durch die Finanzhilfe an den Herzog von Anjou, der bis 1583 auf der niederländischen Seite kämpfte. Elisabeth war sicherlich primär nicht daran interessiert, den Sturz eines immerhin mit ihr verwandten, in ihren Augen – und nach Ansicht der meisten ihrer Zeitgenossen – legitimen Monarchen durch eine Gruppe von „*Lord Millers und Cheesemen*" zu unterstützen.[66] Angesichts der zunehmenden Verflechtung kommerzieller Interessen, die durch den Krieg in den Niederlanden beeinträchtigt wurden und der sich scheinbar verstärkenden katholischen Front, wie sie sich Elisabeth in den katholischen Verschwörungen im eigenen Lande, in der Unterstützung der Iren durch spanische Truppen und spanische Missionare und schließlich mit der Thronbesteigung Heinrichs IV. in Frankreich, dem „Paris eine Messe wert" war, präsentierten, ließ sich die Königin schließlich von der Kriegsfraktion in ihrem *Privy Council*, die ihr persönlicher Freund Leicester und Sir Francis Walsingham anführten, zu einem offenen Kriegseintritt mit Spanien überreden. Im Vertrag von Nonsuch vom August 1585 wurde eine militärische Allianz zwischen den Rebellen und der Königin festgeschrieben, zu der die Engländer 1 000 Pferde und 5 100 Soldaten bereitstellen sollten – ein verschwindend geringes Kontingent im Vergleich zu Philipps Armee von Flandern, für England allerdings eine bedeutende Zahl. Führer der Militäraktion wurde Elisabeths Vertrauter Robert Dudley. Trotz dieser offensichtlichen Aufkündigung der Solidarität mit einem verwandten Standesgenossen versuchte die Königin auch hier noch, das Bündnis mit den Niederlanden als Schutz der eigenen Sicherheits- und Wirtschaftsinteressen und nicht etwa als Angriff auf Spaniens Einflusssphäre zu propagieren. Entsprechend wütend reagierte die Königin dann auf den taktisch unklugen Alleingang Dudleys, der sich von den Niederländern auf der Suche nach einem neuen respektablen Führer das Amt des Generalgouverneurs aufdrängen ließ. Damit war die Strategie des Verteidigungskrieges in sich zusammengebrochen. Zwar wurde Leicester unverzüglich aufgefordert, auf die neue Würde zu verzichten und 1587 aus den Niederlanden abberufen, dennoch waren die Fronten nun eindeutig verhärtet und Elisabeth zum Champion der protestantischen Sache auf den Schild gehoben. Elisabeth ließ sich ihr Engagement durch die Verpfändung der strategisch und kommerziell wichtigen Hafenstädte Briel, Vlissingen, und Rammekens sowie die Insel Walcheren bezahlen. Erstmals seit dem spektakulären Verlust von Calais hatte England damit also wieder einen Fuß auf dem Kontinent. Den Kampf um die protestantische Sache schrieben sich auch viele ihrer Seeleute auf ihre Flaggen, die man nach heutigen Standards – und auch mehr oder weniger offen – im 16. Jahrhundert eher als Piratenflaggen bezeichnen konnte. Abenteurer wie Francis Drake, Humphrey Gilbert, Walter Raleigh und John Hawkins führten im Atlantik und im Pazifik Kaperfahrten durch, bei denen sie vor allem die spanischen Gold- und Silberflotten aus den Minen der Neuen Welt im Visier hatten. An den Gewinnen aus diesen Fahrten strich die Königin in der Regel einen Anteil von fünf Prozent ein und ließ sich und ihre „*sea dogs*" als Kämpfer gegen die spanisch-katholische Macht feiern. Francis Drakes Weltumsegelung von 1577/80 brachte nicht nur enorme neue nautische und geographische Erkenntnisse, sondern auch den sagenhaften Gewinn von zwischen 320 000 und 1,5 Million Pfund, mit denen er als gefeierter Held nach Plymouth zurückkehrte.[67] Diese Initiativen sanierten die königliche Kasse, düpierten und blamierten die spanische Supermacht, förderten das internationale Prestige der Engländer in Sachen Seetüchtigkeit und ermöglichten eine anti-spanische Politik ohne eine offizielle Kriegserklärung. Diese Politik entsprach dem persönlichen Temperament der Königin, deren Überlebensgeschick seit ihrer Jugend darin bestanden hatte, sich nicht offiziell auf die eine oder die andere Seite zu stellen. Francis Drake wurde für seine Verdienste von ihr zum Ritter geschlagen. Ab 1585 plante Philipp II. schließlich einen Großangriff auf seine Schwägerin.

Drei Jahre später stach die berüchtigte spanische Armada, bestehend aus 50 schwerbewaffneten Kampfschiffen und etwa 80 weiteren Schiffen in See. Geplant war, in den Niederlanden weitere Truppen unter dem Prinzen von Parma an Bord zu nehmen und dann nach England überzusetzen. Im Kanal wurde die spanische Flotte von der etwa gleich starken, aber besser bewaffneten englischen Flotte in Seegefechte verwickelt. Vor Calais konnten die Engländer mit Hilfe von geschickt eingesetzten Brandschiffen die spanische Flotte auseinander treiben, vor Gravelingen kam es schließlich zur Entscheidungsschlacht. Zwar konnten die Engländer nur vier spanische Schiffe versenken, bedeutend mehr wurden allerdings empfindlich getroffen. Den größten Schaden erlitt die spanische Flotte jedoch vor der irischen und schottischen Küste, wohin man sich bei aufkommendem Südwestwind hatte in Sicherheit bringen wollen. Der Großteil der mächtigen Armada zerschellte an den Klippen westlich und nördlich von England. Damit war der Krieg mit Spanien noch nicht beendet – drei weitere spanische Flotten sanken in den 1590er Jahren auf dem Weg nach England – die größte Gefahr für England war aber gebannt. Elisabeth selbst sollte das offizielle Kriegsende nicht mehr erleben. Ihr Nachfolger Jakob I. unterzeichnete den Friedensschluss zwischen den beiden mittlerweile finanziell erschöpften Ländern im ersten Jahr nach seiner Thronbesteigung.

Außenhandel und erste koloniale Projekte in Nordamerika

Die Kaperfahrten waren lediglich ein Ausdruck des expansiven Interesses des elisabethanischen Englands. Nicht nur nahmen englische Kaufleute verstärkt am europäischen Handel teil, Fühler wurden nun auch in den außereuropäischen Wirtschaftsraum ausgestreckt. Dieser Trend folgte nicht nur den Bedürfnissen einer wohlhabenderen Gesellschaft, sondern speiste sich auch aus den europäischen Konflikten vor allem in Frankreich und in den Niederlanden, die England wichtiger Exportmärkte beraubte und auch den Import von Gebrauchs- und Luxusgütern empfindlich störte. Entscheidend für die wirtschaftliche Expansion der Engländer in bislang von anderen Nationen besetzte Handelsräume war aber sicherlich die Kapitalakkumulation innerhalb der aufsteigenden englischen Schicht der Bürger und Kleinadeligen, die nun ihre Gewinne in außereuropäische Unternehmungen einsetzten. Sehr viel eher als in Kontinentaleuropa war in England auch der Adel bereit, über Standesdünkel hinweg in Handel und Wirtschaft zu investieren. Das erste erfolgreiche Unternehmen dieser Art war die 1555 durch ein königliches Patent offiziell gegründete *Russia* oder *Muscovy Company*. Die Handelsorganisation, die vornehmlich auf die Märkte Russlands und andere Ländern im Norden, Nordosten und Nordwesten ausgerichtet war, wurde in Form einer sogenannten *joint-stock company* realisiert. In dieser neuen Unternehmensform übertrugen alle Teilhaber ihre Unternehmerfunktion einer zentralen Geschäftsführung ohne selbst aktiv am Handel teilzunehmen. So wurden auch kurzfristige Investitionen, etwa für eine einzige Handelsfahrt möglich. Dieses Schema ersetzte allmählich die mittelalterlichen *regulated companies,* bei denen Unternehmer nur dann gemeinsam handelten, wenn die Interessen aller Mitglieder tangiert waren, aber im Prinzip jeder Kaufmann auf eigene Kosten und eigenes Risiko arbeitete. Die *joint-stock company* avancierte schnell zu einer beliebten und finanziell erfolgreichen Unternehmensform, in die vor allem Mitglieder des Hofes einschließlich der Krone und des Adels investierten. Damit wurde eine Möglichkeit geschaffen, wirtschaftspolitisch tätig zu werden, ohne den eigenen aristokratischen Lebensstil aufgeben zu müssen. Für die *Muscovy Company* brachten die Königin und Mitglieder des *Privy Council* insgesamt 6000 Pfund zusammen, von denen dann Aktien zu 25 Pfund verkauft wurden. Vor allem in den ersten Gründungsjahren erwies sich der Handel mit dem Moskauer Reich als ungeheuer profitabel. Richard Chancellor, der für die *Company* als Seemann und Fernhändler agierte, konnte mit Iwan dem Schrecklichen einen lukrativen Handelsvertrag schließen und damit der bislang im Russlandhandel dominierenden Hanse den Rang ablaufen. Mit der russischen Expansion ins Baltikum, die dem Zaren 1558 einen eigenen Ostseehafen einbrachte, verlor England allerdings bald wieder die Sonderstellung zu Moskau. In schneller Folge gründeten die neuen englischen Unternehmer allerdings andere Aktiengesellschaften, wie die *Eastland Company* (1577), die sich auf den Handel mit dem Baltikum spezialisierte, die *Spanish Company*, die noch im gleichen Jahr gegründet wurde, die *Turkey Company* (1581), die *Barbary Company* (1585), die *Africa Company* (1588), die *Levante Company* (1597) und schließlich die langfristig erfolgreichste *East India Company* (1599/1600). Auf derselben Basis wurden auch die ersten Kolonialprojekte der Engländer in Nordamerika finanziert. Wiederum waren die Krone und Mitglieder des *Privy Council* die wichtigsten Investoren in Überseeunternehmungen von Walter Raleigh, Humphrey Gilbert und anderen. Koloniale Projekte nahmen in England einen sehr zögerlichen Start. Nicht zu Unrecht hat der englische Überseehistoriker Kenneth Andrews die ersten englischen Expansionsversuche mit den Stichworten „*trade, plunder, and settlement*" charakterisiert.[68] Elisabeth förderte – wenn auch eher zurückhaltend – ehrgeizige Kolonisierungsprojekte wie das von Walter Raleigh initiierte und von Francis Walsingham unterstützte Ansiedlungsexperiment von Roanoke im heutigen Bundesstaat North Carolina, der von elisabethanischen Zeitgenossen zu Ehren der Königin Virginia genannt wurde. 1585 verließ ein Konvoi von sechs Schiffen und 600 Mann Besatzung England in Richtung Amerika. Ihre Führer Richard Grenville und Ralph Lane hatten bereits in Irland Erfahrungen mit kolonialen Experimenten gemacht. Roanoake, wie die Kolonie nach der indianischen Ortsbezeichnung genannt wurde, konnte allerdings wegen Versorgungsschwierigkeiten und Auseinandersetzungen mit lokalen Indianerstämmen nicht gehalten werden. Die Kolonie wurde in England durch den Bericht Thomas Hariots und die Illustrationen John Whites, die beide an der Expedition teilgenommen hatten, mit großem propagandistischen Eifer vermarktet.[69] Der wichtigste publizistische Advokat für nordamerikanische Ansiedlungsexperimente war allerdings Richard Hakluyt der Jüngere, der in seinem an die Königin adressierten *Discourse concerning Western Planting* (1584) die Vorzüge von Kolonien für das Mutterland hervorstrich: Neben der Schädigung Spaniens durch vom amerikanischen Festland aus leicht zu organisierende Kaperfahrten wies er vor allem auf die wirtschaftlichen Vorteile als Rohstoffproduzenten und als Deportationsorte für unerwünschte Elemente in der englischen Gesellschaft hin.[70] Dennoch blieben finanzkräftige Initiativen für weitere koloniale Projekte in Amerika aus. Die 1590er Jahre entwickelten sich zudem zu einer Krisenzeit, in der Ressourcen und Energien auf die *plantations* in Irland und auf Investitionen im eigenen Land gerichtet wurden. Größere transatlantische Initiativen verzeichnete man erst wieder unter Elisabeths Nachfolgern.

Die Krise der 1590er Jahre

Elisabeth ist von Historikern in ihrer Außen- und vor allem ihrer Spanien- und Niederlandepolitik Halbherzigkeit, Wankelmut und Pfennigfuchserei vorgeworfen worden.[71] Dabei gehen Kritiker allerdings zu sehr von der Perspektive der 1590er Jahre aus, in der sich die europäischen Machtkonstellationen eindeutig konstituiert hatten. Während der 1570er und der wichtigen 1580er Jahre war aber noch keineswegs abzusehen, dass etwa der Aufstand der Niederlande mit der Errichtung einer in späteren Jahren ungemein erfolgreichen Handelsrepublik und nicht mit der vollständigen Restauration spanischer Macht enden würde. Genauso wenig abzusehen war die politische Situation in Frankreich. Sollte man hier mit dem König, bzw. der Regentin verhandeln oder mit den Führern der Konfessionsparteien? Klar war nur, und zwar sowohl Elisabeth als auch ihren Beratern, dass die finanziellen Kräfte Englands durch einen Krieg in Europa bis auf äußerste gespannt werden würden. Anders als ihr Vater war sich Elisabeth der finanziellen Grenzen ihrer Außenpolitik sehr wohl bewusst und ließ sich weder durch konfessionell-ideologische Argumente noch durch die Aussicht auf reinen Ehrgewinn im Konzert der europäischen Mächte zu außenpolitischem Engagement überreden. Davon profitierte England in der langen Periode der Friedenszeit, und trotz des spektakulären Armadasieges 1588 und nicht unbeträchtlicher königlicher Einnahmen aus halb-offiziellen Pirateriekten englischer „sea dogs" gegen die spanische Gold- und Silberflotte aus der Neuen Welt endete der Krieg in einem Fiasko für die Kasse der Krone und die englische Wirtschaft. Der Armadasieg stellte nicht nur einen Höhe- sondern auch einen Wendepunkt in der englischen Europapolitik dar. Insgesamt handelte es sich bei dem englisch-spanischen Krieg ja nicht um eine bilaterale Auseinandersetzung. Er war vielmehr Teil eines europäischen Kampfes gegen die spanische Hegemonialmacht, der sowohl in den Niederlanden, als auch, nach dem Bündnis Philipps mit der Katholischen Liga, in Frankreich und nicht zuletzt im Atlantik geführt wurde. Elisabeths politischem Geschick und vielleicht auch ihrem Glück war es schließlich zu verdanken, dass die gebündelten anti-habsburgischen Kräfte die Spanier zum Einlenken brachten. Frieden wurde zunächst mit den Niederlanden, dann mit Frankreich und schließlich, aber erst nach dem Tode der Monarchin, mit Spanien geschlossen. Englands Selbstbehauptung im Konflikt mit Spanien kostete das Land einen hohen Preis. Trotz größter Sparsamkeit und Zurückhaltung in der Ausstattung von Truppen musste Elisabeth Kronländer verkaufen, um den Krieg zu finanzieren. Die Steuerbewilligungen im Parlament, die in den letzten Regierungsjahren der Königin sehr viel häufiger eingefordert wurden, schluckten zu einem immer größeren Teil die Militärausgaben.[72] Zwischen 1594 und 1597 litt die Wirtschaft des Landes zudem unter einer Serie von katastrophalen Missernten, die in mehreren Regionen des Landes zu Steuerrevolten führten. Zusammen mit der sowohl demographisch bedingten, als auch durch die Kriegsblockaden hervorgerufenen Wirtschaftskrise auf dem Textilsektor, die zu einem Anstieg der Arbeitslosigkeit führte, liegen hier wohl die unmittelbaren Ursachen für die bereits erwähnte Zentralisierung der Armenversorgung. Schließlich versuchte Elisabeth durch die verstärkte Ausnutzung von Monopolen und Patenten die königlichen Einnahmen zu erhöhen. Durch die gezielte Vergabe von Privilegien an Günstlinge sollten gleichzeitig die Ausgaben für Patronage und Geschenke gesenkt werden. Für die breite Masse der Bevölkerung äußerte sich diese Politik in allgemeinen Preissteigerungen, die das Prestige der alternden Königin nicht gerade erhöhten.

In den letzten Jahren des 16. Jahrhunderts zerfiel auch das von Elisabeth so sorgsam inszenierte Favoritenspiel am Hof. Seit dem Ende der 1580er Jahre vollzog sich in Elisabeths Umgebung ein Generationenwechsel. 1588 starb Leicester an einem Fieber, 1589 der Schatzkanzler Walter Mildmay. 1590 starben sowohl Elisabeths erste Hofdame und Freundin ihrer Jugendzeit Dame Blanche Perry als auch Sir Francis Walsingham, ein Jahr später folgte Sir Christopher Hatton. Den wohl schwersten Verlust musste Elisabeth mit dem Tod von William Burghley hinnehmen, der 1598 im damals hohen Alter von 78 Jahren verstarb. Die Nachfolger dieser Veteranen der ersten Stunde brauchten Zeit, um sich in das politische Geschäft einzufinden und ihre eigene Position in einem ausgeklügelten Machtspiel zu definieren. Elisabeth selbst konnte mit ihren mehr als sechzig Jahren nicht länger die Rolle spielen, die sie sich im Umgang mit ihren Höflingen über 40 Jahre auf den Leib geschrieben hatte. Als begehrte, angebetete Frau und Königin war sie für die jüngere Generation, wie etwa Robert Cecil, der seinem Vater als *Privy Councillor* nachfolgte, nicht mehr glaubhaft. Besonders schmerzlich musste Elisabeth diesen Rollenverlust, der gleichzeitig auch einen Verlust an Autorität bedeutete, im Zusammenprall mit ihrem neuen und letzten Favoriten, Robert Devereux, dem Earl of Essex, einem Stiefsohn und politischem

Nachfolger Leicesters spüren. Seit seinem Aufstieg in den *Privy Council* versuchte Devereux wenig diplomatisch Ehrenkapital und Patronagemöglichkeiten auf sich zu ziehen. Damit störte er nicht nur die empfindliche Machtbalance am Hof und verfeindete sich mit der einflussreichen Cecil-Partei, sondern verletzte auch die Spielregeln seiner Regentin. In außenpolitischen Manövern, so etwa bei der Belagerung von Rouen 1591 und vor Cadiz 1594/96 schlug er ohne Rücksprache mit der Monarchin und allein kraft seines Feldherrenprivilegs eine Reihe seiner eigenen Gefolgsleute zu Rittern. Nach einer Serie von Auseinandersetzungen um die Überschreitung seiner Kompetenzen, versuchte er schließlich die höfische Machtkonstellation völlig auf den Kopf zu stellen, indem er seinen Rückzug vom Hof androhte. Diesen offensichtlichen Widerspruch zur höfischen Logik, die auf der Gunst der Herrschernähe als Privileg beruhte, konnte Elisabeth nicht unbeantwortet hinnehmen. Nach einem heftigen öffentlichen Wortwechsel, bei dem Devereux beinahe zum Schwert griff, konnten die Fronten noch einmal beruhigt werden. Nach einem weiteren außenpolitischen Fiasko des unfähigen Militärs bei der Niederschlagung des irischen Aufstandes von 1599 verlor er aber nicht nur endgültig die königliche Gunst, sondern ließ sich auch auf eine Verschwörung gegen die Königin ein, die ihn am 25. Februar 1601 auf dem Schafott das Leben kostete. Damit war Elisabeths Prestigeverlust als geliebte Königin mehr als manifest geworden. Essex war allerdings nur der extreme und politisch unkluge Exponent einer großen Gruppe am Hof, die mit der Regierungspolitik mehr und mehr unzufrieden waren. Der Krieg gegen Spanien war unpopulär, Privilegien und Monopolen in der Hand weniger Favoriten zerstörten die Machtbalance im *Privy Council*, die über Jahre hinweg Elisabeths politisches Erfolgsrezept gewesen war. Die alternde Monarchin zog sich mehr und mehr zurück. Sie zog es vor, alleine zu essen, nahm kaum noch an öffentlichen Veranstaltungen teil, verbrachte lange Stunden allein und scheinbar mit eigenen Gedanken beschäftigt im Bett. Anfang März 1603 erkrankte Elisabeth an einem Fieber, von den sie sich nicht mehr erholte. Sie starb am 24. März in ihrem 70. Lebensjahr. Ihr Tod wurde, so berichten die Chronisten, mit großer Anteilnahme aufgenommen. Gleichzeitig jedoch schien Erleichterung spürbar. Die Monarchin hatte sich und ihr Zeitalter überlebt.

Die Stuarts

Die Herrscher aus dem Haus Stuart (oder in schottischer Schreibweise Stewart) haben im Vergleich mit den Tudor-Monarchen und besonders mit deren letzter Repräsentantin, Königin Elisabeth, sowohl bei Zeitgenossen als auch in der historischen Rückschau eine wenig positive Resonanz hervorgerufen. Vor allem in der *whiggistischen* Geschichtsschreibung galten sie als die autokratisch-absolutistischen Gegenspieler des Parlaments, die ihr Beharren auf dem *Divine Right of Kings* mit dem Tod oder der Verjagung durch die parlamentarischen Kräfte des Landes bezahlen mussten. Ein besonderes Schattendasein hat hier der erste Stuartherrscher auf dem englischen Thron, Jakob I., geführt. Jakob hatte das Pech, zwischen der Lichtgestalt Elisabeth Tudor und seinem Sohn, dem 1649 hingerichteten Karl I. zu stehen, der all das verkörperte, was die politische Nation und die historische Rückschau mit dem Versagen der Stuart-Monarchie verband. Erst in den letzten Jahrzehnten konnte Jakob aus dem langen, dunklen Schatten seines Sohnes heraustreten und eine weniger an den politischen Fehlern Karls und an der Strukturschwäche des englischen Königtums im 17. Jahrhundert orientierte Würdigung erfahren.[1]

Jakob I. (1567/1603–1625)

Jakob als schottischer König (1567–1603)

Jakob I. war 37 Jahre alt als er 1603 das Erbe Elisabeths I. auf dem englischen Thron antrat. Er war ein erfahrener Politiker, der zeit seines Lebens an die Geschäfte des Regierens gewöhnt war. Bereits 1567, im Alter von nur dreizehn Monaten, hatte ihn die schottische adelige Führungselite nach der Vertreibung seiner Mutter Maria Stuart zum König von Schottland gekrönt. Die Regierung übernahm bis 1585 eine wechselnde Reihe von Regenten aus dem schottischen Hochadel, die sich die Herrschaft über den jungen Monarchen in erbitterten Rivalitätskämpfen streitig machten, in die Jakob nicht selten persönlich verwickelt wurde. Trotz dieser innenpolitischen Wirren erhielt Jakob eine solide humanistische Erziehung, die vor allem durch den schottischen Gelehrten George Buchanan vorgenommen wurde. Er lehrte den jungen Monarchen nicht nur die lateinische Grammatik und die calvinistische Theologie, sondern auch seine Auffassung von den politischen Rechten von Herrschern und Beherrschten. Buchanans Geschichten Schottlands unter den Stuarts, *De Maria Scotorum Regina* (1571) und *De Juri Regni Apud Scotus* (1579), zeichneten ein vernichtendes Bild von Jakobs Mutter und unterstrichen den Vertragscharakter der Monarchie und damit das Recht eines Volkes, einen schlechten Monarchen abzusetzen und im schlimmsten Fall sogar zu töten. Wie der junge Mann mit der Ermordung seines Vaters Lord Darnleys, die seiner Mutter zur Last gelegt wurde, und deren Diskreditierung als königliche Hure ohne Hemmungen – so das brutale Urteil Buchanans – persönlich fertig wurde, ist nicht bekannt. Historiker haben Jakobs notorische Abneigung gegen physische Gewalt und seine beständige Suche nach Anerkennung und Zuneigung mit seinen schmerzhaften Kindheitserfahrungen in Verbindung gebracht.[2] Die einsame, von Unsicherheit geprägte Kindheit des Monarchen wurde ab 1579 durch die Ankunft seines französischen Cousins Esmé Stuart aufgeheitert. Jakob erlag dem Charme des mehr als zwanzig Jahre älteren Mannes, den er in den folgenden Jahren mit Titeln und Gunstbeweisen überhäufte. Esmé wiederum verstand sich als königlicher Lehrmeister im Umgang mit Bediensteten und anderen Männern am Hof und schärfte Jakobs Gespür für Machtpolitik und Menschenführung. Ob er für den jungen König mehr war als ein guter Freund und Verwandter, den er offensichtlich anhimmelte, bleibt eine Spekulation, die allerdings auch von missgünstigen Rivalen am schottischen Hof geschürt wurde und die schließlich den zum Herzog von Lennox (als einzigem schottischen Adeligen mit diesem hohen Titel) Erhobenen 1581 ins französische Exil zwang. Der zu diesem Zeitpunkt noch minderjährige Jakob musste der Ausweisung seines besten Freundes hilflos zusehen. Ein Jahr später übernahm er jedoch selbst die Regentschaft in Schottland und verschaffte sich als energischer und kluger Monarch sehr bald die Achtung des politischen Establishments. Mit einer Reihe von Gesetzen und Erlassen setzte sich der junge König geschickt und erfolgreich gegen die machtpolitischen Intrigen des schottischen Hochadels zur Wehr. Auf die Hinrichtung seiner Mutter 1587 im englischen Exil reagierte er kühl. Zwar wurden Warnungen und

Protestnoten über die Grenze nach Süden geschickt, aber zu diesem Zeitpunkt, kaum zwei Jahre nach dem offiziellen Antritt seiner Regierung, konnte sich der Zwanzigjährige keine Auseinandersetzung mit dem englischen Nachbarn leisten. Sowohl zur Sicherung des eigenen schottischen Throns als auch im Hinblick auf eine mögliche Nachfolge in England – Elisabeth war zu diesem Zeitpunkt bereits 53 Jahre alt und kinderlos – schien es politisch opportun, dem Tod Maria Stuarts nicht allzu viel politisches Gewicht zu geben. Nach einer kurzen Protestperiode normalisierten sich die anglo-schottischen Beziehungen.

Das Land, das Jakob beherrschte, unterschied sich nicht nur in seiner Größe, sondern auch in seiner demographischen Zusammensetzung und wirtschaftlichen Ausrichtung erheblich von England. Wenig Gesichertes ist über die Bevölkerungsentwicklung in Schottland in der frühen Neuzeit zu sagen. Das Land hatte weitaus weniger Bewohner als England und erreichte selbst am Ende der Stuartherrschaft kaum eine Einwohnerschaft von einer Million Menschen. Die Mehrzahl der Schotten lebte in den sogenannten *Lowlands* und hier besonders an den Flussläufen des Firth of Forth und des Tay sowie an der Nordostküste. Die nördlichen *Highlands* und die dem Festland vorgelagerten Inselgruppen blieben ausgesprochen dünn besiedelt. Hier hielten sich die alten, an gälischen Traditionen orientierten Clanstrukturen, die zunächst kaum von der Stuartherrschaft berührt wurden und nach eigenen Gesetzen funktionierten. Ab dem Beginn des 17. Jahrhunderts versuchte die schottische Regierung ähnlich wie die Engländer in Irland, die gälische Kultur und ihre Repräsentanten zu diskreditieren und den eigenen Normen und Gesetzen unterzuordnen. Der Hauptschlag gegen die *Highländer* sollte allerdings erst mit den sogenannten *Clearances* des 18. Jahrhunderts erfolgen. Die schottische Agrarproduktion blieb wegen der schlechten Witterungsverhältnisse im Vergleich mit England wenig ertragreich. Insgesamt dominierte die Weidewirtschaft und hier spezialisierte man sich ab dem Spätmittelalter auf die Schafzucht, die vor allem wegen der Exportmöglichkeiten für Wolle die Vieh- und Schweinezucht verdrängte. Zudem waren die Bodenverhältnisse in der Regel für die weniger anspruchsvollen Schafe besser geeignet als für Kühe und Rinder. Während sich im Süden Getreideanbau und Zulieferbetriebe für den Lebensunterhalt in den wachsenden Städten entwickelten, blieb die Landwirtschaft in den *Highlands* wegen der harten klimatischen Bedingungen rudimentär. Bauern gruppierten sich in der Regel zu kleinen Dörfern mit maximal zehn Familien, den sogenannten *ferntouns* oder *chlachans*. Das zur Bestellung zur Verfügung stehende Land wurde in zwei Regionen aufgeteilt. Auf dem dem Dorf am nächsten gelegenen Land wurden jährlich Hafer und Gerste, relativ anspruchslose und widerstandsfähige Getreide für den Eigenbedarf, ausgesät. Durch die lange Winterzeit stand oft eine beträchtliche Menge Düngung zur Verfügung, um den Boden einigermaßen fruchtbar zu halten. Die dem Dorf entferntere Region wurde hauptsächlich zur Viehfütterung und zur Heuernte genutzt, bei Bedarf brach liegen gelassen oder leicht gedüngt, um die Ernteerträge der folgenden Jahre zu verbessern. Der Großteil der schottischen *Highlands* konnte allerdings nicht bewirtschaftet werden und diente bestenfalls im Sommer als Schafweide. Schottland blieb von den Modernisierungsschüben in der Landwirtschaft, die für die Agrargeschichte Englands im 16. und 17. Jahrhundert charakteristisch waren, weitgehend unberührt. Königliche Initiativen zur Förderung von Einhegungen und Intensivierung der Viehwirtschaft – etwa zum Fleischverkauf in den Städten in den südlichen Landesteile – stießen auf wenig Resonanz. Nennenswerte Veränderungen im landwirtschaftlichen System erfolgten erst im 18. und 19. Jahrhundert. Kommerzieller Gemüseanbau entwickelte sich allmählich um die wachsende Metropole Edinburgh, blieb aber im Vergleich zu ähnlichen Entwicklungen um London gering. Die Urbanisierung des Landes hinkte beträchtlich hinter der englischen Stadtentwicklung zurück. Trotz des demographischen Booms des 16. Jahrhunderts, in der sich die Bevölkerungszahl in Schottland fast verdoppelte, lebte nur etwa einer von zehn Schotten in Städten. Unter den städtischen Zentren ragte die Hauptstadt Edinburgh deutlich hervor. Genaue Bevölkerungszahlen liegen nicht vor, aber eine Zählung der schottischen Kirche verzeichnete 1590 8 003 erwachsene Einwohner in der Stadt.[3] Entsprechend höher war die Gesamtzahl der Edinburgher. Im 16. Jahrhundert hatte das Land nur drei weitere Städte mit mehr als 5 000 Einwohnern, nämlich die an der schottischen Ostküste gelegenen Wirtschaftszentren Aberdeen, Dundee und Perth.

Vier Universitäten (in St. Andrews, Glasgow, Aberdeen und Edinburgh) und ein vergleichsweise gut ausgestattetes Schulsystem ermöglichten der schottischen Elite eine solide Ausbildung vor allem in Theologie und Jura und vielen schottischen Bürgern die Grundkenntnisse im Lesen und Schreiben. Das kulturelle Zentrum Schottlands war allerdings der Hof. Die schottische Renaissance hatte, ähnlich wie in England, zu einer Neuinterpretation der nationalen Identität geführt, die sich nun nicht mehr an den gälischen Wurzeln der schottischen Besiedlung orientierte, sondern die Spitzenahnen der schottischen Monarchie bis in die Zeit der alttestamentarischen Ägypter zurückverfolgte. Schottische Nationalhistoriker wie John of Fordun versuchten so, die genealogische Linie des schottischen Königtums gegenüber den englischen Nachbarn aufzuwerten und die schottische Herrschaftskontinuität gegen den Bruch der englischen Genealogie durch den Normanneneinfall auszuspielen.[4]

Das schottische Parlament ließ sich insgesamt leichter steuern als sein englisches Pendant. Es bestand nur aus einer Kammer, in der Adelige, Bischöfe und Abgeordnete der königlichen *burghs* zusammen saßen. Ein Komitee von 36 Vertretern bereitete die Gesetzesentwürfe vor. Das Haus tagte ganz nach dem Gutdünken des Königs. Ein regelmäßiges Versammlungsrecht gab es nicht. Wichtiger als die parlamentarische Versammlung war der schottische *Privy Council*, in dem die Vertreter der mächtigen schottischen Adelsfamilien den Ton angaben. Insgesamt verlief die Zusammenarbeit zwischen Jakob, seinem Parlament und seinem *Privy Council* harmonisch. Eine Ausnahme bildeten Kirchenfragen, die sowohl im Parlament als auch mit den presbyterianischen Theologen zu Auseinandersetzungen führten. Die schottische Reformation ist eng verbunden mit dem Namen des wohl wichtigsten schottischen Reformators John Knox.[5] Die schottische *Kirk* hatte sich in den Zeiten der schwachen Monarchie an der Krone vorbei ohne Bischofshierarchie entwickelt. Sie orientierte sich an der calvinistischen Doktrin und folgte im Ritus und in der Lehre kontinentalen Vorbildern. Wichtige Vertreter wie der in Genf ausgebildete Rektor der Universität Glasgow Andrew Melville argumentierten auf der Basis der calvinistischen Lehre für eine Trennung von weltlicher und staatlicher Gewalt und für die Abschaffung aller bischöflichen Hierarchie. Während allerdings die Mitglieder der schottischen Kirche jede Einmischung des Königs in Kirchenangelegenheiten strikt ablehnten, standen sie dem geistlichen Einfluss auf die Regierung sehr viel positiver gegenüber. Zu einer heftigen Konfrontation kam es schließlich im September 1596, als Melville während einer Audienz den König im Rahmen der calvinistischen Zwei-Reiche-Theorie aufforderte, sich den Vertretern der *Kirk*, als den Stellvertretern Jesu Christi auf Erden, zu unterwerfen. Auf diesen Vorschlag, der Melville viele Sympathien auch unter den moderaten Presbyterianern kostete, reagierte Jakob mit anti-presbyterianischen Maßnahmen. Bereits in den 1580er Jahren hatte er durch sein Parlament eine Reihe von Gesetzen erlassen, die seine Auffassung von königlicher Suprematie über die Kirche und deren Vertreter manifestierten. Die Diskussion von Staatsangelegenheiten durch den Klerus wurde verboten, die Versammlungsfreiheit der Presbyterianer drastisch eingeschränkt. Schließlich versuchte der König, durch gezielte Konzessionen moderate Presbyterianer auf seine Seite zu ziehen. Jakob gelang die schrittweise Wiederherstellung der Episkopalverfassung. Er konnte sich ab 1600 auf eine Bischofskirche zur Unterstützung seiner Herrschaft verlassen. Daneben blieb allerdings auch ein System presbyterianischer Kirchen bestehen.

Außenpolitisch orientierte sich Schottland traditionell an Frankreich, wirtschaftlich war man vor allem im Osten des Landes eng verbunden mit den skandinavischen Handelsplätzen. Zu den engen Handelsbeziehungen gesellten sich durch Jakobs Heirat mit Anna von Dänemark, der Tochter des Dänenkönigs Friedrichs II., 1589 auch dynastische Verbindungen. Sie symbolisieren nicht zuletzt Jakobs außenpolitische Strategie, sich mit Heiratspolitik Einfluss in Europa zu verschaffen.

Jakob verstand sich selbst als Intellektueller. Er war ein intelligenter und sehr gebildeter Mann, der Freude am gelehrten Disput hatte und seine Vorstellungen von Recht, Politik und Religion in zahlreichen Publikationen veröffentlichte. Sein publizistisches Oeuvre enthielt so unterschiedliche Werke wie seine 1597 in Edinburgh erschienene *Daemonologie*, in der er sich mit dem Phänomen der Hexerei auseinander setzte, sein 1604 erschienener Diskurs über das Rauchen unter dem Titel *Counterblast to Tobacco* und sein kontroverses *Book of Sports* von 1618, in dem er die Sonntagsfreuden seiner Untertanen gegen den Sonntagsfrieden der Puritaner verteidigte. Für das Selbstverständnis des schottischen Königtums besonders wichtig waren seine politischen Schriften. Das Manuskript des in Griechisch verfassten *Basilikon Doron* legte er 1598 noch in Schottland vor. Das Werk war als Fürstenspiegel und politisches Testament für seinen Nachfolger verfasst. Es erschien zunächst im Privatdruck, wurde aber 1603 mit großer Auflage (ca. 10 000–15 000 Exemplare) veröffentlicht. Ebenfalls 1598 legte der König einen Traktat unter dem Titel *The Trew Law of Free Monarchies* vor, in dem Jakob die Rechte des Monarchen gegen die Vertreter des Widerstandsrechts verteidigte, das Gottesgnadentum des Königs unterstrich und den Herrscher über die Gesetze stellte. So rechnete der König mit seinem früheren Lehrer Buchanan und mit den Ansprüchen der radikalen Presbyterianer ab. Auf diese Ideen griff der König in späteren Jahren immer wieder zurück. Dennoch richtete sich die Stoßkraft beider Werke ganz gezielt gegen die politische Opposition in Schottland. Sie waren für die besondere politische Situation im Norden verfasst worden, was in der historischen Forschung oft übersehen worden ist. Insgesamt hinterließ Jakob bei seinem Umzug nach London in Schottland eine positive Bilanz. In einer beachtlichen Reihe von Gesetzesinitiativen hatte er die königliche Herrschaft gefestigt und die Rechtsinstitutionen des Landes gestärkt. Sein diplomatisches Geschick im Umgang mit einem notorisch verfeindeten Adel und einer hierarchiefeindlichen Kirche zeichneten ihn als einen erfolgreichen, klugen und schließlich auch geschätzten Monarchen aus, der den durch die lang anhaltenden Adelsrivalitäten der letzten Jahrzehnte verursachten Reformstau effizient beseitigte und dem Land durch politische Sicherheit und Handelsförderung einen gewissen Wohlstand verschafft hatte. Als er 1603 Schottland in Richtung Süden verließ, war das schottische Königtum gefestigter denn je. Ursprünglich hatte der König geplant, seine schottische Heimat alle drei Jahre zu besuchen, um dort vor Ort die Regierungsgeschäfte zu inspizieren. Dieses Versprechen hielt er allerdings nicht. Nur ein einziges Mal, 1617, kehrte er zurück. Dennoch behielt er die politischen Angelegenheiten in seinem nördlichen Königreich fest unter Kontrolle. Ein eigens eingerichteter Postdienst zwischen Edinburgh und London funktionierte bemerkenswert gut. Jakobs *Privy Council* in Edinburgh arbeitete effizient und reibungslos. Trotz gelegentlicher Klagen seiner schottischen Untertanen über die permanente Abwesenheit des Königs blieb Jakobs Regierung in Schottland auch nach 1603 erfolgreich und größtenteils unproblematisch.

Jakob in England (1603–1625)

Schon vor dem Tod Elisabeths am 24. März 1603 hatten die leitenden Minister in England, allen voran Robert Cecil, Kontakt mit Jakob aufgenommen, um eine reibungslose Machtübernahme vorzubereiten. Elisabeth selbst hatte noch auf dem Sterbebett Jakob offiziell zu ihrem Nachfolger erklärt. Wenige Stunden nach ihrem Hinscheiden wurde der schottische König auch zum König von England proklamiert. Erbrechtlich gesehen war Jakob tatsächlich der nächste Thronerbe Elisabeths. Über seine Mutter war er mit dem Haus Tudor verwandt. Mit einem prächtigen Zug reiste er im Sommer 1603 nach England und wurde am 25. Juli in der Abtei von Westminster zum König gekrönt. Weitere Feierlichkeiten mussten allerdings verschoben werden, da die Hauptstadt in den Sommermonaten von einer verheerenden Pestwelle heimgesucht wurde. Der Festumzug des Königs, der normalerweise den Beginn einer neuen königlichen Regierung begleitete, fand erst im folgenden Jahr mit großem Aufwand statt. Jakobs Einzug in England wurde zwar von einer jubelnden Menge begrüßt, die Begeisterung der neuen südlichen Untertanen und der politischen Elite des Landes nahm aber recht bald ab. Mit 37 Jahren war Jakob für seine Zeitgenossen alles andere als ein strahlender junger Monarch. Er hatte nichts von der kraftvollen physischen Ausstrahlung Heinrichs VIII. oder der jugendlichen Schönheit der englischen Elisabeth. Anders als seine Vorgängerin zeigte er sich ungern in der Öffentlichkeit und scheute den Kontakt mit dem einfachen Volk. Zudem verbrachte er einen Großteil des Jahres außerhalb der Hauptstadt, um seiner Jagdleidenschaft nachzugehen. Zu diesen Veranstaltungen wurden nur wenige Mitglieder des Hofes eingeladen. Anders aber als der junge Heinrich VIII., der seine Zeit ebenfalls lieber mit der Jagd als mit der Politik verbracht hatte, ließ sich Jakob auch durch lange Abwesenheit nicht vom Geschäft des Regierens abbringen und verfolgte jederzeit die Geschehnisse in London. Er war ein skrupulöser Politiker, der sich genau über die Tagespolitik informierte und eingriff, wenn er es für nötig hielt. Obwohl er mit seinen englischen *Privy Councillors* weniger Zeit verbrachte als mit dessen schottischem Gegenpart in seiner Zeit in Edinburgh, so nahm er doch insgesamt häufiger an den Ratssitzungen teil als seine Vorgängerin Elisabeth. Das englische Establishment konnte den neuen Monarchen mit seinem schweren schottischen Akzent und seinem Sprachfehler allerdings nicht immer verstehen. Schließlich gab es schon bald Auseinandersetzungen mit der schottischen Entourage, die Jakob mit nach London gebracht hatte. Damit war ein Dilemma umrissen, mit dem sich der König zeit seines Lebens konfrontiert sah. Nicht zuletzt durch seine Erfahrungen in Schottland hatte er gelernt, dass er nur dann erfolgreich regieren würde, wenn er die politisch-soziale Elite seines Herrschaftsgebietes auf seine Seite ziehen konnte. Diese umfasste nun allerdings sowohl den englischen als auch den schottischen Hochadel. Eine Annäherung zwischen den verschiedenen

Adelscliquen kam aber nicht zustande. Zwar blieben einige der wichtigsten schottischen Vertrauten des Königs im Süden, sie behielten aber ihre Stammsitze in Schottland und verstanden sich als Repräsentanten des Nordens, die die Interessen ihres Landes gegen das englische Establishment verteidigten. Heiratsverbindungen zwischen dem schottischen und dem englischen Adel blieben die Ausnahme. Jakob versuchte das Problem der doppelten Loyalität dadurch zu umgehen, dass er zunächst eine Aufteilung der Hofämter zwischen Engländern und Schotten anstrebte. Die wichtigsten und dem König am nächsten stehenden Ämter – vor allem die einflussreichen Kammerherrenpositionen – blieben allerdings für die schottische Elite reserviert. Die politischen Regierungsämter in London wurden weiterhin vorwiegend mit Engländern besetzt. Hinzu kam allerdings eine Reihe schottischer Amtsträger. Der König ernannte fünf Schotten in seinen *Privy Council*, zwei von ihnen stiegen in Führungspositionen auf: Sir Geoffrey Home, der bereits in Schottland Schatzkanzler gewesen war, übernahm diesen Posten auch in England, Lord Kinross wurde Oberarchivar des königlichen Archivs. Acht Schotten (und zwölf Engländer) wurden zu Rittern des prestigereichen und königsnahen Hosenbandordens geschlagen. Kein Schotte erhielt ein hohes geistliches Amt in England. Das schien auf den ersten Blick ein zufrieden stellendes Verfahren, da die schottischen Institutionen in Edinburgh weiterhin den politischen Prozess im Norden mitbestimmten und der schottischen Elite entsprechende Karrieremöglichkeiten boten. Gleichzeitig versuchte der König, die mächtigen Familien Englands, die in den letzten Regierungsjahren Elisabeths durch Intrigen in Ungnade gefallen waren, wieder an die Krone zu binden. So wurden etwa die Anhänger des 1601 hingerichteten Earl of Essex, aber auch die (kryptokatholischen) Mitglieder der Familie Howard durch Vergabe von Ämtern und Pensionen wieder in den politischen Prozess am Hof integriert. Wichtigster politischer Berater für den König blieb Robert Cecil, der 1605 zum Earl of Salisbury erhobene Architekt der Thronübernahme, der den König bereits vor dem Tod Elisabeths über die englische Politik auf dem Laufenden gehalten hatte. Als Gegengabe bestätigte Jakob seine Position als *Secretary of State*, die er bereits unter Elisabeth innegehabt hatte. Nach dem Tod von Jakobs erstem Schatzkanzler Thomas Sackville 1608 übernahm Cecil dann dieses Amt. Wie die meisten seiner Standesgenossen versuchte auch er, durch sein Klientel seine Machtbasis am Hof weiter auszubauen. Anders als einige seiner Konkurrenten hatte er aber schnell begriffen, dass er das Ohr des Königs nur über gute Beziehungen zu dessen schottischen Kammerherren behalten würde. Er bemühte sich deshalb vor allem um die einflussreichen schottischen Lords am Hof.

Höfische Kultur unter dem ersten Stuartherrscher

Dieser Hof erhielt unter Jakob einen neuen, von vielen Zeitgenossen und späteren Historikern heftig kritisierten Charakter. Er wurde schnell zum Inbegriff einer zügellosen, unmoralischen und verschwenderischen Herrschaft.[6] Zunächst einmal ging diese Kritik zweifellos von den englischen Untertanen aus, die die schottische, informelle Herrschaftsform Jakobs befremdete. Die schottische Hofetikette hatte sich traditionell am französischen Vorbild orientiert. Sie war sehr viel weniger formalisiert und ritualisiert als der englische Hof der alten Königin Elisabeth, die in ihren letzten Regierungsjahren kaum noch Kontakt zu ihren Höflingen gesucht hatte. Demgegenüber erschien Jakob geradezu leutselig. Herrschaft in Schottland war sehr viel stärker abhängig vom guten Verhältnis zwischen dem König und seiner Elite, das sich durch persönliche Nähe, nicht durch ritualisierte Kommunikation realisierte. Schließlich fehlte es dem schottischen Hof auch einfach an den nötigen Ressourcen, um eine allzu sehr auf Selbstdarstellung und Patronage abgestellte Hofhaltung zu finanzieren. Neben diese formalen Unterschiede trat zudem der persönliche Charakter des Königs. Jakob selbst hatte wohl wenig Sinn für Etikette, mischte sich gerne unter seine Gäste und scheute sich nicht, beim Essen vulgäre und obszöne Witze zum Besten zu geben und sich hemmungslos zu betrinken.

Zugleich schossen die Kosten für die Hofhaltung dramatisch in die Höhe. Elisabeth hatte keine Familie und gab in ihren letzten Jahren wenig für die Verschönerung ihrer Paläste oder der eigenen Garderobe aus. Jakob hingegen kam mit seiner Frau, Anna von Dänemark, und drei Kindern, Heinrich, Elisabeth und Karl, nach London. Sowohl für Anna als auch für den zukünftigen Thronnachfolger und für seinen Bruder wurde ein eigener Hof separat vom König eingerichtet.

Die neue Offenheit des englischen Hofes hatte allerdings auch durchaus ihre politischen Vorteile. Gerade in ihren letzten Regierungsjahren hatte Elisabeth sich kaum noch den politischen Problemen ihres Landes stellen wollen. Unkonventionelle Ideen oder

Männer, die diese vortragen konnten, wurden nicht mehr in den engen Zirkel um die Königin zugelassen. Jakobs Regierungsstil vor allem in seinen ersten Jahren ließ auch die Diskussion neuer, kontroverser politischer Ideen bei Hof zu. In diesem Sinne funktionierte der Hof nun als Zentrum für alle politischen Anschauungen und Parteien des Landes.

Diese Offenheit, gepaart mit einen wachen politischen Interesse teilte auch die Königin Anna von Dänemark, die bislang in der historischen Forschung noch nicht die Würdigung erfahren hat, die sie zweifelsohne verdient.[7] Trotz der Entfremdung von ihrem Gatten aufgrund seiner homosexuellen Neigungen übte die Königin von ihren Residenzen in *Denmark House* und Greenwich einen wichtigen Einfluss auf Jakob und das Favoritenkarussell in Whitehall aus. Schließlich konnten diejenigen, die sich an den anderen Höfen zurückgesetzt fühlten, versuchen, sich in *St. James's Palace*, dem Hof des Prinzen von Wales, in den politischen Prozess einzuschalten. Prinz Heinrich avancierte bis zu seinem Tod 1612 nahezu zum Gegenpol seines allzu lebensfrohen Vaters. Sein Hof war asketisch, streng formalisiert und nach militärischen Idealen ausgerichtet. Diese Rolle übernahm schließlich auch der jüngere Sohn und Thronnachfolger Karl in seiner Hofhaltung. Vor allem das kulturelle Leben Englands profitierte von dieser Teilung. Anna von Dänemark förderte Architekten und Künstler aus dem europäischen Ausland. Im Bereich der Architektur setzte sich nun eine neue Bauweise durch, die eng mit dem Namen von Jakobs wichtigstem Baumeister Inigo Jones verbunden ist. Jones führte den Palladio-Stil in England ein, dessen repräsentativste Beispiele *Queen's House*, der Palast der Königin Anna in Greenwich (1616) und die *Banqueting Hall* in Whitehall (1619–1622) sind. Auch auf das metropolitane Stadtbild wirkte Jones ein: die Gestaltung von Covent Garden trägt seine Federführung. Im Bereich der Landhausarchitektur legte man weiterhin gesteigerten Wert auf prachtvolle Fassaden. Herrenhäuser öffneten sich architektonisch nun nicht länger in einen geschützten Innenhof, sondern boten sich dem Besucher bereits von weitem an. Inigo Jones war nicht nur für den neuen architektonischen Stil in der Hauptstadt verantwortlich, er nahm auch Einfluss auf die Theaterkultur am Hof, an dem die Maskenspiele (*masques*) eine kurze, aber bedeutende Blüte erlebten. Maskenspiele waren bereits unter Elisabeth bekannt. Zusammen mit dem Dichter Ben Jonson adaptierte Jones nun französische Einflüsse für das englische Theater und verfeinerte die Auftritte mit technischen Hilfsmitteln wie beweglichen

Bühnen und Kulissen. In den Maskenspielen vermischten sich musikalische, dramatische und choreographische Elemente mit dekorativen Kostümen, die sich oft auf antike Vorbilder beriefen. Komponisten und Musiker wie Thomas Campion und Thomas Davenport lieferten die musikalischen Vorgaben für die Hofveranstaltungen, deren Popularität auch auf die öffentlichen Theater der Hauptstadt übergriff. Der Ausbruch der Bürgerkriege setzte dieser Kunstgattung dann ein Ende. Auch in der Restauration wurden Maskenspiele nicht mehr aufgeführt. Neben den Maskenspielen förderte der König das moderne Schauspiel. William Shakespeare schrieb einen Großteil seines dramatischen Werkes für die königliche Schauspieltruppe.

Jakobs Interesse an europäischer Kunst äußerte sich in einem großzügigen Mäzenatentum für ausländische und besonders niederländische Künstler des Barock. Peter Paul Rubens konnte für die Ausgestaltung der prachtvollen Deckenfresken in der Banketthalle gewonnen werden. International renommierte Portraitmaler wurden mit Darstellungen der königlichen Familie beauftragt. Hierbei unterschied sich der von Jakob bevorzugte Stil deutlich von den Vorlieben seiner Vorgängerin. An die Stelle der ikonographisch überhöhten Monarchenportraits traten nun realistischere Darstellungen des Königs und seiner Verwandtschaft. Typisch ist hier etwa das 1606 entstandene Portrait Jakobs von Johan von Critz, der den Monarchen als alternden Mann mit leicht unregelmäßigen Gesichtszügen und überschatteten Augen abbildete (siehe Umschlagbild). Im Bereich der Musik erwies sich der König als großzügiger Gönner, der mehr als 7 000 Pfund im Jahr für Musiker und Komponisten wie Thomas Tallis, William Byrd, John Dowland und Orlando Gibbons ausgab. Die musikalische Welt am Hof stand im internationalen Vergleich in einem hohen Ruf. Diese kulturellen Errungenschaften wurden allerdings letzten Endes von den Kabalen am Hof, die nicht selten mit den sexuellen Vorlieben des Königs verbunden waren, überschattet. Sie prägen bis heute das Bild der ersten Stuartherrschaft. Jakobs Freundschaft zu Esmé Stuart war ein frühes Anzeichen für die Schwäche des Königs für attraktive Männer, die schnell in wichtige Hofämter aufstiegen und die Patronagepolitik des Königs beeinflussten. Mit dem zwanzigjährigen Robert Carr betrat 1607 ein königlicher Günstling die politische Bühne Englands, der selbst aus wenig einflussreicher, schottischer Familien stammte, aber durch seine besondere Nähe zum König nun von den verschiedenen politischen Parteien hofiert wurde und sich unter die Fittiche der

Howard-Fraktion begab. Symptomatisch für die unglückliche Verbindung von politischer Machtvergabe und erotischen Verwicklungen ist die Ehe des königlichen Favoriten mit Frances Howard, der attraktiven Tochter von Jakob *Chamberlain*, dem Earl of Suffolk, für die Carr ihr zweiter Ehemann war. 1606 hatte der König einer Heirat zwischen Frances und Robert Devereux, dem Earl of Essex (und Sohn des von Elisabeth 1601 hingerichteten Earl gleichen Namens), zugestimmt. Mit dieser Hochzeit sollten die verfeindeten Familien ausgesöhnt werden. 1613 allerdings stand die Ehe vor einem Theologengericht und wurde wegen angeblicher Impotenz Devereux' für ungültig erklärt. Hintergrund für dieses, den Earl of Essex auf das peinlichste diskreditierende Verfahren war das Verlangen Robert Carrs, der mittlerweile zum Earl of Somerset aufgestiegen war und sich in die attraktive Frances verliebt hatte. Noch am Tage der Auflösung ihrer ersten Ehe heiratete Frances Howard den Earl. Kurze Zeit später starb unter zunächst mysteriösen Umständen der engste Vertraute Carrs, Richard Overbury, in London. Er hatte sich zunächst für die Verbindung eingesetzt, sie aber später unter Androhung der Veröffentlichung geheimer Dokumente, die das Paar belasten würden, zu torpedieren versucht. Diese Aktion musste er mit dem Leben bezahlen. 1616 wurde der Giftmord aufgedeckt, Somerset und seine Frau wurden verurteilt und für einige Jahre im Tower inhaftiert. Nicht nur der Skandal um seine Heirat, sondern auch die Intrigen der Howard-Gegner am Hof beschleunigten Carrs Fall. Sie spielten dem König einen neuen Favoriten, den jungen George Villiers (seit 1617 Earl und seit 1623 Duke of Buckingham) zu, der bald an die Stelle des diskreditierten Carr trat. Villiers Aufstieg war meteorisch und sollte den Tod seines Gönners überdauern. Er heiratete Katherine Manners, die einzige Tochter des Earl of Rutland, eines der reichsten Landbesitzer Englands, und konnte seine eigene Familie mit lukrativen Posten am Hof ausstatten. Der Tod Annas von Dänemark 1619 vertiefte die Beziehungen zwischen dem 53-jährigen König und seinem Freund, der mittlerweile seine Kandidaten in einflussreiche Ämter am Hof und in der Regierung postieren konnte. Dennoch verlor der König nie die eigene Kontrolle über die Politik. Die wichtigsten Entscheidungen traf er alleine und setzte sich mehrfach über die Wunschkandidaten Buckinghams für so bedeutende Ämter wie den *Lord Keeper* und den *Secretary of State* hinweg.

Jakob und das Parlament – der Beginn des Weges in die Katastrophe?

Die Auseinandersetzungen der Stuart-Herrscher mit dem englischen Parlament gehören zu den großen Themen der englischen Geschichte, die selbst bis in das 17. Jahrhundert zurückreicht. In fast allen Interpretationen fiel hierbei den englischen Monarchen die Rolle des Schurken zu, der sich gegen das wachsende politische Selbstbewusstsein der Parlamentarier stellte, die zwar selbst Teil einer schmalen politischen Elite bildeten, aber durch die Anbindung an den eigenen Wahlkreis mit dem politischen Willen weiterer Bevölkerungskreise verbunden waren und mit ihrer ökonomischen Ausrichtung auf Handel und Kommerz eindeutig die Kräfte des Fortschritts repräsentierten.

Bis in die 1970er Jahre war die historische Debatte um Jakobs Parlamentspolitik überschattet von dieser *Whig*-Interpretation der englischen Geschichte, wie sie im 19. Jahrhundert vor allem die historischen Altmeister Thomas Babington Macaulay und Samuel R. Gardiner vorgelegt haben.[8] Aus dieser, auf die englische Verfassungsgeschichte konzentrierten Perspektive war die Regierung Jakobs I. das Vorspiel zu einem langen Verfassungskonflikt, in dem sich Parlament und Krone als Vertreter der fortschreitenden politischen Partizipation auf der einen und des königlichen Absolutismus auf der anderen Seite unversöhnlich gegenüberstanden. Diesem verfassungsgeschichtlichen Paradigma, das von der Grundannahme eines Fortschritts in der Geschichte ausging, wurden auch sozial- und wirtschaftsgeschichtliche Studien zum 17. Jahrhundert untergeordnet. In dieser Sichtweise auf die Geschichte fällt Jakob die undankbare, und aus Perspektive heutiger Historiker weitgehend ungerechtfertigte Rolle des Weichenstellers in die politische Katastrophe der – von älteren Historikern noch als englischen Bürgerkrieg bezeichneten – Auseinandersetzungen zu, die seinem Sohn das Leben kosteten und erst mit der sogenannten „Glorreichen Revolution" ein für die parlamentarischen Kräfte befriedigendes Ende fanden. Unter dem Stichwort „Revisionismus" hat sich hier allerdings in der britischen Geschichtswissenschaft seit dem Ende der 1970er Jahre ein Paradigmenwechsel vollzogen, der die teleologische Interpretation der englischen Geschichte des 17. Jahrhunderts – sei es in ihrer marxistischen Variante als Klassenkampf um den Aufstieg der *Gentry* oder als unvermeidlicher Siegeszug der parlamentarischen Demokratie (*whiggistischer* Prägung) – torpediert und schließlich ausgehebelt hat. Revisionisten verstehen sich selbst allerdings nicht als Mitglieder einer historischen Schule und argumentieren oft auf höchst unterschiedlichen Ebenen. In einer Reihe von Aufsätzen und Monographien hat zunächst Conrad Russel die oppositionelle Macht des Parlaments als korporativer Institution in Frage gestellt.[9] Für ihn und seine Schüler spielte das Parlament in der Regierungszeit Jakobs eine untergeordnete Rolle und diente hauptsächlich den politischen Fraktionen am Hof als Bühne für ihre machtpolitischen Auseinandersetzungen. Die von der älteren Forschung als parlamentarische Siege gefeierten Schlüsselereignisse, wie die Staatsanklageverfahren gegen die führenden Minister Fancis Bacon und Lionel Cranfield wurden nun zu Stellvertretergefechten der mächtigen Adelsfamilien und der Krone umgedeutet. Eine neue Meistererzählung der politischen Ereignisse des 17. Jahrhunderts wurde jedoch nicht vorgelegt. Anstelle dessen haben sich die „Revisionisten" ausführlich mit einzelnen Phasen der Stuartherrschaft beschäftigt und deren Krisen aus den tagespolitischen Auseinandersetzungen zwischen Krone und Parlament zu erklären versucht.[10] Die Thesen der „Revisionisten" blieben allerdings nicht unwidersprochen. Das Pendel der historischen Forschungsmeinung hat sich in den letzten 15 Jahren wieder stärker zugunsten einer Interpretation der englischen Geschichte auf dem Hintergrund langfristiger sozialer und wirtschaftlicher Wandlungsprozesse im Land und den damit verbundenen ideologischen Kontroversen geneigt. Aus dieser Perspektive erweitert sich das Spektrum politisch Handelnder von der engen Bühne von Hof und Parlament auf die politisch informierten Landbesitzer und Parlamentswähler, denen die Abgeordneten Rede und Antwort stehen mussten.[11] Mit dieser Interpretation hat auch Jakob I. und seine Politik eine Revision erfahren. Er gilt nun allgemein nicht länger als der Wegbereiter für die Bürgerkriege unter seinem Sohn in einem ideologischen Machtkampf zwischen Parlament und Krone. Obwohl die Debatte um die ideologische Sprengkraft von Jakobs *Divine Right*-Theorien auf der einen Seite und den Vorstellungen vom Vertragscharakter königlicher Herrschaft auf der anderen Seite weiterhin anhält, ist man sich doch nun weitgehend darin einig, den Konflikt stärker auf dem konkreten Hintergrund von Patronage und Machtpolitik und nicht als ideologische Grundsatzdebatte um eine englische Verfassung zu interpretieren. Absolutistische Äußerungen Jakobs werden heute differenzierter gesehen und in ihrem tagespolitischen Kontext verortet. Insgesamt betont man eher die gute Kooperation zwischen beiden Parteien, auch wenn Konflikte auftraten. Daneben haben Revisionisten die weitaus wichtigere Rolle von Hof und *Privy Council* im tagespolitischen Geschäft des Königs hervorgehoben.[12]

Insgesamt unterschied sich der Regierungsstil Jakobs nicht nur am Hof, sondern auch in den anderen politischen Foren von dem seiner Vorgängerin. Während sich Elisabeths *Privy Council* durch ausgesprochene Kontinuität und extrem lange Amtszeiten ausgezeichnet hatte, blieb die Mitgliedschaft von Jakobs *Councillors* durchschnittlich kürzer. Das lag zum einen an der Auswahl des Königs, die sich, etwa im Fall von Robert Carr als Lord Siegelbewahrer, auf die persönliche Vorliebe Jakobs und nicht auf die Kompetenz des Amtsinhabers stützte und mit dem Verlust der Gunst des Königs gleichzeitig den Verlust des politischen Amtes bedeutete. Zudem zeigte Jakob auch wenig Skrupel, seine Mitarbeiter den politischen Machtspielen am Hof und im Parlament zu opfern, was unter anderem sein Kanzler Francis Bacon nach ebenfalls nur vier Amtsjahren schmerzlich erfahren musste. Ähnlich verhielt sich Jakob gegenüber seinem Parlament. Soweit es sich vermeiden ließ, verzichtete er auf die Einberufung der beiden Häuser. Sitzungen fanden nur für die Dauer von 36 Monaten in insgesamt 22 Regierungsjahren des Königs statt.

Das erste Parlament, das Jakob 1604 einberief, war überschattet von den königlichen Plänen einer Union von Schottland und England, die Jakob noch in Schottland vor seiner Krönung mit Robert Cecil besprochen hatte. In seinem Bemühen, dem König zu gefallen, hatte ihm Cecil hier allerdings einen Bärendienst erwiesen und die englischen Ressentiments gegenüber den schottischen Nachbarn, die nicht selten auf krassen rassistischen Vorurteilen beruhten, heruntergespielt. Obwohl der König, dem an einer Vereinheitlichung der Gesetze und an der Zusammenlegung beider Parlamente gelegen war, auf der politische Bühne des *House of Commons* sehr vorsichtig agierte, wurde er recht bald mit dem vehementen Widerstand seiner Parlamentarier konfrontiert. Selbst die Annahme eines neuen Titels als *King of Great Britain* wurde erst nach wochenlangen Debatten akzeptiert. Damit war dem König klar, dass seine englischen Untertanen allen weiteren Plänen für eine juristische und politische Vereinigung beider Königreiche nicht zustimmen würden. Die Botschaft seiner Krönungsmedaille, die den König mit Lorbeerkranz im Stile alt-römischer Kaiser darstellte und als *emperor of the whole Island of Britain* bezeichnete, blieb eine leere Versprechung. Zwar konnte Jakob noch die Kreation einer neuen, britischen Flagge begrüßen, die sorgfältig die Elemente des englischen rot-weißen Georgskreuzes und des schottischen blau-weißen Andreaskreuzes miteinander vereinigte und die von der englischen Flotte nun offiziell gehisst werden sollte, aber auch in diesem symbolischen Bereich zeigten sich die Untertanen widerspenstig. Nach 1625 verschwand der *Union Jack* dann zunächst auch wieder. Jakob gab nach, legte alle weiteren Vereinigungspläne zu den Akten und begnügte sich mit einer schrittweisen Angleichung von Maßen und Gewichten und Zollerleichterungen. Auf anderen Gebieten erwies sich Jakobs erstes Parlament, das bis 1610 in verschiedenen Abständen tagte, als reformfreudig und aktiv. Nicht weniger als zweiundsiebzig Gesetze, die hauptsächlich die englische Wirtschafts- und Sozialpolitik betrafen und die Schwierigkeiten der letzten Regierungsjahre Elisabeths aufgriffen, wurden in der ersten Session verabschiedet. Unter dem Eindruck der *Gunpowder*-Verschwörung von 1605 wurden in der zweiten Parlamentssession, die ebenfalls auf eine lange Liste wirtschafts- und sozialpolitischer Initiativen zurückblicken konnte, auch die Gesetze gegen Katholiken verschärft. Insgesamt zeichnete sich das politische Klima im Parlament, abgesehen vom Widerstand gegen Jakobs Unionspläne, durch produktive Harmonie aus. Von ideologischen Konflikten um die Vormacht der Krone oder der *Commons* war nichts zu spüren. In eine Krise gerieten die Beziehungen zwischen Jakob und seinem Parlament dann allerdings 1610. Am Anfang der Auseinandersetzungen, die in der Auflösung des Parlaments durch einen verärgerten und frustrierten Monarchen kulminierten, standen die notorischen Finanzprobleme des Hofes. Die mittelalterliche Idee, dass der König sich durch seine Eigengüter selbst finanzieren sollte und nur im Notfall Steuern etwa für außenpolitische Unternehmen, aber nicht zur Finanzierung der Krone oder der laufenden Regierungsgeschäfte erheben konnte, war bereits unter der sparsamen Elisabeth anachronistisch. Ebenso unzureichend war das unter Elisabeths Vater Heinrich eingeführte Subsidiensystem. Durch Steuerlöcher und Bestechung zahlten vor allem die reicheren Landbesitzer in der Regel weitaus weniger Steuern als durch ihr jährliches Einkommen normalerweise veranschlagt worden wären. Jakob, der insgesamt scheinbar ein recht ungezwungenes Verhältnis zum Geld hatte, übernahm einen durch den langanhaltenden Krieg mit Spanien und durch beträchtliche Steuerausstände erheblich angewachsenen königlichen Schuldenberg, den er durch seine eigene Haushaltsführung noch weiter vergrößerte. 1608 belief sich das königliche Defizit auf 600 000 Pfund mit steigender Tendenz. Als Schatzmeister hatte Robert Cecil zunächst versucht, das Haushaltsloch durch den Verkauf von Kronländereien zu stopfen. Diese Maßnahme erwies sich allerdings langfristig als kontraproduktiv, da nun wichtige königliche Einnahmen aus Landbesitz und dessen Verpachtung wegfielen. Anstelle dessen versuchte man nun, durch Sondersteuern und neue Zolltarife dem wachsenden Schuldenberg zu begegnen. Der Versuch, durch jährliche Steuern die Finanzierung der Krone zu sichern, scheiterte dann am Widerstand im Parlament, das nicht gewillt war, den in der öffentlichen Meinung als extravagant diskreditierten Hof mit der geforderten Summe von 200 000 Pfund zu finanzieren. Die von Robert Cecil im Parlament präsentierten Kalkulationen, die die königliche Haushaltsführung saniert und das System der öffentlichen Finanzen reformiert hätten, wurden abgelehnt. Damit war diese Parlamentssession gescheitert.

Ein zweites Parlament, das der König 1614 einberief, erwies sich schließlich als vollkommen arbeitsunfähig. Bereits im Vorfeld waren Gerüchte über Wahlmanipulationen zugunsten der Howard-Fraktion, die sich nach dem Tod Robert Cecils 1612 mehr Einfluss auf die königliche Politik erhoffte, in Umlauf gesetzt worden. Die später als „fruchtloses" (*addled*) Parlament bezeichnete Versammlung wurde schon am 7. Juni desselben Jahres wieder aufgelöst, nachdem zahlreiche Abgeordnete Kritik an den angeblichen Versuchen der Beeinflussung übten, denen sie sich durch den König und den *Privy Council* ausgesetzt fühlten. Problematisch war auch die vom König einseitig erhobene Steuererhöhung, in der die *Commoners* eine Übertretung seiner Kompetenzen sahen, da sie zuvor nicht zu Rate gezogen worden waren. Hier vermuteten viele Parlamentarier eine Vorstufe zu eigenmächtigen Steuererhebungen. Das Parlament ging ohne die vom König so dringend benötigte Steuerermächtigung auseinander. Jakob sah sich nun gezwungen, durch andere Maßnahmen das königliche Einkommen zu erhöhen. Er tat dies zunächst durch den lukrativen Verkauf von Adelstiteln und die Vergabe von Gewerbe- und Handelsmonopolen, was schon in Elisabeths späten Regierungsjahren zu viel bösem Blut geführt hatte. 1611 war zu diesem Zweck der neue, käufliche Adelstitel eines *baronet* eingeführt worden. Auf Initiative des Londoner Großkaufmanns Lionel Cranfield, der als Schützling von Buckingham 1619 zunächst zum Leiter des königlichen Vormundschaftsamtes, seit 1621 zum Lordschatzmeister aufgestiegen war, wurden auch die Kosten des königlichen Haushaltes und vor allem seiner mehr und mehr verrottenden Flotte soweit gesenkt, dass die größten finanziellen Schwierigkeiten verhindert werden konnten. Die Außenpolitik Jakobs und vor allem die Heiratspläne für seinen Sohn Karl zwangen den König aber Ende 1620 zur erneuten Einberufung eines Parlaments, das 1621 dann auch zusammentrat. Die innenpolitische Situation war allerdings überschattet durch eine schwere Wirtschaftskrise. Hier machten die Abgeordneten ihrem Unmut über die königliche Monopolpolitik sehr bald Luft. Er entlud sich gegen den Kanzler Francis Bacon, der als der Architekt dieser Politik gesehen wurde und der, nachdem ein Staatsanklageverfahren gegen ihn eingeleitet wurde, seinen Hut nehmen musste. Dennoch verliefen die Sitzungen bis zur Sommerpause relativ harmonisch. Eine Reihe von Gesetzesinitiativen zur Verbesserung der wirtschaftlichen und sozialen Lage des Landes wurde auf den Weg geschickt, erreichte aber wegen der darauffolgenden Auseinandersetzungen letztendlich keine Gesetzeskraft. Unhaltbar wurde die Situation für Jakob allerdings, als das Parlament in der zweiten Sitzungsperiode nach der Sommerpause ein Veto gegen eine mögliche Hochzeit des Thronfolgers mit einer katholischen Prinzessin einlegte und eine längere Debatte über die Außenpolitik des Landes führte, in der man sich vor allem über mögliche pro-katholische Tendenzen des Königs austauschte. Wie bereits seine Vorgängerin betrachtete der König die dynastische Heiratspolitik als seine Prärogative, die keine Einmischung von Seiten des Parlaments erlaubte. Ebenso unterband er alle weiteren Diskussionen um die englische Außenpolitik, was die Parlamentarier ihrerseits als Einschränkung ihrer Redefreiheit interpretierten. Ihre Protestnote, die der König in einer dramatischen Geste eigenhändig aus dem offiziellen Parlamentsregister herausriss, führte schließlich zur Auflösung des Parlaments im Dezember 1621. Trotz dieser Niederlage, durch die der König nicht die benötigte finanzielle und moralische Unterstützung für seine Außenpolitik bekommen hatte, wiederholte er, vor allem unter dem Druck seines Sohnes Karl, das Verfahren drei Jahre später mit der Einberufung eines weiteren Parlaments, das ihm nun einen Krieg gegen Spanien finanzieren sollte. Der Verlauf und das Ergebnis der Sitzungen im Frühjahr 1624 ist sowohl von „Revisionisten" als auch von „Post-Revisionisten" zur Untermauerung ihrer eigenen Thesen herangezogen worden. Insgesamt waren sowohl der Hof als auch die Parlamentarier in ihrer Haltung zu einem möglichen Krieg ausgesprochen gespalten. Prinz Karl und Buckingham, der sich gegen seinen Gönner auf die Seite des

Thronfolgers gestellt hatte, konnten eine Reihe von einflussreichen Höflingen für ihre Sache gewinnen. Angesichts des massiven Steueraufgebots, das Jakob allerdings an den Eintritt in einen Krieg mit Spanien band, schreckten viele Parlamentarier, die den Unwillen ihrer Wählerschaft in den Provinzen und eine massive Beeinträchtigung des Handels und der Wirtschaft des Landes befürchteten, vor einer Kriegsfinanzierung im von Jakob eindringlich dargelegten Umfang zurück. Der König forderte nicht weniger als sechs Subsidien und zwölf Fünfzehnte, eine insgesamt ungeheure Summe von etwa 780 000 Pfund. Auf der Seite der Kriegsgegner argumentierte vor allem Lordkanzler Cranfield, der mehr als jeder andere Politiker des Landes wusste, wie viel Geld die Heeres- und Flottenausstattung verschlingen würde, gegen die Kriegspläne. Seine Stellung wurde jedoch durch ein von Buckingham gegen ihn eingeleitetes Staatsanklageverfahren wegen Korruption torpediert. Wie sein Vorgänger Bacon musste er als Opfer politischer Machtkämpfe schließlich seinen Hut nehmen. Die von den *Commons* letztendlich bewilligte Steuer blieb ein halbherziger Kompromiss, der weder die Parlamentarier und ihre Lobby in den Provinzen noch die Kriegstreiber am Hof befriedigte. Die 300 000 Pfund Steueraufkommen reichten keinesfalls aus, um einen größeren Krieg zu finanzieren. Die Kriegsgegner konnten jedoch soweit einen, wie sich herausstellen sollte, nur vorläufigen Sieg verzeichnen, da sich der König den Forderungen der *Commons*, die Steuereinnahmen nur und ausschließlich für einen Krieg gegen Spanien einzusetzen, nicht gebeugt hatte. Der parlamentarische Kompromiss stand am Ausgangspunkt der Schwierigkeiten, denen sich Karl sehr bald selbst gegenüber stehen sollte, und die in die Bürgerkriege eskalierten. Die Kriegsfinanzierung musste nun notgedrungener Weise auf anderem Wege erfolgen und sollte das Recht auf königliche Prärogative in einer Art und Weise überdehnen, die zu politischen Protesten und schließlich zur schwerwiegenden Konfrontation zwischen Krone und Parlament führte.

Jakobs toleranter Kurs gegenüber der Kirche

In England übernahm Jakob eine Bischofskirche, die in theologischer Hinsicht nicht vollständig mit seinen eigenen calvinistischen Überzeugungen übereinstimmte und nicht mit der Radikalität der schottischen *Kirk* zu vergleichen war. Wie seine Vorgängerin steuerte der König auch hier einen toleranten Kurs, der die Einstellungen möglichst vieler seiner Untertanen unter dem Dach der Staatskirche zu vereinigen suchte. Dies ist dem König auch gelungen, und die Auseinandersetzungen zwischen Bischöfen und *Dissenters*, die die Bürgerkriege unter seinem Sohn prägen sollten, können ihm nicht zur Last gelegt werden. Die Gruppen am Rande des religiösen Spektrums, die von Elisabeth vor allem in ihren letzten Jahren diskriminierten Puritaner, setzten zunächst große Hoffnungen in den neuen König, die sich allerdings bereits in der 1604 zusammengerufenen *Hampton Court Conference* in Luft auflösen sollten. Der Stil der Konferenz, zu der Vertreter der verschiedenen religiösen Gruppierungen im Land in den königlichen Palast *Hampton Court* eingeladen worden waren, entsprach ganz den königlichen Vorstellungen einer intellektuellen Debatte und wurde auch als solche geführt. Für Jakob handelte es sich um einen Informationsaustausch über den religiösen Stand der Dinge in England, die Puritaner erhofften sich einen Umschwung der offiziellen Kirche zugunsten presbyterianischer Vorstellungen und Riten. Nach Augenzeugenberichten versuchte der König auch hier, in Anlehnung an bewährte Verfahren in Schottland, moderate Puritaner durch Konzessionen gegenüber der Bischofskirche auf seine Seite zu ziehen. Nur einmal, als der puritanische Sprecher Dr. Reynolds das Wort „Presbyter" gebrauchte, verlor der König, vermutlich in Erinnerung an die Debatten, die er mit Andrew Melville in Schottland geführt hatte, die Geduld und formulierte die Maxime, unter der die Konferenz schließlich subsumiert wurde: *No bischop, No king*. Dennoch endete der Gedankenaustausch freundschaftlich und positiv. Der König versprach gewisse Reformen, so etwa eine Neuübersetzung der Bibel und des *Prayer Books*, eine bessere Ausbildung der Prediger und eine stärkere Überwachung der Gemeindefürsorge, um gegen Abwesenheit von Klerikern von ihren Pfarrstellen einzuschreiten. Einer härteren anti-katholischen Politik, die ebenfalls eingefordert worden war, beugte er sich allerdings nicht. Vielmehr versuchte er, moderaten Katholiken Brücken in die Staatskirche zu bauen. Es blieb bei den mehr oder weniger strikt eingezogenen Rekusantengeldern für die mittlerweile auf etwa 350 000 Personen zusammengeschrumpften Katholiken im Land. Selbst nach der Aufdeckung des *Gunpowder-plots* am 5. November 1605, bei dem eine Gruppe radikaler Katholiken um Guy Fawkes versucht hatte, den König mitsamt seinem Parlament in die Luft zu sprengen, kam es kaum zu stärkeren Verfolgungen. In liturgischen Angelegenheiten versuchte der König ebenfalls einen moderaten Kurs zu fahren und beispielsweise nicht auf der vorgeschriebenen Priesterkleidung beim Gottesdienst zu beharren. Mit diesem Verfahren, das auch von der offiziellen Kirche und derem neuen, gemäßigten Erzbischof von Canterbury, Richard Bancroft, mitgetragen wurde, gelang es dem König, die Front der Puritaner in Moderate, die am Rande der Staatskirche zu tolerieren waren, und Radikale, die weiter in die Isolation und Emigration getrieben wurden, aufzubrechen. Auch in der Besetzungspolitik der englischen Bischofssitze versuchte Jakob einen Mittelweg zu finden. Neben stärker calvinistisch orientierten Klerikern wie George Abbot, der 1611 die Nachfolge des 1610 verstorbenen Bancroft antrat, berief Jakob anti-calvinistische Bischöfe wie den rhetorisch brillanten Lancelot Andrewes, der die Diözese Winchester erhielt.

Jakobs Politik der *Ulster Plantation* in Irland

Obwohl Jakob von seiner Vorgängerin auch den Titel *King of Ireland* übernahm, spielte die Insel im Westen seines Reiches in seinen Unionsplänen nie eine Rolle. Das mag einerseits daran gelegen haben, dass sich Jakob wie die meisten seiner schottischen Landsleute von einer gemeinsamen iro-schottischen, keltischen Identität lange verabschiedet hatte und die Unterschiede zwischen Iren auf der einen, Schotten und Engländern auf der anderen Seite sehr viel stärker herausstellte als die Gemeinsamkeiten unter einer Krone. Andererseits entsprach es auch nicht dem Charakter der derzeitigen englischen Herrschaft über die Insel, hier auf eine Union mit gemeinsamer Bürgerschaft – wie sie mit Schottland 1608 erreicht wurde – und gemeinsamen Gesetzen hinzuarbeiten. Insgesamt setzte Jakob zunächst die elisabethanische Politik der *plantations* fort und berief mit Sir Arthur Chichester als Vizekönig und Sir John Davis als Kronanwalt ehrgeizige und fähige Männer in Leitungsposition in Irland. Zielpunkt war jetzt vor allem eine Befriedung des Nordens nach englischem Muster. Hand in Hand mit diesen Maßnahmen ging ein weiterer Versuch zur Protestantisierung des Landes. Der erste protestantische Bischof, dem die Bischofssitze in Raphoe, Derry und Clogher zugesprochen wurden, konnte in Ulster trotz erheblichem Widerstand in der Bevölkerung sein Amt antreten. Verhandlungen irischer Adeliger mit Verbündeten und Exil-Iren in den Niederlanden und Spanien führten nicht zu den erhofften militärischen Interventionen zugunsten der einheimischen Bevölkerung. Die in der irischen Literatur häufig romantisch verklärte „Flucht der Grafen" Rory O'Donnell, Cuconnaught Maguire und Hugh O'Neill, die 1607 mit ihren Familien das Land verließen, um auf dem Kontinent zunächst in Frankreich, dann in Rom Unterstützung für eine bewaffnete Befreiung Irlands von der englischen Herrschaft zusammenzutrommeln, erwies sich als kontraproduktiv. Das Land der Geflohenen im Nordosten der Insel wurde von der Krone eingezogen und umverteilt, wobei ein großer Teil an Neusiedler aus Schottland vergeben wurde. Nach einer weiteren kleineren Revolte unter Cahir O'Doherty im Jahr 1608 wechselte schließlich beinahe der ganze Rest der Provinz den Besitzer. Hierbei gingen die englischen Autoritäten nach dem Prinzip vor, dass die Zurückgebliebenen für den angeblichen Verrat ihrer Herren mitverantwortlich waren und deshalb dieselbe Strafe zu erleiden hatten. Da sich allerdings die Zahl der englischen und schottischen Immigranten, die zur Landübernahme angeworben wurden, als zu gering erwies, um den zwangsweise freigewordenen Boden zu bestellen, konnten viele irische Bauern auf ihrem Land verbleiben, verloren aber das Besitzrecht und wurden häufig durch hohe Pachtverträge zu kurzen Laufzeiten in den wirtschaftlichen Ruin getrieben. Dieses Verfahren führte verständlicherweise zu einer weiteren drastischen Verschlechterung der Beziehungen zwischen Engländern und Iren. Enteignete Bauern, die sich den neuen Verhältnissen nicht anpassen wollten, zogen sich in die Wälder und Sümpfe der Umgebung zurück und begannen einen Guerillakrieg gegen die Neuankömmlinge. Schließlich erschien es aber für viele neue Landbesitzer opportun, die irischen Bauern gegen entsprechende Abgaben auf ihren Stellen zu belassen. Selbst nach neuen Gesetzesinitiativen im Jahr 1618 nahmen viele Landbesitzer lieber die Zahlung von Strafgeldern in Kauf als auf ihre Arbeiter zu verzichten. Der Plan der Segregation von Neusiedlern und alter irischer Bevölkerung ließ sich nicht durchsetzen. Der Vorgang, der in der Forschung unter dem Stichwort *Plantation of Ulster* diskutiert wird, unterschied sich insofern von den elisabethanischen Siedlungsversuchen, als dass hier ein Umsiedlungsprogramm mit einer klaren politischen und staatstheoretischen Aussage verknüpft wurde, die Sir John Davis in seiner 1612 erschienenen Schrift *Why Ireland Was Never Entirely Subdued, Nor Brought under the Obedience of the Crown of England, Until the Beginning of His Majesties Happy Reign* formulierte. Kernpunkt der Ausführungen, die sich an der Bodinschen Souveränitätslehre orientierten, war eine vollständige

Durchsetzung des englischen *Common Law* gegenüber dem gälischen *Brehon Law*, die Durchsetzung des Gewaltmonopols des Staates gegenüber intermediären Kräften, die Durchdringung des Landes mit einer einheitlichen Bürokratie und damit die Herstellung eines einheitlichen Untertanenverbandes unter dem König. Anstelle der allmählichen Umgestaltung der Gesellschaft, wie sie unter dem früheren „*surrender and regrant*"-Programm intendiert war, sollten nun Sofortmaßnahmen getroffen werden, die die irischen Herrschafts- und Gesellschaftsstrukturen zugunsten des englischen Modells abschafften. Mit der Übergabe von Land wurde zudem die Übernahme englischer Landwirtschaftsmethoden und englischer Erbsitten verbunden. Diesem Modell eines einheitlichen Untertanenverbandes standen allerdings zu diesem Zeitpunkt die immer stärker auseinanderdriftenden konfessionellen Lager gegenüber. Insgesamt hat Jakob in Irland einen vorsichtigen religionspolitischen Kurs gefahren. Während die Offiziellen in Dublin für eine strikte Durchsetzung der Rekusantengesetze plädierten, verfolgte Jakob eine moderatere Politik, die einerseits auf seiner persönlichen Überzeugung von Toleranz beruhte, andererseits von der Sorge getragen war, durch einen religiösen Konfrontationskurs das politische Klima im Land weiter zu vergiften und neue Aufstände zu schüren. Den konfessionellen Gegensatz versuchte der König im irischen Parlament durch eine Umstrukturierung der Wahlkreise zugunsten der neuen Siedlungen im Norden auszugleichen. Das irische Parlament erhielt so eine protestantische Mehrheit, die zudem durch die protestantischen Beamten im Unterhaus und die Bischöfe im Oberhaus gestärkt wurde. Auf administrativer Ebene zeichnet sich die Regierungszeit Jakobs I. durch einen ausgesprochen uneinheitlichen Führungsstil in Religionsangelegenheit aus. Während die Londoner Regierung moderierend in die Dubliner Politik eingriff, versuchten die Beamten und Kleriker vor Ort, anti-katholische Maßnahmen durchzusetzen. 1605 gab Jakob dem Drängen der Dubliner Regierung nach und befürwortete eine Reihe von Proklamationen, die sich gegen den katholischen Klerus richteten. Er begründete diese Maßnahmen mit der unzumutbaren doppelten Loyalität seiner katholischen Untertanen in Irland, die mit dem Konzept eines einheitlichen Untertanenstaates unvereinbar war. Die Lobby der katholischen Iren konnte jedoch erfolgreich in London gegen die Proklamation intervenieren. Die Repressionspolitik wurde 1607 auf Anordnung der englischen Regierung in London wieder eingestellt. Wiederbelebungsversuche der anti-katholischen Maßnahmen 1611/12 wurden durch Londoner Intervention erneut gestoppt. Ein von der Regierung in Dublin 1612 eingeleitetes Hochverratsverfahren gegen den betagten katholischen Bischof von Down, Cornelius O'Devany, erwies sich als ausgesprochen kontraproduktiv. Die katholische Bevölkerung stilisierte den noch im selben Jahr hingerichteten Bischof zum Märtyrer. Die Versuche der protestantischen Kirche in Irland, durch Überzeugungsarbeit Seelen zu gewinnen, wurde von derartigen Aktionen torpediert. Trotz der Bemühungen, die Bevölkerung des Landes durch politischen Druck und protestantische Strukturmaßnahmen unter der *Church of Ireland* zu vereinheitlichen, blieb die politische Situation auf der Insel vergleichsweise ruhig. Während Jakobs Regierungszeit kam es nicht zu großen Aufständen. Dennoch legte vor allem die Politik der *Ulster Plantation* und die damit verbundenen Implikationen den Grundstein für tiefgreifende Konflikte, die bis ins 21. Jahrhundert nachwirken.

Rex Pacificus

Sehr viel erfolgreicher war der König zunächst in seiner Außenpolitik. Hier zeigte er sich von Anfang an als Politiker des friedlichen Ausgleichs, der vor allem darauf bedacht war, sein Land aus militärischen Konflikten herauszuhalten und der gleichzeitig für einen Kompromiss in den schwelenden religionspolitischen Wirren in Europa eintrat. Beide Ziele sollten unter anderem mit den Heiratsplänen für seine Kinder gefestigt werden. Jakob selbst bezeichnete sich als *Rex Pacificus* und wählte als königliches Motto ein Zitat aus der Bergpredigt Jesu: *beati pacifici* – „selig sind die Friedfertigen" (Mt 5,9). Vor allem seine vergleichsweise tolerante Politik den Katholiken gegenüber stieß nicht selten auf Befremden bei seinen Untertanen, deren nationale Identität sich während des jahrzehntelangen Krieges gegen Spanien mit einem militanten Protestantismus vermischt hatte. Als erste große außenpolitische Initiative beendete der König 1604 mit dem Vertrag von London den Krieg mit Spanien, der in den letzten Jahren von Elisabeths Regierung Gelder verschlungen hatte, ohne zu irgendwelchen Ergebnissen zu führen. Friedensverhandlungen hatten bereits 1603 unter der Ägide von Robert Cecil begonnen, der ebenfalls einsah, dass weitere Militäraktionen den ohnehin verschuldeten königlichen Haushalt unnötig belasten würden. Eine zusätzliche Entlastung der spanischen Finanzen stand allerdings nicht im englischen Interesse. Jakob begann deshalb Verhandlungen mit dem französischen König Heinrich IV. zur Unterstützung der Vereinigten Provinzen der Niederlande im Unabhängigkeitskampf gegen Spanien, der die Habsburger bereits weitaus mehr gekostet hatte als der anglo-spanische Krieg. Eine Allianz zwischen England, den nördlichen Niederlanden und Frankreich kam allerdings nicht zustande. 1609 wurde ein zwölfjähriger, halbherziger Waffenstillstand zwischen Spanien und den Vereinigten Provinzen geschlossen, an dessen Zustandekommen Jakob dann maßgeblich beteiligt war. Die nächste außenpolitische Krise stellte sich jedoch bereits wenig später durch die umstrittene Nachfolge in den niederrheinischen Herzogtümern Jülich, Kleve und Berg ein, dessen letzter Herrscher 1609 ohne männlichen Erben verstorben war, und die nun zum Zankapfel zwischen protestantischen und katholischen Nachfolgern mit unterschiedlichen Erbansprüchen wurden. Nur zögerlich ließ sich Jakob überreden, der protestantischen Seite beizutreten, die sich schnell hinter der Protestantischen Union unter Friedrich von der Pfalz über den Konflikt formierte. Ihm entgegen stellten sich auf katholischer Seite der bayerische Herzog Maximilian und die von ihm ins Leben gerufene Katholische Liga. Die Ermordung Heinrichs IV. beraubte die protestantische Seite eines wichtigen Mitstreiters und für dieses Mal konnte eine bewaffnete Auseinandersetzung verhindert und ein Kompromiss gefunden werden. Über die folgenden Jahre verband sich Jakob schrittweise allerdings weiter mit dem protestantischen Lager auf dem Kontinent. 1613 verheiratete er seine Tochter Elisabeth mit dem pfälzischen Kurfürsten. An Friedrichs protestantischer Ausrichtung bestand kein Zweifel: Er war der Enkel des niederländischen Wilhelms des Schweigers, und sowohl mit dem königlichen Haus in Schweden als auch mit dem Kurfürsten von Brandenburg verwandt. Wichtiger als ein offenes Bekenntnis zum politischen Lager der Protestanten auf dem Kontinent, das von der Mehrheit seiner Untertanen begrüßt wurde, war Jakob allerdings sicherlich die dadurch erhoffte Schwächung der katholischen Seite, die durch die Vermählung des französischen Dauphins, des späteren Ludwig XIII., mit einer spanischen Prinzessin eine neue Stärkung erfahren und damit die religionspolitische Waagschale in Europa zugunsten der Katholiken gesenkt hatte. Um Frankreichs Zusammenarbeit mit Spanien zu torpedieren, suchte nun auch Jakob am spanischen Hof nach einer Heiratspartnerin für seinen ältesten Sohn. Diese Politik wurde in England allerdings mit großem Befremden aufgenommen und verstärkte die Fraktionskämpfe am Hof, die seit dem Tod Robert Cecils 1612 aufgeflackert waren. Die katholischen Howards und ihre Parteifreunde unterstützten Jakobs Heiratspläne, weil sie sich von der spanischen Verbindung Lockerungen der anti-katholischen Gesetze in England erhofften und in der Zusammenarbeit mit der Habsburgermonarchie eine Möglichkeit der Stabilisierung der politischen Situation in Europa sahen. Die protestantische Partei und die Bischöfe des Landes äußerten sich demgegenüber besorgt über eine Allianz mit den Katholiken, die nicht im Interesse einer protestantischen Nation sein konnte und die Mehrheit der Bevölkerung war gegen eine solche Allianz, weil sie Erinnerungen an die letzte, unglückselige anglo-spanische Verbindung von Maria Tudor und Philipp II. wachrief und damit Szenarien ungezügelter Rekatholisierung des Landes beschwor. Den meisten seiner Zeitgenossen war der Ausgleichsgedanke, den Jakob mit dieser dynastischen Verbindung verfolgte, fremd. Die Verhandlungen, die von Seiten der möglichen Braut von dem spanischen Gesandten, dem Grafen von Gondomar Diego Sarmiento de Acuña geleitet wurden, schleppten sich allerdings von Anfang an hin. Das spanische Königshaus knüpfte schwere Bedingungen, wie die katholische Erziehung der Kinder aus dieser Ehe, die Rechtmäßigkeit katholischer Thronerben und die Zulassung der katholischen Religion in Jakobs Königreichen an eine Heirat. Diese Bedingungen blieben unannehmbar für den König. Trotz persönlich gutem Einvernehmen zwischen Jakob und Gondomar, die beide von der politischen Bedeutung einer solchen Verbindung für Frieden und Stabilität in Europa überzeugt waren, zogen sich die Verhandlungen in den folgenden Jahren ergebnislos hin. Jakobs Heiratspläne wurden dann schließlich durch den Ausbruch des Dreißigjährigen Krieges durchkreuzt, in dessen erster Phase sich der König unfreiwillig ins protestantische Lager katapultiert sah, als sein pfälzischer Schwiegersohn sich gegen Jakobs Rat 1619 in Prag zum böhmischen König krönen ließ. Jakob distanzierte sich öffentlich von Friedrichs Politik, gewährte ihm und seiner Tochter dann aber bereits ein Jahr später, als die pfälzischen Ambitionen in der Schlacht am Weißen Berg von der Katholischen Liga zunichte gemacht worden waren, Exil in England. In der englischen Öffentlichkeit wurde das unglückliche Paar bald zu Märtyrern für die protestantische Sache stilisiert, was Jakob schließlich zu einer eher halbherzigen Unterstützungskampagne zur Wiedergewinnung der Pfalz für seinen zu diesem Zeitpunkt auch aus seinen Stammlanden vertriebenen Schwiegersohn motivierte. 1621 berief er ein Parlament zur Vorbereitung einer militärischen Intervention. Als es in den ersten Monaten von Friedrichs Exil so aussah, als würde sein Schwiegervater ein Heeresaufgebot zu seinen Gunsten vorbereiten, verspielte der politisch unkluge Pfälzer allerdings weitere Sympathien bei Jakob, indem er auf der böhmischen Krone beharrte, deren Recht Jakob schon allein aus seinen eigenen staatstheoretischen Überzeugungen anzweifelte. Zudem überrannten die politischen Ereignisse auf dem Kontinent die Pläne des Königs. Längst hatte Kaiser Ferdinand die pfälzischen Stammlande und die Kurwürde seinem wichtigsten Alliierten, Herzog Maximilian von Bayern, versprochen. Und während seine Parlamentarier sich in anti-habsburgischer Rhetorik übten, verhandelte Jakob weiter um die Hand der spanischen Prinzessin Maria für seinen Sohn. Aber auch hier kam er nicht weiter, da die spanische Seite ihrerseits nicht auf die Allianz mit der nun unter katholischer Herrschaft stehenden Pfalz verzichten wollte, um sich dadurch die Nachschubversorgung in einem möglichen neuen Krieg mit den Niederlanden zu sichern. Am Ende des Jahres löste Jakob schließlich abrupt sein Parlament auf, nachdem in einer erregten Sitzung ein Krieg gegen Spanien und die sofortige Beendigung aller Heiratsverhandlungen gefordert worden waren. Über bewaffnete Interventionen auf dem Kontinent, sollten sie überhaupt jemals ernsthaft von Jakob geplant gewesen sein, wurde nicht länger diskutiert. Spätestens zu diesem Zeitpunkt, wenn nicht schon zu Beginn der Verhandlungen, musste es Jakob klar gewesen sein, dass er damit die militärischen und finanziellen Kräfte seines Landes überreizen würde. Er verlegte sich aber weiterhin auf Verhandlungen mit Spanien, um die Rechte seines Schwiegersohns auf die Pfalz zu restituieren und schließlich doch noch eine dynastische Heirat zwischen den Stuarts und den spanischen Habsburgern zu arrangieren. Diesmal war es sein eigener Sohn und prospektiver Ehemann, der die diplomatischen Pläne seines Vaters durchkreuzte. Anfang Mai 1623 reiste der Prinz selbst nur in Begleitung von George Villiers, dem Herzog von Buckingham, und zwei weiteren Getreuen inkognito nach Madrid, um an Ort und Stelle zu einem endgültigen Beschluss in der Heiratsangelegenheit zu kommen. Die Reise nach Spanien, die Jakob nicht gerade unterstützte, aber auch nicht verhinderte, erwies sich allerdings als Debakel. Der Prinz sah sich am spanischen Hof schnell in die Rolle einer königlichen Geisel versetzt, mit dessen Hilfe die spanische Regierung ihren Forderungen nach Religionsfreiheit für ihre Glaubensgenossen auf den britischen Inseln Nachdruck verlieh. Von einer Rückerstattung der besetzten pfälzischen Territorien war weiterhin nicht die Rede, da zwei Jahre zuvor der Krieg mit den Niederlanden wieder aufgeflammt war und Spanien eine Erweiterung des protestantischen Einflussbereiches in diesem Gebiet fürchtete. Zudem war die Restitution der Pfalz eine Reichsangelegenheit, über die Kaiser Ferdinand zu entscheiden hatte. Das spanische Haus Habsburg war weder gewillt noch politisch in der Lage, im Sinne Jakobs auf den Kaiser einzuwirken. Hierin liegt die grundsätzliche Fehleinschätzung Jakobs in Hinblick auf seine Europapolitik. Er hatte kein Verständnis für die innere Dynamik des Reiches und überschätzte den Einfluss der dynastischen Beziehungen des Hauses Habsburg sowohl in seinen eigenen Heiratsplänen als auch in deren Rolle für die aktuelle Politik auf dem Kontinent. Erst nachdem Jakob in England und der festgehaltene Karl am spanischen Hof diese neuerliche, letzte Version eines Heiratsabkommens feierlich beschworen hatten, konnten Karl und seine Begleiter Ende August 1623 die Rückreise nach England antreten, die alles andere als triumphal war. Die Unternehmung hatte das Ansehen des Thronfolger geschädigt. Karl fühlte sich zu Recht blamiert und war nun selbst nicht länger an einer Einheirat in das Haus Habsburg interessiert, das ihn in dieser Form vorgeführt hatte. Dass er selbst diese Blamage verursacht hatte, entging dem Prinzen offensichtlich. Er drängte nun vielmehr auf einen Krieg gegen Spanien und erklärte die Verständigungspolitik seines Vater für gescheitert. Jakob selbst musste einsehen, dass seine spanische Rechnung nicht aufgegangen war, einem Krieg gegen Spanien stimmte er jedoch nicht zu. Anstelle dessen gelang es ihm, für seinen Sohn eine andere, ebenfalls katholische Gattin aus einem europäischen Königshaus zu gewinnen. Auch hier musste Jakob allerdings Versprechungen zugunsten seiner katholischen Untertanen machen. Die Hochzeit von Karl mit Henrietta Maria, der Schwester des französischen Königs Ludwigs XIII. am 23. April 1625, erlebte er aber nicht mehr. Einen Monat zuvor, am 27. März 1625, verstarb der König an einer Krankheit, die vermutlich auf ein Nierenversagen zurückzuführen ist. Er wurde am 7. Mai in der Westminster Abtei in London feierlich begraben. Wenn auch seine Visionen eines friedlichen Europas, das er mit Hilfe dynastischer Verbindungen zu errichten hoffte, letztlich gescheitert sind, so gelang es dem König doch, bis zu seinem Lebensende sogar gegen die öffentliche anti-spanische Meinung das Land aus den Kriegen auf dem Kontinent herauszuhalten. In diesem Sinne hatte sich der König seinen selbstgewählten Titel als *Rex Pacificus* mehr als verdient. Weniger Geschick und weitaus weniger Friedensliebe legte sein Sohn an den Tag, der noch im selben Jahr Krieg gegen Spanien erklärte.

Außereuropäische Politik

Auf der außereuropäischen Bühne sind in der Regierungszeit des ersten Stuartherrschers deutlich neue Impulse für einen englische Expansion zu verzeichnen.[13] Jakob unterstützte koloniale Projekte vor allem in Nordamerika. Mit der Gründung der sogenannten *Charter* Kolonie von Virginia 1606 begann eine neue Phase kolonialer Expansion, die finanziell wie bereits unter Elisabeth durch das Konzept von *joint-stock companies* gesichert werden sollte. Nach dem zunächst gescheiterten Siedlungsprojekt von Walter Raleigh erhielt nun ein Konsortium hauptsächlich Londoner Kaufleute eine königliche Charter zur Besiedlung und ökonomischen Ausbeutung einer nicht genau definierten Region in Nordamerika unter dem Namen Virginia. Die königliche Charter gab der Handelskompanie das Recht, in der zu gründenden Kolonie semistaatliche Aufgaben zu erfüllen, sie erhielt das Recht zur Ausbeutung von Bodenschätzen, konnte eine eigene Verwaltung und Rechtsprechung nach englischen Standards aufbauen und ein Handelsmonopol für Export und Import in ihrem Wirtschaftsraum beanspruchen. Als Gegenleistung sollten zwanzig Prozent aller kolonialen Einnahmen, die man sich vor allem durch Edelmetallfunde erhoffte, an die Krone abfließen. Die Vision eines sagenhaften Eldorado, die bereits hundert Jahre früher die spanischen Konquistadoren zu ihren Raubzügen in Lateinamerika angestachelt hatte, lebte also auch weiter in den Köpfen Europas. 1607 erreichten drei Schiffe mit insgesamt 105 prospektiven Siedlern Nordamerika im Gebiet des heutigen us-amerikanischen Bundesstaates Virginia und gründeten eine Siedlung, die sie zu Ehren des Königs Jamestown nannten. Wie die erste Siedlungskampagne unter Elisabeth endete allerdings auch dieses Unternehmen zunächst in einem Fehlschlag. Angelockt von der Vorstellung schnellen Reichtums fanden sich Kolonisten bereit, die den Ansprüchen der harten kolonialen Realität nicht gewachsen waren. Wie die spanischen Konquistadoren vor ihnen ließen sich vor allem Soldaten und Männer aus dem niederen Adel für das Kolonisationsprojekt begeistern. Interesse und Kenntnisse vom harten Geschäft der Landrodung und des Ackerbaus hatten die wenigsten, und anders als die Spanier vor ihnen konnten die englischen Kolonisten die einheimische Bevölkerung nicht so sehr einschüchtern oder mit Gewalt dezimieren, dass sie ihnen eine ausgebildete Infrastruktur mit bestellten Feldern und Behausungen überließen. Diese Strukturprobleme behinderten in den folgenden Jahren den Siedlungsprozess. Eine weitere Umorganisierung der *Company* durch eine königliche Charter von 1609 übertrug schließlich die Verantwortung für die Kolonie von der Krone auf die Handelsgesellschaft. Diese Entscheidung wurde allerdings auf dem Hintergrund schwerwiegender Auseinandersetzungen mit der indianischen Bevölkerung 1624 wieder revidiert. Virginia wurde zur Kronkolonie. Der wirtschaftliche Durchbruch gelang schließlich mit dem Tabakanbau, der in der zweiten Dekade des 17. Jahrhunderts erstmals zu Profiten im Ansiedlungsexperiment führte und einen Tabakboom in Europa auslöste, den die Pflanzer in der neuen Kolonie nur allzu bereitwillig bedienten. Der wirtschaftliche Charakter der Kolonie wurde damit auf Plantagenökonomie für die Zukunft festgeschrieben. In die letzten Regierungsjahre Jakobs fällt auch der Beginn der sogenannten *Great Puritan Migration*, die sich bis in die 1640er Jahre erstrecken sollte. Betroffen waren sowohl religiös Unzufriedene, wie die radikaleren Puritaner, die von Jakobs Kirchenpolitik enttäuscht waren und durch die Maßnahmen seines Sohnes weiter ins Abseits getrieben wurden, als auch Wirtschaftsmigranten, die sich nun massiv von der einsetzenden Propaganda für Überseeprojekte anstecken ließen. In der Tat nahm die Anzahl der Traktate und Augenzeugenberichte aus der Neuen Welt in den ersten Dekaden des 17. Jahrhunderts einen lebhaften Aufschwung. Reiseberichte wie Robert Johnsons *Nova Britannia* (London 1609) und John Smiths *Generall Historie of Virginia, New England and the Summer-Isles* (London 1624) warben mit sehr geschönten Beschreibungen der Lebensmöglichkeiten in Amerika im Auftrag der Virginia Company um prospektive Siedler. Die Realität sah für die allermeisten Auswanderer allerdings anders aus. Die Lebensbedingungen in den englischen Kolonien in Nordamerika blieben zunächst schlecht. Das Projekt der sogenannten *Pilgrim Fathers*, das in der populären Geschichtsschreibung der USA nach wie vor zu den Gründungsmythen der neuen Nation zählt, ist sicherlich, mehr noch als die späteren neuenglischen Kolonien, das Produkt religiöser Unzufriedenheit mit der Kirchenpolitik Jakobs I. Die ersten Siedler der *Plymouth Plantation,* die 1621 mit der *Mayflower* an der amerikanischen Ostküste anlandeten, waren weniger von den lukrativen Vorstellungen der englischen Propagandaliteratur angelockt. Für sie bot die Reise in die Neue Welt eine echte Alternative zu der Korruption und Mangelhaftigkeit des kirchlichen Establishments in England. Ihnen sollten vor allem in den 1630er Jahren noch viele *Dissenters* folgen.

Karl I. (1625–1649)

Kein englischer Monarch ist von der Geschichte so einhellig mit dem Verdikt des politischen Versagens belegt worden wie Karl I. Die Schuld am Zusammenbruch des politischen Systems und an den Bürgerkriegen in den drei Stuartkönigreichen in den 1640er Jahren wurde und wird in der Geschichtsschreibung eindeutig dem Monarchen und seinen Charakterschwächen zugeschrieben. Dieses Bild, das von so wichtigen Historikern wie Samuel Gardiner bereits vor mehr als hundert Jahren entworfen worden ist, hat sich bislang kaum verändert.[14] Zwar haben die marxistischen oder marxistisch inspirierten Studien von Wissenschaftlern wie Christopher Hill und Lawrence Stone versucht, Gardiners viktorianische Sichtweise auf die Individuen als den treibenden Kräften der Geschichte durch sozio-ökonomische Interpretationen zu ersetzen, dennoch musste selbst Lawrence Stone eingestehen, dass der König für den Bruch des Regierungskonsensus zumindest mitverantwortlich war.[15] Die „revisionistische" Geschichtsschreibung hat an diesem Urteil ebenso wenig geändert, wenn nun auch die unmittelbaren politischen Umstände das Versagen des Königs stärker in einen tagespolitischen, und nicht in einen ideologischen Rahmen einbetten.[16] Mit dieser Interpretation der Auseinandersetzungen zwischen König und Unterhaus geht gleichzeitig eine Neubewertung von Karls Gegenspielern im Parlament einher, die nun nicht länger zu Märtyrern für politische Freiheiten stilisiert werden, sondern zu Politikern mit einem ausgeprägten Sinn für die eigenen Interessen „schrumpfen".[17] Den vehementesten Versuch zur Rehabilitierung Karls hat sicherlich Kevin Sharpe unternommen. Er konzentriert sich allerdings nicht auf die parlamentarischen Krisen, sondern auf die parlamentslose Zeit des persönlichen Regiments des Königs, die insgesamt gut funktionierte.[18] Zu einem ähnlichen Ergebnis kommt auch Ronald Asch, der überzeugend aufgezeigt hat, dass der Hof Karls I. als Instrument der

Integration der politischen Führungseliten während der 1630er Jahre durchaus funktionsfähig war.[19] Über Karls Rolle im Bürgerkrieg sind sich die meisten Historiker dann aber wieder einig in ihrer Verurteilung von Karls undiplomatischem und überhastetem Verhalten in den Konfliktherden in allen drei Stuartmonarchien.[20]

Noch am Todestag seines Vaters, dem 27. März 1625, wurde sein Sohn Karl zum König ausgerufen. Die offiziellen Krönungsfeierlichkeiten erfolgten allerdings erst am 2. Februar 1626. Diese Diskrepanz macht deutlich, wie gefestigt die Stuartmonarchie beim Regierungsantritt des damals 25-jährigen Thronerben war, der seit dem Tod seines älteren Bruders Heinrich 1612 auf das höchste Staatsamt vorbereitet worden war. Offensichtlich führten diese Vorbereitungen allerdings nicht zur Beherrschung von Menschenführung, Diplomatie und politischem Feingefühl, denn die Schuld am Versagen der Stuartmonarchie muss in der Tat zu einem großen Teil Karls Regierungsstil zugeschrieben werden. Damit zusammenhängen mag auch die Persönlichkeitsstruktur des Monarchen, der seine ersten Kindheitsjahre abgeschieden von der königlichen Familie in Schottland verbrachte, allgemein als zurückgeblieben galt, erst mit drei Jahren anfing zu sprechen und nur mit eisernen Gehhilfen laufen lernte. Der Junge bewunderte seinen Bruder, in dessen Schatten er bis zu Heinrichs Tod – und persönlich vielleicht noch weit darüber hinaus – stand. Er liebte und verehrte seine Schwester und litt unter der Trennung von Elisabeth, die nach der Heirat mit Friedrich von der Pfalz auf den Kontinent umzog. Wie sein Bruder war Karl von der Hofhaltung seines Vaters, mit dem ihn persönlich wenig verband, befremdet. Sein Hof als Prinz von Wales und schließlich als König von Großbritannien war geprägt von Ordnungssinn und ritualisierten Herrschaftsdemonstrationen. Trotz seiner erniedrigenden Erfahrungen während der spanischen Brautschau war Karl tief beeindruckt vom spanischen Hofzeremoniell, dessen Formalismen er für seinen eigenen Hof übernahm. Die Nähe zur Elite des Landes und die Offenheit für politischen Diskurs, die den Hof Jakobs – neben allen Ausschweifungen – ausgezeichnet hatten, verschwanden in Karls Regierungsstil. Obwohl auch er eine gute Ausbildung erfahren hatte, gehörte der intellektuelle Schlagabtausch, den sein Vater so geliebt hatte, nicht zu den Führungsqualitäten seines Sohnes. Vielleicht auch wegen eines Sprachfehlers blieb der Monarch eher zu verschwiegen und verpasste somit Möglichkeiten, sich und seinen Herrschaftsstil der politischen Elite zu erklären. Mit dem neuen formalistischen Hof verschwanden allerdings auch die Günstlinge und Favoriten aus dem Umkreis des Königs. Einzig Buckingham überdauerte den Regierungswechsel und blieb bis zu seiner Ermordung 1628 der engste Vertraute und beste Freund des Königs. Wo Jakob es verstanden hatte, die politischen Fraktionen zu versöhnen oder doch zumindest über den Machtkämpfen der adeligen Eliten zu stehen, bezog Karl deutlich Stellung: für George Villiers und seine Familie und, nach dessen Tod, für seine Frau, Königin Henrietta Maria und deren (katholische) Anhängerschaft. Vor allem nach 1628 war das Verhältnis zwischen Karl und seiner französischen Gattin ausgesprochen harmonisch. Es scheint, dass der König von seiner Frau Rat und Unterstützung erhielt und sich ihr weitaus stärker öffnete als seinen politischen Beratern am Hof und im *Privy Council*. Von den insgesamt sieben Kindern des Paares überlebten vier die frühe Kindheit. Wie schon sein Vater betätigte sich Karl als Kunstmäzen. Er zog ausländische Maler wie Peter Paul Rubens und Anton van Dyck an den Hof. Beide setzten die königlichen Vorstellungen der Monarchie in meisterhafter und unzweideutiger Weise um: van Dycks berühmtes Reiterportrait des Königs spielte unmissverständlich auf Tizians Bildnis des großen Universalherrschers Kaiser Karl V. an. Zitate aus der katholischen Ikonographie fanden Eingang in die königlichen Familienportraits und wurden von den Zeitgenossen auch als solche erkannt. Mehr noch als sein Vater liebte Karl die höfischen Maskenspiele, die in der Regel in der Apotheose des Monarchen kulminierten und in ihrer raffinierten Form nicht geeignet waren, eine künstlerische Brücke zwischen Hof und breiterer englischer Gesellschaft zu schlagen. Der persönliche Regierungsstil des Königs, der der Elite am Hof wenig Aufstiegsmöglichkeiten einräumte und schließlich auch die zweite politische Bühne des Landes, das Parlament, aus dem Regierungsprozess auszuschalten versuchte, verschaffte Karl wenig Freunde innerhalb der politischen Nation in seinen drei Königreichen. Seine Vorstellungen von königlicher Herrschaft beunruhigten die Mächtigen des Landes, weil sie allzu sehr an die zeitgleichen absolutistischen Tendenzen auf dem Kontinent erinnerten. Seine Außenpolitik deutete auf eine für viele Engländer bedrohlich erscheinende Allianz mit den katholischen Kräften Europas. Die politischen Ereignisse, in die die britischen Inseln dann von 1630 bis zur Hinrichtung des Königs 1649 hineinsteuerten, müssen zum großen Teil auf die wachsende Entfremdung zwischen dem König und seinen Untertanen zurückgeführt werden. Von einer unüberwindlichen Strukturkrise war die Stuartmonarchie zu Beginn der Herrschaft ihres wohl unfähigsten Vertreters jedenfalls weit entfernt.

Karls Außenpolitik

Bereits Karls Regierungsantritt stand unter einem unglücklichen Stern. Mit dem Tod seines Vaters brach die letzte Barriere gegen einen Krieg mit Spanien, auf den Karl und Buckingham seit ihrer missglückten Brautfahrt 1623 zugearbeitet hatten. Die finanzielle Unterstützung durch das Parlament fiel dann allerdings geringer aus als der König gehofft hatte. Die Zolleinnahmen (*Tonnage and Poundage*), die dem König früher jeweils auf Lebenszeit zugestanden worden waren, wurden Karl vom Unterhaus nur für ein Jahr bewilligt. Im Gegenzug zu diesem Affront löste der König das gerade erst einberufene Parlament prompt wieder auf, ohne auf die notwendige Steuerzustimmung des Oberhauses zu warten. Bereits ein Jahr später musste er die Parlamentarier allerdings erneut zwecks Finanzierung seines Krieges zusammenrufen. Auch dieses Mal erhielt Karl nicht die erhoffte Unterstützung, sondern sah seinen engsten Freund und Berater George Villiers im Kreuzfeuer der Parlamentarier. Im Oktober 1625 hatte der König eine schlecht ausgerüstete Flotte mit wenig kriegserfahrenem Personal gegen Spanien geschickt. Ein Teil der Schiffe ging bereits unterwegs wegen Seeuntauglichkeit verloren, ein weiterer Teil fiel den fehlgeschlagenen Manövern der Admiralität zum Opfer. Aufgrund des missglückten englischen Überfalls auf die spanische Seefestung Cádiz noch im Oktober desselben Jahres und auf die spanische Silberflotte aus Lateinamerika, die Buckingham zwar nicht selbst führte, aber als Lord Admiral zu verantworten hatte, forderte das Unterhaus ein Hochverratsverfahren gegen den glücklosen Favoriten, das Karl durch die unmittelbare Auflösung des Parlaments verhinderte. Der König und sein Berater trieben die englische Außenpolitik allerdings noch weiter in Schwierigkeiten: 1627 wurde auch Frankreich nach einer Reihe von Demütigungen der Krieg erklärt. Offiziell ging es hierbei um die Unterstützung der Hugenotten in La Rochelle, inoffiziell spielten aber auch sicherlich die Animositäten zwischen Buckingham und Richelieu, der den Engländer auf der diplomatischen Bühne mehr als einmal ausmanövriert hatte, eine wichtige Rolle für den Kriegseintritt. Auch hier versagte Buckingham als militärischer Führer. Sein Versuch, die

Belagerung von La Rochelle zu brechen, endete im Sommer 1627 in einem blutigen Fiasko. Großbritannien zeigte sich dem Zweifrontenkrieg nicht gewachsen. Der Krieg gegen Frankreich war unpopulär und kostspielig. Gleichzeitig war Karl zudem finanzielle Verpflichtungen in Höhe von 30 000 Pfund monatlich für seinen Onkel, den Dänenkönig Christian IV., eingegangen, um der nach wie vor von den Stuarts geforderten Restitution Friedrichs von der Pfalz auf den Schlachtfeldern des Dreißigjährigen Krieges weiteren Nachdruck zu verleihen. Zusätzliche 20 000 Pfund sollten dem Söldnerführer Graf Ernst von Mansfeld zur Verfügung gestellt werden. Damit hatte der König sich und seinen Finanzhaushalt erheblich übernommen. Es verwundert deshalb nicht, dass Karl nach der Ermordung seines Günstlings Buckingham durch einen Attentäter in Plymouth im August 1628 sofort Verhandlungen mit den Kriegsgegnern begann. 1629 wurde ein Friedensvertrag mit Frankreich geschlossen. Ein Jahr später folgte der anglo-spanische Vertrag von Madrid. Obwohl Spanien bereit war, für militärische Hilfe gegen die Niederländer die Pfälzer Sache im Reich zu unterstützen, verspielte Karl diese Möglichkeit. Für die spanische Politik wirkte sich der Vertrag von Madrid allerdings positiv aus. Karl erlaubte spanischen Schiffen einschließlich der Silberflotten zur Finanzierung der Armee von Flandern, in englischen Häfen ungehindert vor Anker zu gehen. Den Spaniern wurden Handelsvorteile und Steuererleichterungen eingeräumt. Von der alten Allianz mit den protestantischen Glaubensgenossen in den Niederlanden war nichts mehr übrig geblieben. Die politische Elite in England nahm diesen Kurswechsel zugunsten der katholischen Großmacht in Europa mit gemischten Gefühlen auf. Einerseits erkannte man in den Niederlanden den neuen wirtschaftlichen Rivalen, dessen Stärkung zu verhindern war, andererseits schürte ein Bündnis mit den katholischen Spaniern die Angst vor einer katholikenfreundlichen Politik im eigenen Land. Ökonomisch profitierte das Land allerdings von der englischen Neutralität vor allem zugunsten der Textilexporte.

Auch in den folgenden Jahren hielt sich Karl von außenpolitischen Manövern fern. Sein 1629 gefasster Entschluss, ohne Parlament zu regieren, beraubte ihn der Möglichkeit, größere Geldsummen für die Finanzierung militärischer Unternehmungen aufzubringen. Der Tod Ernst von Mansfelds 1626 und der Rückzug Christians IV. nach dem erzwungenen Frieden von Lübeck 1629 beendeten Karls Investitionen in den Krieg auf dem Kontinent.

Parlamentspolitik 1625–1629

Karls Verhältnis zu seinem Parlament war von Anfang an getrübt. In den vier Jahren von 1625 bis zum Beginn der Periode der in der neueren Forschung als „persönliches Regiment" bezeichneten Regierung ab 1629 berief der König insgesamt vier Parlamente. Keines hat ihm allerdings ausreichende Gelder zur Finanzierung seiner Kriege bewilligt. Missverständnisse entwickelten sich zunächst ganz konkret aus den unterschiedlichen Vorstellungen über die Kriegsführung gegen Spanien. Das erste Parlament tagte in zwei Sitzungsperioden in Westminster vom 18. Juni bis 11. Juli und, aufgrund von Pestwarnungen, in Oxford vom 1. bis 12. August 1625. Während viele Parlamentarier und besonders die Mitglieder der Londoner Handelselite an einen Seekrieg im Stil des späten 16. Jahrhunderts dachten und sich durch Kaperfahrten gegen die spanische Flotte reiche Beute versprachen, lag das Hauptziel Karls – neben der eigenen Ehrenrettung gegen die auf seiner spanischen Brautfahrt erlittene Demütigung – in der Restitution seines Schwagers in der Pfalz, die zweifellos einen größeren Kostenaufwand erforderte als der von einigen Abgeordneten projektierte Kaperkrieg. Zudem nahmen die Parlamentarier keine Rücksicht auf die bislang übliche Konvention, einen neuen Regenten in seinem ersten Parlament besonders großzügig auszustatten, um damit die Umkosten der Beerdigung des Vorgängers (oder der Vorgängerin) und der Thronfeierlichkeiten zu decken. Die Außenpolitik des Königs wurde darüber hinaus als Religionspolitik interpretiert, von der die Parlamentarier Rückwirkungen auf die englische Kirchenpolitik befürchteten. Karls persönliche Präferenz für den Arminianismus, eine protestantische Glaubensrichtung, die die strenge calvinistische Prädestinationslehre ablehnte und in liturgischen Formen dem Katholizismus näher stand, wurde mit Besorgnis zur Kenntnis genommen und mit seiner pro-katholischen Außenpolitik in Zusammenhang gebracht. Gerüchte über eine „papistisch" gesteuerte Gegenreformation in England machten die Runde. Schließlich zeigte sich Karl auch im Umgang mit seinen *Privy Councillors* und den Parlamentsabgeordneten als wenig diplomatisch. Anstelle auf die Machtbalance der unterschiedlichen Fraktionen Rücksicht zu nehmen, sah er in beiden Gremien lediglich die ausführenden Organe seiner Politik und nicht mehr. Auf diesem Hintergrund gerieten viele der Auseinandersetzungen zwischen Krone und Parlament dann zur Grundsatzdebatte über die Rechte des Königs und seiner Untertanen.

Das Parlament von 1626 wurde abrupt aufgelöst, nachdem das Unterhaus die dringend für den Krieg benötigten Steuerbewilligungen zugunsten einer Debatte um ein Hochverratsverfahren gegen Buckingham hinauszögerte. Ohne Steuern sah sich Karl gezwungen, auf andere Mittel zur Finanzierung seines Militärs zurück zu greifen. Mit der Niederlage Christians IV. gegen Tilly in der Schlacht bei Lutter am 11. September 1626 erlitten Karls europäische Interessen zudem einen schweren Rückschlag. Eine stärkere Unterstützung des Dänenkönigs schien dringend geboten. Auf diesem Hintergrund setzte Karl nun außerordentliche Mittel ein. Die sogenannten *Forced Loans*, Zwangsanleihen in Höhe von fünf regulären Subsidien, avancierten schnell zum Loyalitätsbeweis für den König. Die Anleihen kamen allerdings nur schleppend in Gang. Gleichzeitig sah sich die englische Bevölkerung mit Zwangseinquartierungen konfrontiert und hatte mit Kost und Logis für Karls Soldaten, von denen nicht wenige aus den Gefängnissen des Landes rekrutiert wurden, für die außenpolitischen Eskapaden ihres Königs zu bezahlen. Diese Verfahren schürten weitere Unzufriedenheit in der politischen Elite des Landes und verstärkten den Eindruck, Karl übernehme immer mehr absolutistische Tendenzen.[21] Einen Höhepunkt in dieser Auseinandersetzung stellte zweifellos die 1628 von Parlamentariern dem König vorgelegte *Petition of Right* dar, die von Verfassungshistorikern in der älteren Forschung als ein Meilenstein in der Geschichte des Fortschritts der englischen Freiheit interpretiert wurde.[22] Ausgangspunkt der Petition waren Bedenken der *Commons* gegen die Inhaftierung von fünf Kleinadeligen durch den königlichen Gerichtshof, die seit November 1627 ohne förmliche Anklage festgehalten wurden. In der Regel hatten Petitionen in der englischen Verfassungspraxis keine Gesetzeskraft. Die *Petition of Right* wurde von beiden Häusern allerdings wie eine Gesetzesvorlage diskutiert, das heißt, sie wurde im Ober- und im Unterhaus jeweils drei Lesungen unterworfen – ein Verfahren, das normalerweise nur bei Gesetzentwürfen angewandt wurde. Damit machten die Parlamentarier die Wichtigkeit des Dokumentes unmissverständlich deutlich. Die Petition enthielt einen Klagenkatalog des Missbrauchs königlicher Macht. Karl habe seinen *Privy Council* als Gerichtshof und seine Friedensrichter als Exekutive seiner königlichen Macht eingesetzt, um Zwangsanleihen zu erheben. Die durch die *Magna Charta* von 1215 garantierten englischen Rechte seien ignoriert worden. Der König wurde aufgefordert, künftig keine Steuern ohne Zustimmung des Parlaments zu erheben, keine Soldaten mehr bei Privatleuten einzuquartieren, im Land das Kriegsrecht nicht mehr anzuwenden und niemanden ohne Rechtsgrundlage zu verhaften. Diese Forderungen ergaben sich, so wurde argumentiert, aus dem englischen Gewohnheitsrecht, und stellten somit für die Befürworter keine Neuerungen, sondern eine Manifestation bereits bestehender Konventionen dar, denen sich der König beugen sollte. Indem man Karl dazu aufforderte, auf die Notstandsgesetze zu verzichten, auf die er sich in den letzten Jahren mehr und mehr berufen hatte, wurde gleichzeitig die Bindung der Regierung an den Konsens der Regierten, in Form des Parlaments, schriftlich eingefordert. Karl, der das Parlament wiederum zur Finanzierung seiner militärischen Unternehmungen in Europa zusammengerufen hatte, unterzeichnete das Dokument und erhielt im Gegenzug die erhofften Finanzmittel. Der König sah sich allerdings weniger an den Wortlaut der Petition gebunden als es die Parlamentarier erwarteten. Im Abschlussbericht der Parlamentssession ersetzte er seine ursprüngliche Antwort durch eine neue Version, die sein alleiniges Recht in außenpolitischen Angelegenheiten und das Einziehen von Sondersteuern bestätigte. In seiner politischen Vorstellung blieb er weiterhin von seinem *Divine Right* als König überzeugt.[23] Nach dieser Ansicht bestand für das Parlament eine unbedingte Gehorsamspflicht gegenüber dem nur Gott verantwortlichen Monarchen. Das Missverhältnis dieser Vorstellungen zu dem politischen Empfinden der Parlamentarier kam bereits in den folgenden Monaten zum Ausdruck und kulminierte in Karls Entscheidung, von nun an ohne Parlament regieren zu wollen, es sei denn, beide Häuser würden künftig auf jede Form der Opposition oder Obstruktion verzichten. Das Parlament von 1629, das Karl einberufen hatte, um seine Sondersteuern nun endlich dauerhaft einziehen zu können, endete in einem Debakel. Königliche Steuereinnehmer hatten Waren und Besitz konfisziert, wo Steuern schuldig geblieben waren. Dieses Verfahren wurde von den Parlamentariern als Rechtsbruch angeklagt. In der Unterhaussitzung vom 2. März 1629 versuchte eine Gruppe von Abgeordneten um John Eliot, der bereits zu einem früheren Zeitpunkt mit den politischen Vorstellungen des Königs kollidiert war, den Sprecher des Hauses auf seinem Sitz festzuhalten, um so die drohende Auflösung des Parlaments zu verhindern und drei Resolutionen über außerordentliche Steuern zu diskutieren. Damit hatte das Parlament aus der Sicht des Königs den rechtlichen Bogen entschieden überspannt. Karl ließ die Anführer verhaften und berief für die nächsten elf Jahre kein Parlament mehr ein.

Das persönliche Regiment des Königs

Dass sich Karl damit allerdings auch finanziell einschränken musste, war dem Monarchen klar. Seine außenpolitischen Friedensschlüsse waren nicht zuletzt eine Folge des akuten Geldmangels, mit dem er ohne die durch das Parlament zu bewilligenden Steuern konfrontiert war. Immerhin gelang es dem König, mit den Sondereinnahmen aus *Tonnage and Poundage* sowie dem sogenannten *Ship Money* seinen Hof und seine Regierung in den folgenden Jahren zu finanzieren. Nach 1629 war die Opposition gegen die Sondersteuern erledigt. Mit der Einziehung des *Ship Money* verfuhr Karl ähnlich wie mit seinen anderen Sondersteuern. Seit 1634 ließ er von den *Counties* an der Küste Gelder zur Verbesserung seiner Flotte und zum Ausbau der Festungsanlagen einziehen. Diese Steuer beruhte auf einer mittelalterlichen Tradition. Neu war nun allerdings, dass der König ab 1635 auch die im Inland gelegenen *Counties* mit der Schiffssteuer belegte. Im Angesicht der peinlichen Niederlagen, die die britische Marine in den vorangegangenen Jahren erlitten hatte und auf dem Hintergrund von ständigen Pirateriakten europäischer und nordafrikanischer Freibeuter sahen viele Untertanen die Notwendigkeit einer Besteuerung ein. Wieder waren es allerdings mehr die undiplomatischen Methoden der Steuereintreibung, die die so Besteuerten gegen den König einnahmen. Dennoch konnten von den damit beauftragten *Sheriffs* zwischen 1634 und 1638 etwa neunzig Prozent der geforderten Steuersumme eingetrieben werden. Wirtschaftlich profitierte das Land von der englischen Neutralität in den Kriegen in Europa. Trotz dieser Erfolge haben Historiker Karls persönliches Regiment als eine Periode kritisiert, in der der König mehr und mehr den Kontakt mit seinen Untertanen und deren Belangen verlor.[24] Seine Reformen im Bereich von Verwaltung und Kirche wurden in weiten Kreisen der Gesellschaft mit Befremden aufgenommen und verstärkten den Verdacht absolutistischer Tendenzen. Das *Book of Orders*, das Karl 1631 zur Straffung und Übersicht der Lokalverwaltung erließ, erschien vielen als zentralistische Zwangsjacke im Umgang mit lokalen und regionalen Problemen. Die darin von den Friedensrichtern in regelmäßigen Abständen von der Krone eingeforderten Arbeitsberichte versickerten in der königlichen Verwaltungsmaschinerie oder wurden nie geschrieben. Sie führten jedoch zu einer wachsenden Abneigung gegen den König und sein Regiment. Beunruhigender war für viele Zeitgenossen allerdings Karls Kirchenpolitik, die durch die Ernennung des Arminianers William Laud von seinem Bischofsamt in London zum Erzbischof von Canterbury 1633 einen Reformschub erlebte. Laud setzte sich vehement und zunächst erfolgreich für eine Stärkung des Klerus auch in der politischen Landschaft Englands ein. Er ermutigte die Kleriker, sich als Friedensrichter zur Verfügung zu stellen und stärkte die Rolle der kirchlichen Gerichte auf lokaler und regionaler Ebene. Unter seiner Federführung erhielt erstmals seit Kardinal Wolseys Zeiten ein Geistlicher wieder ein hohes Regierungsamt: William Juxon, der Bischof von London, wurde *Lord Treasurer*. Laud selbst war Mitglied des *Privy Council* und des Gerichtshofs der *Star Chamber*. Die von Laud eingeführten und von Karl unterstützten Maßnahmen zielten auf die Renovierung von Kirchengebäuden, die Ausbildung des Klerus und die Vereinheitlichung von Lehre und Ritus. Einige dieser Maßnahmen deuteten allerdings auf eine Rückkehr zu spirituellen Formen, die viele Zeitgenossen als mit der Reformation abgeschafft betrachteten. Dazu gehörte die nun eingeforderte Ausrichtung des Kommunionstisches nach Osten und die Kniebeuge vor dem Altar, die eindeutig aus dem Repertoire der katholischen Kirche stammten und den Verdacht einer von der Krone intendierten Gegenreformation in England schürten. Henrietta Maria und ihre Gefolgschaft förderten diese Befürchtung mit ostentativ zur Schau gestellten Messfeiern in der eigens für die Königin eingerichteten Kapelle in ihrer Residenz *Somerset House*. Mehrfach wurden Botschafter des Papstes empfangen. Dass es nicht bereits zu diesem Zeitpunkt zu schärferen Auseinandersetzungen um die königliche Kirchenpolitik kam, lag sicherlich auch daran, dass für viele Unzufriedene die Auswanderung nach Nordamerika zu einer echten Alternative wurden. Die sogenannte *Great Puritan Migration* der 1630er Jahre zog die religiös Unzufriedenen an, die sich von einer Auswanderung in die Neue Welt die Möglichkeit erhofften, ihre eigenen Vorstellungen eines gottgewollten Lebensentwurfes zu verwirklichen. Die *Plymouth Company* und vor allem die *Massachusetts Bay Company* unter ihrem charismatischen Führer John Winthrop organisierten die Auswanderung von mehreren tausend englischen Emigranten, die unter einem an puritanischen Ordnungsvorstellungen orientierten Gesellschaftsvertrag mit moderatem, aber kontinuierlichem Erfolg Siedlungsprojekte in Neuengland in Angriff nahmen. Nicht alle Auswanderungswilligen waren religiös motiviert, aber auch die Wirtschaftsmigranten der ersten Jahre mussten sich zunächst den puritanischen Regeln des Zusammenlebens in der Neuen Welt beugen.[25] Ein ähnliches

Refugium für katholische Exulanten entwickelte sich ab 1632 in der Eigentümerkolonie Maryland des katholischen Politikers und Landadeligen Cecil Calvert, Lord Baltimore.

Irland – Interessengegensätze zwischen Katholiken und Protestanten

Zu Recht haben Historiker vor allem seit den 1990er Jahren darauf hingewiesen, dass der Bürgerkrieg des 17. Jahrhunderts zunächst an den Peripherien des britischen Königreichs ausgebrochen ist und auf die Unvereinbarkeit der Einheitsvorstellungen des Monarchen mit den Partikularinteressen in seinen Königreichen Irland und Schottland zurückgeführt werden muss.[26] Der Aufstand von 1641 in Ulster schürte sicherlich die Bürgerkriegsstimmung in allen drei Königreichen und war seinerseits von den vorangegangenen Ereignissen in Schottland inspiriert. Seit 1633 regierte in Dublin Sir Thomas Wentworth als *Lord Deputy*. Wentworth, der als Parlamentsabgeordneter in den 1620er Jahren heftig gegen die Politik des Duke of Buckingham protestiert hatte und als einer der Architekten der *Petition of Right* galt, hatte seine oppositionelle Haltung aufgegeben, nachdem ihn der König mit der Vergabe wichtiger Ämter in die Regierungsverantwortung gezogen hatte. Wentworth hatte zunächst ab 1628 den *Council of the North* geleitet und avancierte nun zum konsequentesten Vollstrecker von Karls Politik in seinem irischen Königreich. Ziel dieser Politik war die weitere Ausschaltung von Partikulargewalten einschließlich des Parlaments zugunsten königlicher Macht. Zu deren Durchsetzung konzentrierte sich Wentworth besonders auf drei Politikfelder: Handel und Wirtschaft, Heerwesen und Kirche. Ausgehend von der Strategie, die königlichen Verwaltungskosten in Irland durch Einnahmen auf der Insel selbst zu finanzieren, forcierte er den Ausbau des Handels und der Industrie im Lande, namentlich die Leinenherstellung und den Bergbau in Ulster. Mit dem Versprechen, effizienter zu wirtschaften und damit mehr Steuern für die Krone einnehmen zu können, übernahmen Wentworth und seine Klientel die meisten der Handels- und Wirtschaftsmonopole im Land. Trotz einiger Rückschläge erwies sich seine Strategie als ausgesprochen erfolgreich. Im Bereich des Heerwesens war es Wentworth vor allem daran gelegen, dem König ein jederzeit einsetzbares, nur ihm verantwortliches und ohne parlamentarische Hilfe finanzierbares Heer zur Verfügung zu stellen. Dieses Ziel konnte er verwirklichen. Seine *New Army* und deren Einsatz gegen die Schotten im sogenannten *Second Bishop's War* im März 1640 sollten den mittlerweile zum Earl of Strafford Ernannten dann allerdings 1641 das Leben kosten. Im Bereich der Kirchenpolitik steuerte Wentworth auf eine Stärkung der *Church of Ireland* und deren Angleichung an die Anglikanische Kirche in England. Vorbei an James Ussher, dem Erzbischof von Armagh und Oberhaupt der irischen protestantischen Kirche, ernannte Wentworth den Engländer John Bramhall zum Bischof von Derry, der von nun an die Reformen der protestantischen Kirche durchführen sollte. Priester und Bischöfe wurden mit Landbesitz ausgestattet, um ihnen einen respektable Lebensgrundlage zu verschaffen. Unebenheiten in der Landverteilung und Patronagepolitik einzelner Bischöfe, die unbeachtet Kirchenland an ihre Familie und ihre Klientel vergeben hatten, wurden scharf attackiert, die Kirchengerichte gestärkt. Größere Schwierigkeiten stellten sich allerdings in der Vereinheitlichung der irischen Kirche mit dem englischen Zentrum ein. Während der irische Protestantismus bislang in der katholischen Kirche seinen Hauptgegner gesehen hatte, reproduzierten sich hier nun die Schwierigkeiten, auf die Karl mit seiner Kirchenpolitik in Schottland stieß. Die schottischen Einwanderer nach Ulster, die unter Jakob I. angeworben worden waren, fanden sich mit der schottischen Kirche presbyterianischer Prägung sehr viel enger verbunden als mit dem englischen Kirchenmodell. Auf dem Hintergrund der anglo-schottischen Auseinandersetzungen, die 1639 im bewaffneten Konflikt enden sollten, forderte Wentworth von den irischen Protestanten eine eindeutige Stellungnahme zur englischen und gegen die schottische Kirche, die im sogenannten „Schwarzen Eid" beschworen werden sollte. Wentworth verstand den Eid gleichzeitig als eine Loyalitätsbezeugung für den König. Ein Teil der protestantischen Bevölkerung beugte sich dieser Maßnahme, andere verweigerten sie, gaben ihre Ämter auf und schlossen sich den bereits unter Jakob Vertriebenen an. Für die Katholiken des Landes und die gälische Bevölkerung war das Wentworth-Regiment eine Zeit relativer Ruhe. Feinde machten sich der *Lord Deputy* und seine Beamten vielmehr in der anglo-irischen Bevölkerung und bei den Einwanderern der letzten Jahrzehnte. Dennoch galt die Regierungszeit Wentworths, der das Land 1640 auf königlichen Befehl in Richtung London verlies, um dort – vergebens – für die Sache des Königs einzutreten als ausgesprochen erfolgreich. Nach seinem Weggang brachen die alten Interessensgegensätze zwischen

Katholiken und Protestanten, Neusiedlern und Altengländern erneut aus und kulminierten schließlich im blutigen Aufstand von 1641, der Schlüsselwirkung für den Bürgerkrieg in den drei Stuartkönigreichen haben sollte.

Karls problematisches Verhältnis zu Schottland

Der Konsens zwischen Regierenden und Regierten brach allerdings zunächst in Karls Heimat Schottland zusammen. Bereits bei seinem Regierungsantritt hatte Karl im Norden für Befremden gesorgt. Auf dem Hintergrund der zahlreichen Regentschaftsregierungen in Schottland stand dem schottischen König zu Beginn seiner Herrschaft das Recht zu, die Landvergaben seines Vorgängers rückgängig zu machen. Dieses Recht konnte nur bis zum 25. Lebensjahr des neuen Monarchen eingefordert werden und verlangte also in Karls Fall schnelles und, wie sich herausstellen sollte, überhastetes Handeln. Der junge König machte von dieser Tradition extensiv Gebrauch und erweiterte sie über den üblichen Zeitrahmen bis auf die schottische Reformation von 1567. Obwohl Karls Programm am passiven Widerstand der Betroffenen scheiterte und letzten Endes wenig Landbesitz in die Hände der Monarchie zurückfiel, waren die Beziehungen zwischen dem König und der schottischen Elite damit von Anfang an vergiftet. Dass Karl sich dann acht Jahre Zeit ließ, um sich seinem zweiten Königreich persönlich zu präsentieren, trug nicht zur Verbesserung des Verhältnisses zu seinen nördlichen Untertanen bei. Die Krönung zum König von Schottland erfolgte bei Karls erstem kurzen offiziellen Besuch 1633. Sie folgte nicht nach dem traditionellen schottischen Zeremoniell, sondern vermischte schottische und englische Verfahren. Karl schwor den englischen anstelle des schottischen Krönungseides. Die Zeremonie fand auch nicht an einem der schottischen Krönungsorte Scone und Stirling, sondern in *Holyrood Palace* in Edinburgh statt. Im Verlauf seines persönlichen Regiments gelang es dem König dann, sich auch mit der zweiten Säule der schottischen Gesellschaft, dem Klerus zu verfeinden. Die Krönungsfeierlichkeiten, bei denen Karl ikonographische Versatzstücke benutzte, die den schottischen Presbyterianern als „papistisch" erscheinen mussten, wie etwa ein Altartuch mit aufgewebtem goldenem Kruzifix, hatten bereits das Misstrauen gegenüber königlichen Reformversuchen in der Kirche geschürt, waren aber nur der Anfang eines umfangreichen Programms, das der König 1636 der *Kirk* dann im sogenannten *Book of Canons* und ein Jahr später in einem *Scottish Prayer Book* vorlegte. Geplant war hier eine nach englischem Muster erfolgende Stärkung der Bischofskirche, die sich symbolisch wiederum bereits bei Karls Krönungsfeierlichkeiten andeutete, bei denen William Laud, als gerade neu ernanntes geistliches Oberhaupt der englischen Kirche eine entscheidende Rolle gespielt hatte. Analog zur Kirchenpolitik in England wurde mit John Spottiswoode, dem Erzbischof von St. Andrews, ein Mitglied des Klerus zum *Lord Chancellor of Scotland*, dem höchsten zivilen Amt in Schottland ernannt. Vor allem das *Prayer Book* stieß auf massiven Protest. Die Darstellungen von Engeln, die das Buch enthielt, waren unvereinbar mit den religiösen Vorstellungen einer ausgeprägt ikonophobischen Gesellschaft. Ebenso wenig akzeptabel war die Auflage an die Prediger, die Eucharistie am Altar mit dem Rücken zur Gemeinde zu feiern. Darüber hinaus fühlte sich die schottische Elite durch das Einführungsverfahren brüskiert, da Karl die schottischen politischen und religiösen Organe vollkommen übergangen und das *Prayer Book* per königlicher Proklamation von Whitehall aus angeordnet hatte. Der passive Widerstand in allen Teilen der schottischen Gesellschaft führte schließlich zu einer Protestbewegung, dessen Vertreter im Januar 1638 in Edinburgh den sogenannten *National Covenant* aufsetzten und unter feierlichem Eid erklärten, keiner königlichen Anforderung mehr nachzukommen, die im Gegensatz zum Gebot Gottes und der Tradition der schottischen Reformation stand. Die führenden Adeligen, Geistlichen und Bürger des Landes unterzeichneten das Dokument, das kopiert und an andere Orte verschickt wurde, wo sich weitere *Covenanters* dem Eid verpflichteten. In der Hauptstadt wurde eine Art provisorischer Regierung, *The Tables*, zusammengestellt, die zwar keinen legalen Status besaß, aber bald mit der Rekrutierung einer Armee gegen den König begann. Karl begegnete dieser Opposition mit Härte und sah darin einen Angriff auf seine königliche Autorität, die er keinesfalls hinnehmen konnte. Er griff zu militärischen Mitteln, um sie durchzusetzen. Im Sommer 1639 standen sich die hastig zusammengerufenen Armeen des Königs und der *Covenanters* an der anglo-schottischen Grenze gegenüber. Die folgenden bewaffneten Auseinandersetzungen hielten sich allerdings in Grenzen. Beide Seiten waren sich wohl darüber im Klaren, dass sie nicht entsprechend ausgerüstet waren, um ihren Gegner in die Knie zu zwingen. Verhandlungen führten im Juni 1639 schnell zum Frieden von Berwick, der diese in der Geschichtsschreibung als *First Bishop's War* bezeichnete Episode beendete. Von Dauer war der in Berwick erzielte Kompromiss, der im Großen und Ganzen den *status quo ante bellum* festschrieb, allerdings nicht.

Der Weg in den Bürgerkrieg

Waren die 1630er Jahre eine Periode wachsenden, aber größtenteils schweigenden Misstrauens gegen den König, so entlud sich die Unzufriedenheit mit dem Regiment Karls und seiner Berater in den 1640er Jahren in allen Teilen der Stuartmonarchie in bewaffneten Auseinandersetzungen. Der prekäre Frieden zwischen Herrschern und Beherrschten, der als erstes in Schottland im *National Covenant* auseinanderbrach, eskalierte in Irland im blutigen Aufstand von 1641 und dessen ebenso brutaler Niederschlagung und führte in England schließlich zu einer Spaltung zwischen parlamentarischen Kräften und den Anhängern der Monarchie. Dieser Prozess war keineswegs unvermeidlich und wieder muss dem König ein nicht geringer Anteil an der Spirale der Gewalt, die in seiner eigenen Hinrichtung 1649 kulminieren sollte, zugeschrieben werden.

Zwischen 1642 und 1646 kam es in allen drei Königreichen zu Gefechten. Allein in England wurden etwa 600 Schlachten geschlagen, bei denen insgesamt etwa 80 000 Menschen ums Leben kamen.[27] Dabei handelte es sich allerdings hauptsächlich um Opfer aus den Reihen des Militärs. Abgesehen von den Massakern des Irischen Aufstandes 1641 waren die Bürgerkriege in den drei Stuartmonarchien militärische Unternehmungen, von denen die Zivilbevölkerung größtenteils verschont blieb. Die Morde, Plünderungen und Verwüstungen, die den Dreißigjährigen Krieg zu einer demographischen, sozialen und ökonomischen Katastrophe vor allem in Deutschland machten, blieben auf den britischen Inseln weitgehend aus. Neuere Forschungen haben ergeben, dass viele Landesteile grundsätzlich nicht von Kriegshandlungen betroffen waren. Die englische, schottische und irische Wirtschaft nahm vergleichsweise geringen Schaden durch die Auseinandersetzungen, die insgesamt auf wenige, zeitlich begrenzte Kampagnen reduziert waren.

Während jüngere Historiker wie John Morrill vor allem den Charakter des Bürgerkriegs als pan-britisches Ereignis hervorheben und das Augenmerk der Forschung sehr viel stärker auf die Aktionen an den Peripherien der Stuartherrschaft lenken, ist die

Bürgerkriegsforschung bis in die 1990er Jahre hinein traditionell aus stark anglo-zentrischer Perspektive betrieben worden.[28] Gardiner sah den Bürgerkrieg als Kampf für die protestantische Religion und die verfassungsmäßige Freiheit der Engländer, für die die englischen Parlamentarier gegen den absolutistischen König zu den Waffen griffen.[29] Marxisten und marxistisch denkende Historiker haben demgegenüber den Klassenkampfcharakter des Bürgerkrieges hervorzuheben versucht und die Auseinandersetzungen zwischen Krone und Parlament als Teil eines langfristigen Transformationsprozesses vom Feudalismus zum Kapitalismus interpretiert.[30] Die Parlamentarier als Mitglieder der ökonomischen und politischen Aufsteigerklasse der *Gentry* hätten sich mit einer Revolution gegen die beharrenden Kräfte der Aristokratie und des Königtums durchgesetzt. Neuere Studien haben diese polarisierende Sichtweise, sei es aus *whiggistischer* oder marxistischer Perspektive, dekonstruiert. In der Tat lassen sich nicht alle Mitglieder der aufsteigenden Mittelschicht als Parteigänger der Parlamentarierfraktion identifizieren, während auf der anderen Seite nicht alle Aristokraten Anhänger des Königs waren. Der Riss ging vielmehr quer durch alle politischen Gesellschaftsschichten, durch alle Altersgruppen, ja sogar durch einzelne Familien und unterschied sich deutlich von Region zu Region.[31]

Bereits beim Abschluss des Friedens von Berwick war beiden Parteien klar, dass sie sich lediglich Zeit erhandelt hatten, um ihre Armeen besser auszurüsten. Die schottischen Truppen wurden gar nicht erst aufgelöst, sondern verblieben an der Grenze, während Karl sich vor allem Unterstützung von Wentworths Militär aus Irland versprach. Der neuernannte *Earl of Strafford* konnte seinem König in der Tat ein Heer von 8 000 Infanteristen und 1 000 berittenen Soldaten als hauptsächlich katholische *New Army* zur Verfügung stellen. Im Frühjahr 1640 brachen die Feindseligkeiten im sogenannten Zweiten Bischofskrieg erneut aus. Im Vorfeld hatte sich Karl auf Geheiß Wentworths, der nun für die Kriegsmaschinerie der Stuarts verantwortlich war, trotz der irischen Hilfstruppen gezwungen gesehen, erneut ein Parlament zusammenzurufen. Die später als *Short Parliament* bezeichnete Versammlung war zunächst durchaus bereit, dem König zur Landesverteidigung großzügige Mittel einzuräumen, knüpfte die Steuerbewilligung aber an die Beseitigung der seit langem formulierten Gravamina, die sich gegen die als Rechtsbrüche gesehenen Übergriffe des Königs wie Inhaftierung ohne Anklage, Übertritte gegen die *Petition of Right* und seine katholikenfreundliche Kirchenpolitik richteten. Der

König stimmte diesen Forderungen, die die englische Mobilmachung erheblich verzögert hätten und generell gegen seine politischen Vorstellungen verstießen, nicht zu und löste das Parlament bereits drei Wochen später ohne Steuerbewilligung wieder auf. Verhandlungen mit Philipp IV. von Spanien, der zunächst finanzielle Unterstützung zugesagt hatte, dann aber von den Provinzrevolten im eigenen Land überrollt wurde, zerschlugen sich wenig später, hinterließen aber zusammen mit der Ankunft der katholischen irischen Armee den Beigeschmack eines *Popish Plot*, der das Klima zwischen König und Bevölkerung weiter vergiftete. Nach dem Scheitern der Verhandlungen mit Spanien sah sich der König schließlich gezwungen, Milizen im Süden des Landes zu mobilisieren, die sich als schlecht ausgestattet und demotiviert für einen Krieg im Norden erwiesen. Dieser Krieg brach dann im Mai 1640 mit dem Überfall schottischer Truppen auf Stuartfestungen des Landes und dem Einmarsch über die Grenze aus. Bereits wenige Wochen später sah sich Karl erneut gezwungen, Waffenstillstandsverhandlungen mit den *Covenanters* zu führen. Der Vertrag von Ripon, der nach Verhandlungen im Oktober 1640 geschlossen wurde, knüpfte harte Bedingungen an ein Ende der Auseinandersetzungen. Der König musste der schottischen Armee ein Tagegeld von 850 Pfund versprechen. Politisch wurde wiederum der *status quo* festgeschrieben, der Herd der Auseinandersetzungen blieb also bestehen. Karl konnte die geforderte Summe nicht ohne Steuern aufbringen und sah sich erneut gezwungen, ein Parlament einzuberufen, das später als das *Long Parliament* in die Geschichte eingehen sollte. Am 3. November 1640 trat in London eine Versammlung zusammen, die insgesamt dreizehn Jahre, wenn auch in unterschiedlicher Zusammensetzung, das politische Geschick der Stuartmonarchie in entscheidender Weise mitbestimmen sollte. Unterstützt von der schottischen Armee konnten die Parlamentarier ihren Forderungen nun sehr viel schlagkräftiger Ausdruck verleihen. Die Versammlung, als deren Führer sich schnell der puritanische Abgeordnete und erfahrene Politiker John Pym profilierte, bestand insgesamt zwar zu einem sehr viel größeren Teil als bisher aus Kritikern der königlichen Politik, dennoch war auch zu diesem Zeitpunkt von einem Angriff auf die Institution der Monarchie und ihren Vertreter nicht die Rede. Typischerweise attackierte man nicht den König selbst, sondern seine schlechten Berater, allen voran Thomas Wentworth und Erzbischof Laud, die des Hochverrates angeklagt und nach zögerlicher Einwilligung des Königs zunächst im Tower inhaftiert wurden. Wentworth wurde trotz massiver Interventionsversuche des Königs nach einem zweimonatigen Prozess im April 1641 auf Initiative schottischer und irischer Anklagen und mit Unterstützung von Karls Gegnern im englischen Parlament zum Tode verurteilt und schließlich mit Karls widerwilliger Zustimmung am 12. Mai 1641 öffentlich auf dem Tower-Hügel hingerichtet. Kernpunkt der Anklage war die Mobilisierung seines irischen Heeres, das, so die Ankläger, gegen die Interessen Englands gerichtet und damit ein Akt des Hochverrats war. Laud wurde erst 1644 der Prozess gemacht. Der einst mächtige Erzbischof betrat am 10. Januar 1645 das Schafott.

Im Angesicht früherer Erfahrungen forderten die Parlamentarier nun die Periodizität von Parlamentsversammlungen und das Recht, nur mit eigener Zustimmung und nicht länger per königlichem Befehl wieder auseinander zu gehen. Diese Forderung war ein entschiedener Bruch mit der Tradition und wurde vom König mit Empörung aufgenommen. Doch damit nicht genug: Die verhassten Prärogativgerichte der *Star Chamber* und der *High Commission* sollten per Parlamentsbeschluss aufgelöst werden. Neben königlichen Übergriffen in der Legislative und Exekutive war es vor allem die Kirchenpolitik Karls und seiner Berater, die die Parlamentarier nun massiv attackierten. Einige Forderungen radikalerer Gruppen im Unterhaus, wie die sogenannte *Root and Branch Petition* vom Dezember 1640, die eine völlige Abschaffung der anglikanischen Kirchenhierarchie forderte, fanden keine Parlamentsmehrheit, Kirchenfragen blieben aber weiterhin im Mittelpunkt der Parlamentsdebatten. Der bereits mehrfach vorgetragene Katalog von Gravamina gegen den König wurde in der sogenannten *Grand Remonstrance* aktualisiert und kam erneut auf die Tagesordnung. Darin wurde unter anderem die Abschaffung der Bischöfe aus dem Oberhaus, die Rücknahme der Laudschen Reformen und die Einberufung einer nationalen Synode zur Neuregelung der Kirchenordnung gefordert. Die *Grand Remonstrance*, für deren Formulierung und Durchsetzung vor allem John Pym verantwortlich war, wurde keineswegs von allen Abgeordneten getragen, sondern in einer dramatischen Nachtsitzung mit äußerst knapper Mehrheit am 22. November 1641 angenommen. Die politischen Ereignisse in Irland hatten der Parlamentsfraktion weiteren Aufwind verschafft, denn im Herbst 1641 war es im *County* Tyrone im Nordosten der Insel zu einem, wie es in englischen Kommentaren der Zeitgenossen heißt, unerwarteten und brutalen Aufstand gekommen, der in der Ermordung tausender protestantischer Siedler in Ulster kulminierte.[32] Die Stoßrichtung des Aufstandes, der zunächst von gälischen Führern getragen wurde, richtete sich gegen den Nachfolger Wentworths in Dublin, der als ausgemachter Puritaner galt, und von dem die gälischen Katholiken eine härtere Gangart befürchteten als Wentworth sie an den Tag gelegt hatte. Kurzfristige politische Motive vermischten sich hier allerdings mit langfristigen ökonomischen Problemen, die durch die Kolonisierungs- und Landverteilungspolitik unter König Jakob und durch die neue Besteuerungspolitik unter Wentworth aufgetreten waren. Diejenigen, die in den ersten Jahrzehnten des 17. Jahrhunderts ihren Landbesitz zugunsten protestantischer Neusiedler hatten aufgeben müssen, schlossen sich schnell den Rebellen an. Neueren Forschungen zufolge entglitt der Aufstand seinen Initiatoren wie etwa Owen Roe O'Neill, dem Neffen des 1607 spektakulär auf den Kontinent geflohenen Hugh O'Neill. Altenglische Katholiken, von denen nicht wenige durch die neuen Landgesetze in Schulden geraten waren, beteiligten sich ebenfalls am Aufstand. Auch wenn viele von ihnen ausdrücklich erklärten, dass sich ihre Unzufriedenheit nicht gegen den König selbst, sondern gegen das puritanisch orientierte Parlament in Dublin richteten, schürten sie die Vorstellung einer katholischen Massenerhebung.[33]

Für die Position Karls in England wirkte sich der Aufstand verheerend aus. Gerüchte, dass seine katholische Frau und deren Klientel die Rebellen unterstützten, wurden von der puritanischen Fraktion im Parlament, namentlich von Pym, hochgespielt, um die eigenen kirchenpolitischen Ziele durchzusetzen. Karl empfand die *Grand Remonstrance* als einen Affront gegen seine traditionellen Rechte als König, sah sich aber angesichts der wachsenden Massenproteste vor allem in London, wo die Pym-Partei eine groß angelegte Propagandakampagne durchführte, gezwungen, Stellung zu beziehen. Er versprach, Missstände anzugehen, beharrte aber auf der Rolle der Bischöfe im Oberhaus als fest in der Rechtstradition des Landes verankert. Die Durchsetzung dieser Tradition wurde allerdings zusehends erschwert. Immer mehr Bischöfe blieben den Oberhaussitzungen fern, weil sie Übergriffe und Attentate von mobilisierten Londoner Parteigängern der Radikalen befürchteten. Der König versuchte nun, die kooperationswilligen Parlamentarier durch Einbeziehung in die Regierungsverantwortung auf seine Seite zu bringen, wie es ihm 1628 mit Thomas Wentworth geglückt war. Pym wurde das Amt des Schatzkanzlers angeboten, was er allerdings ablehnte. Andere Parlamentarier wie Sir John Culpepper nahmen an. Nachdem die friedliche Einbeziehung der Opposition in die Regierung jedoch im Großen und Ganzen allerdings gescheitert war, versuchte der König, die radikaleren Oppositionellen mit königlicher Gewalt zu isolieren. Gegen fünf Unterhausabgeordnete und einen Lord wurde am 3. Januar 1642 ein königlicher Haftbefehl wegen Hochverrats ausgesprochen. Die Verhaftungen wollte der König mit seiner Leibwache am folgenden Tag persönlich vornehmen. Die Angeklagten waren allerdings gewarnt, hielten sich in der Stadt versteckt und erschienen nicht zur fraglichen Sitzung. Nach dieser persönlichen Blamage im Unterhaus versuchte Karl mit bewaffnetem Gefolge, die Flüchtigen in London ausfindig zu machen, scheiterte aber auch hier und sah sich anstelle dessen mit einem gewaltbereiten Mob konfrontiert. Am 10. Januar verließ er mit seiner Familie aus Sicherheitsgründen die Hauptstadt, während einen Tag später die angeklagten Parlamentarier im Triumph ins Parlament zurückkehrten. Historiker wie Conrad Russell haben argumentiert, dass ein Hochverratsverfahren gegen Parlamentarier wie Pym, der auf der Liste der fünf Angeklagten stand, durchaus politisch zu verantworten gewesen wäre und die Geschicke des Landes eine andere Richtung genommen hätten, wenn Karl am 4. Januar erfolgreich gewesen wäre. Wieder war es vor allem das Verfahren, der Einmarsch in das Parlament, das die Zeitgenossen gegen den König aufbrachte und ihn als absolutistischen Übertreter traditioneller Rechte diskreditierte.[34] Dennoch schien es selbst zu diesem Zeitpunkt noch nicht zu spät für Kompromisse. Karl zeigte sich im folgenden Monat zu Konzessionen bereit. Von *Hampton Court* aus verhandelte er mit den *Commons* und akzeptierte schließlich eine Gesetzesvorlage, die die Bischöfe aus dem Oberhaus verbannte. Karl zeigte sich auch bereit, persönlich ein Heer gegen die aufständischen Iren zu führen, um damit alle Verdächtigungen seiner Teilnahme an einem *Popish Plot* aus dem Weg zu räumen.

Der entscheidende Riss tat sich dann aber in der Frage des Oberbefehls über die englischen Milizen auf, die in einem Land ohne stehendes Heer, das England zu diesem Zeitpunkt war, alle militärischen Funktionen übernahmen. Am 15. Februar 1642 sah sich der Monarch, der traditionell den Oberbefehl über die Milizen hatte, mit einem Schreiben des Parlaments konfrontiert, das ihm gerade dieses Recht absprach und ein Mitspracherecht des Parlaments in Milizangelegenheiten forderte. Karl wartete mit seiner Antwort die sichere Überfahrt seiner Frau in die Niederlande ab. Henrietta Maria verließ England mit den Kronjuwelen im Gepäck, für die sie auf dem Kontinent eine schlagkräftige Armee für den König einkaufen sollte. Anfang März reagierte er dann mit einem Schreiben, in dem er die Forderungen des Parlaments kategorisch ablehnte. Daraufhin begab er sich in den Norden Englands und begann, eine Armee Königstreuer zusammenzustellen. Im Juni 1642 starb dann mit Karls Ablehnung der sogenannten *Nineteen Propositions* jede Hoffnung auf einen Kompromiss. In dem Schreiben forderten die Parlamentarier die Regierungsübernahme, da sich der König als katholischer Verschwörer erwiesen habe. Karl wurde aufgefordert, auf alle Staats- und Kirchenämter zu verzichten und rein zeremonielle Pflichten zu übernehmen. Der König reagierte mit einer demonstrativen Kriegserklärung am 22. August 1642. Auf einem Hügel in der Nähe von Nottingham ließ er bei strömendem Regen seine Standarte aufpflanzen und von einem Herold eine Proklamation verlesen, deren Text durch das Regenwasser verwischt wurde. Unmittelbar nachdem seine Soldaten pflichtgemäß mit „Gott schütze den König" geantwortet hatten, sank die königliche Standarte von einem Windstoß getrieben in den Schlamm.[35]

Bürgerkrieg (1642–1649)

Der König konnte zunächst militärische und politische Erfolge erringen. Nicht alle Parlamentsabgeordneten standen auf der Seite Pyms und seiner politischen Freunde. Zu Recht hat Michael Young darauf hingewiesen, dass die in der früheren Forschung vereinfachend vorgenommene Dichotomie zwischen Royalisten und Parlamentariern irreführend ist.[36] Dem König war vielmehr innerhalb und außerhalb des Parlaments eine Partei zugewachsen, die die radikalen Forderungen der parlamentarischen Führer erschreckte und um die traditionelle politische Balance in England fürchtete. So standen die Chancen für Karl am Beginn des englischen Bürgerkrieges nicht schlecht. Bereits im Herbst 1642 standen er und sein Neffe Ruprecht von der Pfalz, dessen militärische Expertise dem königlichen Heer enorm zugute kam, vor London und zwangen die parlamentarischen Gegner nach der Schlacht bei Edgehill am 23. Oktober an den Verhandlungstisch. Wieder wurde kein Kompromiss gefunden. In den folgenden Jahren konnten beide Seiten militärische und politische Erfolge verbuchen. Die Flotte sprach sich geschlossen für die Partei der Parlamentarier aus, während Karl ab Januar 1644 Verstärkung aus Irland bekam, wo kurz zuvor ein Waffenstillstand mit den Aufständischen geschlossen worden war. Gleichzeitig konnten die Parlamentarier allerdings Unterstützung aus Schottland mobilisieren. Der Preis für das schottische Heer war das Versprechen, in England eine Kirche nach presbyterianischem Modell einzuführen, das die Puritaner unter den Parlamentsabgeordneten gerne zu geben bereit waren und ihren neuen Bündnispartnern im *Solemn League and Covenant* vom 25. September 1643 feierlich zusicherten. Am 2. Juli 1644 kam es dann bei Marston Moor zu einer entscheidenden Schlacht, bei der die Parlamentstruppen, verstärkt durch das schottische Kontingent unter dem General Lord Thomas Fairfax einen Sieg gegen die englischen und irischen Truppen des Königs erringen konnten. Auf parlamentarischer Seite tat sich hierbei besonders die Kavallerieeinheit unter dem puritanischen Abgeordneten und neu designierten Reiterführer Oliver Cromwell hervor. Am Ende hat Karl den Krieg verloren. Er verlor entscheidende Schlachten (auf die Niederlage bei Marston Moor folgte im folgenden Jahr die Niederlage bei Naseby am 14. Juni 1645) und er hatte nicht die militärischen Kapazitäten, um es mit dem im Winter 1645 in der *New Model Army* reorganisierten Parlamentarierheer unter Fairfax und Cromwell aufzunehmen. Obwohl Henrietta Maria erfolgreich militärische Unterstützung für ihren Mann auf dem Kontinent eingekauft hatte, konnten die Parlamentarier mit Hilfe Londoner Kaufleute und durch die Veräußerung von Bischofsbesitz die regelmäßige Bezahlung ihres Heeres garantieren, das sich letzten Endes als schlagkräftiger erwies als die königliche Armee. 1646 musste Karl aufgeben. Am 5. Mai ergab er sich den schottischen Truppen bei Newark. Es ist bezeichnend für den pan-britischen Charakter des Krieges, der eben nicht nur zwischen Krone und englischem Parlament geführt wurde, dass damit die Auseinandersetzungen in den anderen Stuartkönigreichen nicht gleich beendet waren. In Schottland kämpften Royalisten und Katholiken vor allem aus den westlichen *Highlands* gegen das Diktat der Edinburgher Presbyterianer, während in Irland der päpstliche Nuntius Rinuccini Einfluss auf die Geschicke des Landes zu nehmen versuchte. In England selbst kam es bereits 1644 um den Charakter der neuen Kirche zu ersten Auseinandersetzungen zwischen verschiedenen Parteiungen der Parlamentarier, bei denen sich Presbyterianer und Independenten gegenüberstanden. Nachdem der König am 30. Januar 1647 von den Schotten an die Parlamentarier ausgehändigt worden war, war niemandem so recht klar, was nun zu geschehen hatte. Immer noch schien eine Regierung ohne königliche Autorität an der Spitze nicht konsensfähig und wurde vielleicht auch nur in radikalen Zirkeln besprochen. Ebenso wenig war klar, welche Rolle das Parlament nun übernehmen konnte, und schließlich hatte sich vor allen in den letzten Kriegsjahren die *New Model Army* als wichtiger Faktor im Staat profiliert, der in Zukunft nicht übergangen werden konnte. Die *New Model Army* hatte einen starken Korpsgeist entwickelt und politische Sprecher gewählt, die die Vorstellungen der Soldaten mit den Parlamentariern diskutieren sollten. Als deren Verhandlungen um die Zukunft der englischen Kirche scheiterten, richtete sich die Armee schließlich gegen das Parlament selbst und nahm im August 1646 für kurze Zeit Westminster ein. Andere politische Gruppen wie die *Levellers*, die in ihren Vorstellungen von der politischen Neuordnung des Landes soweit gingen, ein allgemeines Wahlrecht für Männer einzufordern, trugen weiter zur allgemeinen Verunsicherung des Landes über sein politisches Schicksal bei. Während sowohl in Parlamentskreisen als auch unter den Sprechern der *New Model Army* über eine neue Rolle für den königlichen Gefangenen nachgedacht wurde, zerstörte Karl selbst alle Hoffnungen auf eine friedliche Lösung des politischen Dilemmas durch seine überhastete und ziellose Flucht auf die Isle of Wight im November 1648. Zwar flackerten in einigen Gegenden des Landes, namentlich in Kent und in Wales royalistische Aufstände auf, der König hatte aber nicht mehr die finanzielle Kapazität für eine schlagkräftige Aktion. Auch ein hastig mit den Schotten abgeschlossener Vertrag, in dem er für militärische Unterstützung die Einführung der presbyterianischen Kirchenordnung für drei Jahre versprach, verlängerte zwar die Periode des sogenannten Zweiten Bürgerkriegs, konnte der Sache des Königs aber kaum dienen. Karl selbst sah von der Isle of Wight mehr oder weniger hilflos den militärischen Siegen der *New Model Army* zu, die eine entscheidende Schlacht in Preston am 17. August 1648 gewinnen konnte. Während sich im Ersten Bürgerkrieg Sieger und Besiegte mehr oder weniger nach den Regeln der frühneuzeitlichen Kriegskunst verhalten hatten, legte das siegreiche Cromwell–Heer nun ein deutlich skrupelloseres Verhalten an den Tag. Mit seiner Flucht hatte Karl in den Augen seiner Gegner die Schwelle des politisch und militärisch akzeptablen Verhaltens deutlich überschritten. Man lastete ihm nun direkt die Kriegsverluste und die Toten der Bürgerkriege an. Auf Druck der Armee, die auch die Kontrolle über das Unterhaus übernehmen konnte, wurde von einem eigens dafür eingerichteten Gerichtshof ein Prozess gegen den König eingeleitetet. Vorangegangen war am 6. Dezember 1648 eine von Armeesprechern und namentlich von einem Oberst Pride durchgeführte „Säuberung" des Unterhauses von politischen Gegnern (*Pride's Purge*). Das sogenannte Rumpfparlament, das nur noch aus etwa hundert handverlesenen Abgeordneten bestand, stimmte dem Prozessantrag zu und eröffnete am 20. Januar 1649 das Verfahren gegen Karl Stuart wegen seiner unrechtmäßigen Eingriffe in die Freiheiten des englischen Volkes und wegen Missbrauch des königlichen Amtes zur Tyrannei. Die meisten Oberhausabgeordneten waren den Sitzungen im Vorfeld der Verhandlungen ferngeblieben. Die Vorstellung, dass eine breite Mehrheit der englischen Bevölkerung oder auch nur des Parlaments dem Prozess und dem abschließenden Todesurteil zustimmten, ist jedenfalls ein Mythos der *Whig*-Geschichtsschreibung des 19. Jahrhunderts. Neuere Forschungen haben auch die Vorstellung widerlegt, dass das Todesurteil gegen den König von Anfang an feststand und es sich bei der Gerichtsverhandlung um einen Schauprozess gehandelt habe.[37] Wiederum war es vielmehr Karl selbst, der durch sein Verhalten das Urteil präjudizierte. Selbst während des Prozesses versuchten die selbst ernannten Richter, dem Angeklagten Brücken zu einem Kompromiss zu bauen. Karl weigerte sich allerdings von Anfang an, die Rechtmäßigkeit des Prozesses zu akzeptieren. Er argumentierte erwartungsgemäß und typisch für seine gesamte Regierungszeit mit dem *Divine Right of Kings*, das ihn in seinen Augen über die Gesetze erhob und allein Gott verantwortlich machte. Demgegenüber hatte das Parlament bei seiner Eröffnungssitzung am 4. Januar 1649 spektakulär erklärt, „dass unter Gottes Herrschaft alle Gewalt vom Volk ausgeht" und damit eine neue Rechtsgrundlage zwischen Herrschern und Beherrschten geschaffen.[38] Die Richter verurteilten schließlich Karl Stuart am 27. Januar 1649 zum Tode.

Ebenso einig wie sich die meisten Historiker über das politische Versagen des Königs sind, sind sie sich auch in der Bewertung der letzten Tage des Monarchen, der in seinem Prozess allen Angaben zufolge seinem eigenen Tod mit Würde, Mut und Gefasstheit begegnete.[39] Am Mittag des 30. Januar 1649 bestieg Karl im Angesicht einer großen, schweigenden Menschenmenge das Schafott, das vor dem Bankettsaal seiner Residenz in Whitehall aufgebaut worden war. Nach einer kurzen Rede, die mit der Bekräftigung seines Glaubens an die Rechtmäßigkeit seiner Sache endete, und nach einem anschließenden stillen Gebet ließ sich der entthronte König ohne ein Zeichen von Panik hinrichten. Mit diesem letzten, würdevollen Auftritt seines Lebens wurde Karl von seinen royalistischen Anhängern schnell zum Märtyrer stilisiert. Eine anonyme, dem König zugeschriebene Schrift unter dem Titel *Eikon Basilike* zeigte Karl auf dem Titelbild mit der Dornenkrone in der Hand kniend im Gebet und förderte die Vorstellung eines für das *Divine Right of Kings* in den Tod gegangenen Herrschers. Die Schrift, die hauptsächlich persönliche Meditationen und Gebete enthielt, wurde unmittelbar nach der Hinrichtung des Monarchen in Umlauf gebracht und erlebte allein im folgenden Jahr 35 Neudrucke. Einige Frontispize fügten dem Bildprogramm des Märtyrerkönigs ein Zitat aus dem Hebräerbrief des Apostels Paulus bei (11,38), in dem der König mit den auserwählten Israeliten gleichgesetzt wurde, „derer die Welt nicht Wert war".

Commonwealth und Protektorat

In den folgenden elf Jahren war England eine Republik.[40] Die historische Meinung über dieses erste und bislang einzige Experiment einer monarchielosen Regierung ist erwartungsgemäß gemischt. Während Marxisten wie Lawrence Stone und Christopher Hill die 1650er Jahre als einen Wendepunkt von der Feudalgesellschaft zur konstitutionellen Monarchie und als den Beginn von Religionsfreiheit und Industriekapitalismus interpretieren, sind neuere Forschungen aus dem revisionistischen Lager sehr viel pessimistischer im Hinblick auf die Folgen der Republik.[41] Vor allem das Protektorat Oliver Cromwells ab 1653 gilt im Allgemeinen als ein „retreat from revolution", so das Resümee des Historikers Barry Coward, in dem die verschiedenen Versuche einer Reform von Verfassung und Kirche als gescheitert abgetan und nach konservativem Muster revidiert wurden.[42] Dennoch ist eine ausschließlich negative Beurteilung der 1650er Jahre aus der kurzfristigen Perspektive der Restauration zu einseitig. Unter Cromwell stabilisierte sich das Steuersystem des Landes, mit dem Politiker der folgenden Generationen den Ausbau von Heer und Flotte und damit schließlich Großbritanniens Aufstieg zur imperialen Weltmacht finanzieren konnten.[43] Auf dem Gebiet der Religionspolitik wurde zwar die von Cromwell gewährte Toleranz (für Christen und Juden) wieder rückgängig gemacht, der Nonkonformismus hatte aber in der Zeit des Protektorats feste Wurzeln geschlagen und etablierte sich außerhalb des Establishments, von wo aus Baptisten, Quaker und andere Sekten in den folgenden Jahrhunderten die politischen Geschicke des Landes mit beeinflussten und bis heute fester Bestandteil des religiösen Spektrums geblieben sind. Die britische Öffentlichkeit scheint ebenfalls eine höhere Meinung von Commonwealth und Protektorat zu vertreten als die ältere historische Forschung. In einer Fernsehumfrage der BBC vom November 2002 rangierte Oliver Cromwell auf Platz zehn unter den „*Greatest Britons*". Diese gute Bewertung erhielt er vor allem wegen der ihm von den Befragten zugeschriebenen Tapferkeit und wegen seiner Führungsqualitäten. Von den Stuartherrschern schaffte dagegen keiner den Sprung unter die ersten hundert der „größten Briten".

Nach dem Sturz der Monarchie wurden die Zeichen höfischer Repräsentation abgeschafft, königliche Paläste und Ländereien veräußert. Die Kunstsammlung der Stuarts, die mit der ikonophobischen Mentalität der puritanischen Regierung unvereinbar war, wurde aufgelöst und verkauft. Nutznießer des Ausverkaufs der Monarchie war die landbesitzende *Gentry,* die ihren Einfluss auf die Politik des Landes weiter ausdehnen konnte.[44] Die Abschaffung königlicher Monopole und Handelsrestriktionen begünstigte vor allem Kaufleute und Unternehmer, die ihre wirtschaftlichen Interessen erweitern konnten und dem englischen Handelskapitalismus der folgenden Jahrhunderte ein wichtiges Stück näher kamen. Die Steuern, die bereits während des Bürgerkriegs drastisch angehoben worden waren, blieben auch in den folgenden Jahren hoch. Dazu wurden permanente neue Steuern auf Landbesitz und Verbrauchsgüter eingeführt, die den Staat auf eine gesunde finanzielle Basis stellten. Die neuen Steuern konnten mit bemerkenswert großem Erfolg eingezogen werden, was Historiker mit der Umstrukturierung der lokalen und regionalen Bürokratie in Verbindung gebracht haben. Die neuen Beamten rekrutierten sich viel stärker aus der Mittelschicht, die nicht an einer Zementierung des alten Feudalgefälles interessiert war, und deshalb auf die alten Privilegien der Grundbesitzerschicht weniger Rücksicht nahm.[45] Soziale Unruhen blieben in den 1650er Jahren selbst in den vom Bürgerkrieg betroffenen Gegenden weitgehend aus.

Zusammen mit der Monarchie schaffte das Rumpfparlament das Oberhaus ab und erklärte England am 19. Mai 1649 zum *Commonwealth and Free State*. Die Legislative blieb in den Händen des Unterhauses, die Exekutive bestand aus einem Staatsrat, an dessen Spitze Oliver Cromwell trat. Cromwell, der unbestrittene

Führer der *New Model Army*, zog zunächst nach Irland, um dort auf brutale Weise den katholischen Aufstand niederzuschlagen, der sich gegen Karls Hinrichtung und das Commonwealth formiert hatte. Seine Politik, die er zu einem Feldzug zur Ehre Gottes stilisierte, war gekennzeichnet durch ausgesprochen gewalttätiges Vorgehen gegen die Zivilbevölkerung und verhärtete die Fronten zwischen Katholiken und Protestanten in einer Weise, die alle weiteren Kompromisse in Zukunft bis zur Unmöglichkeit erschwerten. So spielt etwa in der katholischen Erinnerungskultur das „Massaker von Drogheda" eine ähnliche Rolle wie die Massaker von 1641 in der protestantischen Interpretation. Am 11. September 1649 ließ Cromwell nach der Erstürmung der Stadt einen Teil der Einwohner systematisch töten. Einen Monat später wiederholten sich die Grausamkeiten bei und nach der Belagerung von Wexford. Der Aufstand konnte in wenigen Monaten niedergeworfen werden. In den folgenden Jahren führte Cromwells Schwiegersohn Henry Ireton ein neues hartes Kolonisationsprogramm auf der Insel durch. Katholische Landbesitzer wurden systematisch enteignet und in den unwirtlicheren, landwirtschaftlich schwer nutzbaren Westen des Landes verbannt. Das irische Parlament in Dublin wurde aufgelöst, irische Abgeordnete sollten nun ihr Land im Parlament von Westminster vertreten. Die katholische Kirche erlebte massive Verfolgungen, konnte sich aber als dominante Glaubensrichtung auf der Insel halten, wenn auch die ehemalige katholische Elite fast völlig ihren politischen Einfluss an die altenglischen Protestanten abtreten musste. Protestantische Missionsversuche scheiterten nicht zuletzt an der Verhärtung der politischen Fronten.

Anschließend wandte sich Cromwell gegen Schottland. Nach der Hinrichtung Karls I. hatten die Schotten seinen neunzehnjährigen Sohn Karl II., der aus dem französischen Exil anreiste, am 5. Februar 1649 zu ihrem König gekrönt. In Teilen Irlands wurde der neue König ebenfalls anerkannt. Ein schottisches Heer marschierte gegen die Truppen des Rumpfparlaments über die Grenze, musste sich aber nach der entscheidenden Niederlage bei Worcester am 3. September 1651, bei der der junge König nur knapp entkam, in den Norden zurückziehen. In einer abenteuerlichen Flucht gelangte Karl erneut nach Frankreich, von wo aus er in den nächsten Jahren machtlos den turbulenten politischen Ereignissen auf den britischen Inseln zusehen musste. Schottland fiel ebenfalls unter ein englisches Strafregiment, das allerdings an Brutalität und Härte nicht mit den Maßnahmen in Irland zu vergleichen war.

Auch das schottische Parlament wurde aufgelöst, schottische Abgeordnete vertraten die Interessen ihres Landes während des Protektorats in Westminster. Von den siebzig, den Schotten zugestandenen Sitzen hielten die Hälfte allerdings englische Militärs, die im Norden stationiert waren. Die Anhänger der Stuartmonarchie und die führenden Teilnehmer an der schottischen Kampagne wurden enteignet, ein Netzwerk englischer Rechts- und Kirchenordnung sollte den Schotten übergestülpt werden. Schottische Friedensrichter wurden durch englische Kollegen ersetzt, die schottische *Kirk* mit Reformen im englischen Stil konfrontiert. Eine starke englische Militärpräsens sollte schließlich helfen, alle diese Maßnahmen zu implementieren, die als erzwungene Anglisierung des Landes sehr viel mehr zur Korrosion der politischen Union von England und Schottland als zu ihrer Stärkung beitrugen.

Mittlerweile war das Rumpfparlament in London wieder durch die 1649 von Pride ausgeschlossenen Abgeordneten ergänzt worden. Nach vergeblichen Versuchen einer einheitlichen Kirchenpolitik entschied man sich nun für ein pluralistisches Vorgehen und überließ es den einzelnen Gemeinden, wie sie ihren Gottesdienst feiern wollten. Puritanische Verordnungen gegen Tanz, Theater, Sport und andere Vergnügungen reglementierten allerdings die Sonntagsruhe. Die Bischofshierarchie wurde abgeschafft. Außenpolitisch wandte man sich nun gegen die ehemaligen Bundesgenossen der Niederlande, die vor allem den Londoner Kaufleuten als gefährliche wirtschaftliche Konkurrenz erwachsen waren. Im Oktober 1651 wurde mit der ersten Navigationsakte eine Protektionspolitik für englische Schiffe gegenüber ausländischen Konkurrenten festgeschrieben, die sich besonders gegen die Seemacht der Niederlande richtete und den Zwischenhandel der nun allmählich wirtschaftlich aufblühenden nordamerikanischen Kolonien mit dem englischen Mutterland mit nicht-englischen Schiffen unter Strafe stellte.[46] Da sich die Navigationsakte international nicht widerstandslos durchsetzen ließ, kam es in den Jahren 1652 bis 1654 zum ersten englisch-niederländischen Seekrieg, der ohne Sieger aber unter großen Verlusten auf beiden Seiten mit dem Frieden von Westminster endete. Der Krieg verschlang ungeheure Summen, die auch mit dem Verkauf von ehemaligem Kron- und Kirchenbesitz nicht aufgefangen werden konnten und die Steuerspirale höher und höher schraubten. Die wachsende Unpopularität der parlamentarischen Versammlung, die durch ihre heterogene Mischung selbst relativ reformunfähig war, steigerte die Macht der Armee und ihres Führers Cromwell, der zudem aus den Siegen in Schottland und Irland innenpolitisches Kapital schlagen konnte. Am 20. April 1653 löste er mit Gewalt das Rumpfparlament auf und ersetzte es für eine kurze, turbulente Phase durch eine handverlesene Gruppe radikaler Puritaner, die hofften, den kirchenpolitischen Kompromiss der letzten Jahre nun zu ihren Gunsten zu verschieben. Hier kamen auch die Ideen der *Leveller* zum Ausdruck, die die Abschaffung noch bestehender Gerichte wie des *Court of Chancery* und radikale Rechtsvereinfachungen durchsetzten.

Im Bereich der Kirchenpolitik schaufelte sich die Versammlung mit der Abschaffung des Kirchenzehnten dann allerdings ihre eigenes politisches Grab. Cromwell sah darin einen fundamentalen Bruch der bestehenden Eigentumsgesetze, den er nicht hinnehmen wollte.[47] Gemäßigte und radikalere Mitglieder der Parlamentsversammlung gerieten aneinander. Das Dilemma wurde wiederum von der Armee gelöst, die im *Instrument of Government* die politischen Errungenschaften von 1640 festschrieb und Cromwell den Titel eines *Lord Protectors of England, Ireland and Scotland* übertrug, dessen Befugnisse nach der Prärogative des früheren Königs modelliert wurden. Cromwell erhielt die Zuständigkeit für Regierung und Außenpolitik, die durch eine Mischung von festem Etat und parlamentarischen Steuern zu finanzieren war. Das Parlament, bestehend aus einer gewählten Kammer, sollte mindestens alle drei Jahre zusammentreten und nicht gegen seinen Willen aufgelöst werden können. Im Bereich der umstrittenen Kirchenpolitik beharrte Cromwell auf der Existenz einer staatlich sanktionierten Kirche puritanischer Couleur. Kirchenzwang bestand allerdings nicht, so dass in der Zeit des Protektorats nonkonformistische Sekten wie die Quäker, Baptisten und die Kongregationalisten und sogar die Reste der katholischen Kirche in England aufblühten. Erstmals seit dem Mittelalter wurden auch wieder Juden in England aufgenommen (1656).

Außenpolitisch setzte man weiterhin auf die mittlerweile recht gut ausgerüstete Flotte. Nach dem englisch-niederländischen Waffenstillstand führte Cromwell einen Seekrieg gegen Spanien, mit dem die Engländer unter dem Slogan *western design* vor allem im karibischen Raum Präsenz zeigen wollten. Anstelle des stark befestigten Hispaniola wurde 1655 jedoch nur die für die Spanier zu diesem Zeitpunkt wenig bedeutsame Insel Jamaika erobert, die sich dann allerdings zu einer der ertragreichsten Zuckerrohrkolonien in britischem Besitz entwickeln sollte. Hier zeichnete sich

Großbritanniens Rolle als transatlantische Macht und seine besondere Stellung zwischen Kontinentaleuropa und Nordamerika ab, die für die folgenden Jahrhunderte entscheidend werden sollte und bis in die heutige Zeit die Politik des Landes bestimmt. Der Handel mit den seit den ersten Dekaden des 17. Jahrhunderts von Engländern kolonisierten Zuckerrohrinseln Bermuda, St. Kitts und Barbados blühte auf und auch die Kolonien auf dem nordamerikanischen Festland, namentlich Virginia, erwirtschafteten gute Gewinne im Tabakanbau, die der Ökonomie im Mutterland zugute kamen.[48] Die Briten profitierten auf Kosten einer ständig wachsenden Anzahl schwarzer Sklaven, die zunächst vor allem auf den Zuckerrohrplantagen in der Karibik eingesetzt wurden und auf Barbados in der Mitte des 17. Jahrhunderts trotz erheblicher Mortalitätsraten bereits weit mehr als die Hälfte aller Einwohner ausmachten.[49]

Mit der Ernennung von Cromwell zum *Lord Protektor* wurden quasi-monarchische Institutionen gleichsam durch die Hintertür wieder in England eingeführt, die die Restauration der Stuartmonarchie 1660 erleichterten. Die Erinnerungsmünze zur Inauguration Cromwells und das neue Große Siegel waren geprägt von einer monarchistischen Ikonographie. Cromwell selbst lehnte die Krone, die ihm das Parlament 1657 antrug, zwar ab, akzeptierte aber die Erblichkeit des *Lord Protector*-Titels für seine Familie und ließ sich mit *His Highness* anreden. Er wohnte fortan in Whitehall, erhielt *Hampton Court* als seine Residenz und hielt einen eigenen Hof, der zwar weniger prächtig und kleiner als der Stuarthof, aber ansonsten ebenso ritualisiert und hierarchisch organisiert war wie der Hof Karls I. Portraits und Miniaturen Cromwells wurden angefertigt und schmückten die öffentlichen Räume.[50] Als der *Lord Protector* schließlich am 3. September 1658 starb, wurde er in einem feierlichen Staatsbegräbnis beerdigt, das an Würde und Aufwand die Totenfeierlichkeiten für Jakob I. weit überstieg. Sein Sohn Richard übernahm die Nachfolge des väterlichen Amtes. Er konnte allerdings nicht die Interessen der immer noch mächtigen Armee hinter sich bündeln und musste bereits ein Jahr später, im Mai 1659, abdanken. Ein neues Rumpfparlament wurde einberufen, aber die unterschiedlichen Meinungen zu Politik und Kirche, die nun auch die Armee entzweiten, machten eine homogene Politik unmöglich und endeten in Unruhen und Chaos. Die Stimmen, die bereits in den 1650er Jahren eine Rückkehr der Stuartmonarchie gefordert hatten, wurden lauter und fanden weitere Anhänger. General George Monck und Lord Thomas Fairfax, der sich nicht am Prozess gegen Karl I. beteiligt und seit 1649 aus der Politik zurückgezogen hatte, setzten sich zusammen mit ihren Anhängern in der Armee für eine Restauration der Stuarts ein. Die vereinten Kräfte konnten das Rumpfparlament in London aushebeln und die alte Versammlung des *Long Parliament* mehr oder weniger restituieren, die wiederum Neuwahlen ausschrieb. In der Zwischenzeit verhandelte eine Delegation mit Karl II. im Exil. Der zukünftige König kam seinen politischen Anhängern und Gegnern insoweit entgegen, dass er in der sogenannten Deklaration von Breda am 4. April 1660 eine Amnestie für alle Taten der vergangenen zwanzig Jahre erließ, Gewissensfreiheit in Religionsangelegenheiten versprach und die Einberufung eines neuen Parlaments zusicherte. Damit war der Boden für eine Rückkehr der Monarchie in Großbritannien vorbereitet. Am 29. Mai 1660 zog Karl II. im Triumph in London ein.

Karl II. (1660–1685)

Am selben Tag, an dem er als neuer König nach London zurückkehrte, feierte Karl seinen dreißigsten Geburtstag. Die Hälfte seines Lebens hatte er im Exil als nicht immer willkommener Gast an den Höfen Europas verbracht. Seine Jugendjahre waren überschattet vom Bürgerkrieg, in dem der Junge selbst eine Rolle spielen musste. Im Alter vom elf Jahren hatte ihn sein Vater in einem verzweifelten Versuch, das Leben Thomas Wentworths zu retten, mit einem vergeblichen Gnadenappell ins Unterhaus geschickt. Ein Jahr später erlebte er an der Seite seines Vaters die Schlacht von Edgehill und entging nur knapp der Gefangennahme. In den folgenden vier Jahren stand er nominell den königlichen Truppen im Norden Englands vor, um von dort aus royalistische Unterstützung zu mobilisieren. Persönlich konnte der 15-jährige allerdings keinen Einfluss auf die politischen und militärischen Ereignisse nehmen und sah sich im März 1646 zur Flucht zunächst auf die Scilly Inseln, dann nach Jersey und schließlich nach Frankreich gezwungen. Am Hof seines französischen Vetters, des damals achtjährigen Ludwig XIV., führte Karl ein wenig beachtetes Schattendasein. Nach der Hinrichtung seines Vaters trafen zwar Solidaritätsbekundungen von den gekrönten Häuptern Europas ein, die erhoffte militärische Hilfe blieb aber aus. Als die Schotten signalisierten, dass sie zu einem Feldzug für das Haus Stuart bereit waren, setzte Karl mehr oder weniger alleine nach Schottland über und beteiligte sich wiederum ohne persönliche Einflussnahme an den Kampagnen der folgenden Jahre, bis er 1651 erneut ins Exil gezwungen wurde und für die nächsten Jahre in der Rolle des ohnmächtigen Zuschauers die politischen Ereignisse auf den britischen Inseln verfolgte. Die Verhandlungen zwischen Cromwell und Kardinal Mazarin 1655 machten einen weiteren Aufenthalt in Frankreich unmöglich, und so sah sich der Prinz mit seiner Entourage zunächst als Gast an den Höfen des deutschen Südwestens und schließlich auf Einladung und mit finanzieller Unterstützung des spanischen Königs in Flandern. In diesen Wanderjahren propagierte Karl seinen festen Willen, die Restauration der Stuartmonarchie herbeizuführen. Aber die Konferenzen und Strategiegespräche, die zu diesem Zweck abgehalten wurden, blieben für lange Zeit Theaterspiele, an deren Umsetzung niemand so recht glaubte. Am Ende konnte Karl nicht aufgrund seiner Diplomatie, sondern wegen des Zusammenbruchs von Cromwells politischer Welt nach Großbritannien zurückkehren, um am St. Georgstag, dem 23. April 1661, in einer großartigen Zeremonie in Westminster zum König gekrönt zu werden. Das Verfahren beruhte nicht auf dem politischen oder militärischen Sieg Karls, sondern auf der ausdrücklichen Einladung des Parlaments, die dem Charakter der restaurierten Monarchie ihren Stempel aufdrückte und von ihrem neuen König Konzessionen in der politischen Machtbalance zwischen Regierenden und Regierten erwartete. Karl war klug genug, auf diese Konzessionen einzugehen. Stabilität durch Versöhnung wurde die Maxime seiner Regierung.

Persönlich unterschied sich der König ebenso sehr von seinem Vater, wie dieser sich von Jakob I. abgesetzt hatte. Karl II. führte einen sinnenfrohen Hof. Er war ein attraktiver Mann mit sinnlicher Ausstrahlung und exzellenter Gesundheit. Er übte sich in allen modischen Sportarten seiner Zeit, spielte Tennis, Croquet und Bowling, vergnügte sich im Schwimmen, Jagen, Fischen und Reiten und hatte eine Vorliebe für frivole Theaterstücke und besonders für deren Akteurinnen. Alle diese Eigenschaften brachten ihm bei den Zeitgenossen und in der späteren Beurteilung den Namen des *Good* oder *Merry King Charles* ein, der ihn deutlich vom Image seines Vaters als Tyrann oder Märtyrer – je nach politischer Couleur – unterschied und Stoff für zahlreiche pikante Anekdoten bot. Die Ehe mit Katharina von Braganza, einer Tochter König Johanns IV. von Portugal, wurde 1662 aus politischen Gründen geschlossen.[51] Kinder gingen aus der Verbindung nicht hervor. Anstelle dessen konnte der König eine stattliche Schar illegitimer Nachkommen aufweisen. Seine Mätressen, vor allem Barbara Palmer, die er zur Lady Castlemaine erhob, die charmante volkstümliche Schauspielerin Nell Gwyn und die Französin Louise de Kéroualle führten ein öffentliches, gut finanziertes und von weiten Teilen der höfischen Welt akzeptiertes Dasein. Im Fall der Letztgenannten verbanden sich die amourösen mit den politischen Interessen des Königs, da die aus einem verarmten bretonischen Adelsgeschlecht stammende Louise im Kalkül französischer und englischer Diplomaten als Vermittlerin zwischen den Interessen beider Länder dienen sollte. Trotz dieser Ausschweifungen legte Karl großen Wert auf höfisches Protokoll und das königliche Image eines Herrschers, der mit göttlichen Gnaden ausgestattet war. So führte er das lang vergessene Zeremoniell des königlichen Handauflegens bei Skrofelkranken wieder ein. Karls Hof war in gewisser Weise typisch für das kulturelle Klima der Restauration. Nach dem puritanischen Regime blühte die üppige barocke Kultur vor allem in der städtischen Gesellschaft Londons auf. Theaterbesucher bevorzugten Komödien etwa von Sir George Etheredge, Thomas Shadwell, Sir John Vanbrugh und Aphra Behn. Dies entsprach auch dem Geschmack des Königs, der die höfischen, mystischen Maskenspiele aus der Regierungszeit seines Vaters nicht wieder einführte. Neben Vergnügungen aller Art interessierte man sich in gebildeten Kreisen jetzt besonders für die Wissenschaften. Im Juli 1662 erhielt die auf Initiative einiger Intellektueller als Akademie der Wissenschaften und der Schönen Künste gegründete *Royal Society of London* eine königliche Charter. Sie konnte so illustre und unterschiedliche Charaktere wie den Poeten John Dryden, den Naturwissenschaftler Robert Boyle, den in der Admiralität beschäftigten Bon-vivant Samuel Pepys und den Mathematiker und Architekten Christopher Wren zu den Mitgliedern der ersten Stunde zählen. Das detaillierte und offenherzige Tagebuch Pepys gehört zu den interessantesten und lesenswertesten Selbstzeugnissen der Londoner Restaurationsgesellschaft.[52] Was Inigo Jones für die erste Hälfte des 17. Jahrhunderts gewesen war, wurde Christopher Wren vor allem für die Zeit nach 1666, als das große Feuer von London weite Teile der Stadt in Schutt und Asche legte. Seine klassizistische Bauweise drückte London den Stempel auf, der vor allem mit der Kuppel der St. Pauls-Kathedrale bis in die Zeit der Postmoderne typisch für die Silhouette der Stadt sein sollte.

Restauration, Parlament, Monarchie

Auch in der Politik sah sich der König als Akteur, der an den Rats- und Oberhaussitzungen aktiv teilnahm. In seinem Bemühen, ein breites Spektrum politischer Meinungen in die Politik mit einzubeziehen und so Brücken zwischen den verschiedenen politischen und religiösen Fraktionen des Landes zu bauen, erweiterte der Monarch seinen *Privy Council* auf über siebzig Mitglieder, was die Regierungsgeschäfte allerdings alles andere als erleichterte. Wichtiger als die offiziellen politischen Organe waren Karl die informellen Zirkel von wenigen persönlichen Beratern, die er am Hof um sich versammelte. Hier legte er das diplomatische Geschick an den Tag, das seinem Vater so entschieden abgegangen war. Karl konnte vielfach politische Fraktionen gegeneinander ausspielen, verlor dabei allerdings auch nicht selten den Blick auf die eigentlichen Fragen der Politik.

Im neugewählten Unterhaus nahm die grundbesitzende Führungsschicht ihre alte Machtposition wieder ein. Das Oberhaus wurde mit seiner früheren Zusammensetzung, also auch mit den wiederernannten Bischöfen restauriert. Gesetze, denen König Karl I. nicht zugestimmt hatte, galten als ungültig. Das bedeutete allerdings auch, dass die Abschaffung der königlichen Prärogativgerichte der *Star Chamber* und der *High Commission* nicht wieder rückgängig gemacht wurde. Die Steuerausschreibung war weiterhin an die Zustimmung des Parlaments gebunden, alte königliche Feudaleinnahmen wie das *Ship Money* blieben abgeschafft. Der König behielt aber die Einnahmen aus Exportzöllen und die während des *Commonwealth* eingeführte neue Steuer auf Verbrauchsgüter, namentlich auf Bier und erhielt ein festes Einkommen, das allerdings nach wie vor nicht ausreichte, um alle Ausgaben seiner aufwändigen Hofhaltung zu decken.

Die Beziehungen zwischen Parlament und Krone wurden 1664 mit dem *Triennial Act* noch einmal festgeschrieben. Der *Act* bestätigte erneut die Einberufung eines Parlaments mindestens alle drei Jahre. Was nun wegfiel, war allerdings die Klausel der Neuwahlen, so dass es Karl gelang, mit seinem royalistischen Parlament, dem sogenannten Kavaliersparlament von 1661, in regelmäßigen Abständen bis 1679 zu regieren. Selbst als er in den letzten vier Jahren seiner Regierung kein weiteres Parlament mehr einberief, führte das nicht zum Aufschrei in der politischen Nation.

Karl ist im Urteil der Forschung als ein ideenloser König bezeichnet worden, dessen Lebensziel es bis 1660 gewesen sei, die

Krone für sich und das Haus Stuart zurückzuerobern ohne eine Vision zu entwickeln, wie die restaurierte Monarchie auszusehen hatte.[53] Einmal auf dem Thron interessierte er sich nicht für neue politische Theorien des Königtums, sondern versuchte vor allem, die bestehende politische Machtbalance so weit wie möglich im Gleichgewicht zu halten. Wenn es ihm auch gelang, den politischen Riss innerhalb der englischen Nation zu kitten, so scheiterte er doch bei dem Versuch, die verschiedenen Vertreter des breiten religiösen Spektrums im Lande zu versöhnen. Sein Ziel, die von Cromwell propagierte Toleranz in Glaubensangelegenheiten zu bewahren, stieß auf den massiven Widerstand des mehrheitlich anglikanischen Parlaments, das in einer Reihe von Gesetzen Nonkonformisten und Katholiken von Karrieremöglichkeiten in Verwaltung, Regierung und Wissenschaft ausschloss. 1662 wurde ein neues *Book of Common Prayer* eingeführt, das im Wesentlichen auf elisabethanischen Vorgaben beruhte und von Kritikern als „papistisch" diskreditierte Elemente wie das Tragen von traditionellen Priestergewändern und die Kniebeuge vor dem Altar beinhaltete. Die elisabethanischen Rekusantengesetze wurden erneut angewendet. Der 1662 erlassene *Act of Uniformity* forderte vom englischen Klerus einen Eid auf die anglikanische Kirche, die viele während des Commonwealth und des Protektorats eingesetzte Prediger nicht mit ihrem Gewissen vereinbaren konnten. Etwa zweitausend Kleriker verließen ihre Pfarrstellen. Karls Bemühungen, diese Ausgrenzungspolitik durch die 1672 erlassene *Declaration of Indulgence* einzudämmen, in der er Nichtanglikanern das Fernbleiben vom Gottesdienst ohne Strafandrohung gewährte, beantwortete das Parlament 1673 mit der Verabschiedung des *Test Act*, in dem festgelegt wurde, dass Staatsämter nur noch von Anglikanern bekleidet werden durften. Karl sah sich daraufhin gezwungen, die Indulgenzerklärung zu widerrufen.

Schottland und Irland

In Schottland wurde mit dem Königtum auch das Parlament in Edinburgh restauriert. Außenpolitik blieb allerdings die Angelegenheit des Königs in London. James Maitland, der Herzog von Lauderdale, übernahm in Edinburgh gleichsam die Rolle eines Vizekönigs und dominierte die schottische Versammlung, die selbst in sich gespalten und von den Auseinandersetzungen des Bürgerkriegs gezeichnet war. Ordnungen und Erlasse aus der Zeit nach

1633, also nach der Krönung Karls I., verloren ihre Gesetzeskraft. Damit wurden gleichzeitig die Laudschen Reformen und die Gegeninitiativen aus der *Covenanter*-Zeit nach 1638 abgeschafft. Schottische Presbyterianer reagierten mit massenhaften Ämterniederlegungen auf Seiten des Klerus und der Formierung militanter nonkonformistischer Zirkel, die mit brutaler Gewalt verfolgt wurden, was zu langanhaltenden Unruhen führte. Die Auseinandersetzungen kulminierten 1679 in der Ermordung des von Karl eingesetzten Erzbischofs von St. Andrews, James Sharp, die allerdings nicht zu der erhofften Wende in der repressiven königlichen Politik führte.

In Irland setzte der König ganz auf die Solidarität der alten und der neuen protestantischen Elite des Landes. Das 1661 wiedereingesetzte Parlament in Dublin bestand ausschließlich aus Protestanten, die allerdings im demographischen Bild des Landes nur etwa zehn Prozent der Bevölkerung ausmachten, zieht man die unter Karl I. diskreditierten und verfolgten Presbyterianer ab, die ebenfalls etwa zehn Prozent der Bewohner Irlands stellten. Cromwells Landverteilung wurde beibehalten, die brutalen Verfolgungen der Katholiken allerdings eingestellt. Ebenfalls eingestellt wurden neue Siedlungsprojekte oder Initiativen zur wirtschaftlichen Ausbeutung des Landes. Wie gegen schottische Waren erhob man auch gegen den Import irischer Produkte nach England einen hohen Zoll, der die Wirtschaft des Landes eher hemmte. Insgesamt verloren die Politiker in Westminster das Interesse an der Insel, was den Iren immerhin eine Atempause in ihrem Kampf gegen die englischen Kolonialherren verschaffte. Die Katholiken erlebten vielmehr den Auf- und Ausbau der katholischen Kirche. Katholische Schulen wurden ungehindert eröffnet, Mönche kehrten zurück, Messen konnten in der Öffentlichkeit gelesen werden. Die Kluft zwischen Katholiken und Protestanten verstärkte sich allerdings in diesen Jahren noch weiter.

Außenpolitik

Militär- und Außenpolitik blieben unbeschränkt die Domäne des Königs. Hier verfolgte er eine Politik, die sich vor allem an Frankreich orientierte, in dessen Kielwasser die Engländer sehr bald schwammen. Hierin äußerte sich eine Mischung von Karls persönlicher Präferenz und Bewunderung für den politischen Absolutismus seines Vetters Ludwig, politischem Kalkül und der

Ohnmacht Großbritanniens, auf dem Kontinent ohne starke Verbündete wirklich Einfluss zu gewinnen. Wieder waren die Niederlande die Kriegsgegner. Mit dem Überfall auf die nordamerikanische Niederländerkolonie Nieuw Nederland 1664 und deren Übernahme als New York standen die Zeichen für die wachsende englische Handelsdominanz im Atlantik zunächst gut. Im Fahrwasser dieses Erfolges provozierten die Engländer 1665 den zweiten englisch-niederländischen Seekrieg, bei dem es wiederum um die Vormachtstellung im internationalen Seehandel ging. Vor allem Karls jüngerer Bruder Jakob setzte als *Lord High Admiral* große Hoffnungen in das Unternehmen, das Großbritannien als führende Seemacht etablieren sollte. Dennoch endete auch dieser Krieg in einem peinlichen Fiasko für die englischen Aggressoren. Im Juni 1667 segelte eine niederländische Flotte ungehindert den Medway hinauf, verbrannte einen Teil der englischen Schiffe im Kriegshafen von Chatham und kaperte das englische Flagschiff *Royal Charles*, das im Triumph in die Niederlande gebracht wurde. Verstärkt durch einen verheerenden Pestausbruch in London 1665 und das große Feuer, das ein Jahr später weite Teile der Stadt in Schutt und Asche legte, sank die Begeisterung der Bevölkerung für die Regierung dramatisch. Wie schon sein Vater und Großvater sah sich Karl 1667 gezwungen, dem politischen Missmut der Bevölkerung und des Parlaments seinen führenden Minister, den Earl of Clarendon, zu opfern, der zu Unrecht für Karls Religionspolitik und das Debakel im englisch-niederländischen Seekrieg verantwortlich gemacht wurde. Er entließ den unbeliebten *Lord Chancellor*, der ins Exil gehen musste. An seine Stelle trat eine Gruppe von Beratern, die Karls Reputation allerdings noch mehr Schaden bringen sollte und die die politische Propaganda gegen die royalistische Politik als Cabal-Ministerium (nach dem Namen der Beteiligten Clifford, Arlington, Buckingham, Ashley und Lauderdale) bezeichnete. Die Allianz mit Frankreich wurde trotz allgemeinem Missmut fortgesetzt. Der König ließ sich gerne von seinem Vetter alimentieren und war 1670 im Vertrag von Dover dann auch zu einem förmlichen englisch-französischen Militärbündnis gegen die Niederlande bereit. Darüber hinaus verpflichtete er sich in einer Geheimklausel, zu einem ihm genehmen Zeitpunkt offiziell dem Katholizismus beizutreten. Zwei Jahre später zog er gemeinsam mit Frankreich gegen die Vereinigten Provinzen. Der dritte englisch-niederländische Seekrieg wurde zunächst mit Zustimmung aufgenommen, da man sich in England nach wie vor von der Schwächung der Niederländer Handelsvorteile versprach. Die *Declaration of Indulgence* vermehrte dann allerdings das Misstrauen gegen die allzu pro-katholische Politik Karls, das durch geschickt an die Öffentlichkeit gespielte Details aus dem Vertrag von Dover noch verstärkt wurde (dabei blieb die Zusatzklausel selbst bis 1682 geheim). Unter starkem innenpolitischen Druck musste Karl im Februar 1674 einen Separatfrieden mit den Niederlanden abschließen. Diese Episode macht wiederum die divergierenden Interessen der politischen Elite des Landes und der Krone deutlich. In den folgenden Jahren blieb Großbritannien außenpolitisch ganz im Schatten des französischen Königs, beteiligte sich aber nicht weiter aktiv an der Expansionspolitik Ludwigs. Unter Druck des Parlaments kam es sogar zu einer nominellen Annäherung an die Niederlande, die 1677 mit der Hochzeit von Karls Nichte Maria und Wilhelm von Oranien bekräftigt wurde. In den folgenden Jahren ließ Karl sich seine Allianz mit Frankreich, die von ihm lediglich eine Nichteinmischung in die politischen Angelegenheiten Europas forderte, gut bezahlen. Damit blieb der König von den Steuerbewilligungen eines eigenwilligen Parlaments unabhängig, was vor allem in seinen letzten Regierungsjahren den Ausschlag gab, ohne Parlament zu regieren. Hier wiederholte sich, allerdings weitaus undramatischer, der politische Grundkonflikt, der seinen Vater das Leben gekostet hatte.

Nachfolgefrage und *Exclusion Crisis*

Zusammen mit der immer wahrscheinlicheren Aussicht, nach Karls Tod einen katholischen Nachfolger, nämlich seinen jüngeren Brüder Jakob als Staatsoberhaupt zu bekommen, geriet die Monarchie durch die Aufdeckung einer angeblichen katholischen Verschwörung, in die Gerüchten zufolge sogar die Königin verwickelt war, 1678 in das Kreuzfeuer der Opposition. In einem zweiten *Test Act* beschlossen die Parlamentarier den Ausschluss aller Katholiken von Hof und Parlament. Diesem Gesetz konnte Karl nicht zustimmen. 1679 löste er kurzerhand das Parlament auf. Der Angst vor einem *Popish Plot* gab Jakob selbst neue Nahrung, indem er durch seinen Privatsekretär Edward Coleman sowohl mit dem Papst als auch mit Ludwig XIV. Verhandlungen führte, die beide Parteien zu einer finanziellen Stärkung der englischen Krone bewegen sollten. Die Konspiration konnte zwar als das Schwindelunternehmen des Hochstaplers Titus Oates aufgedeckt werden, die Verunsicherung über eine katholische Nachfolge steigerte sich allerdings mit wachsendem Alter des Königs. Dessen Bruder hatte in erster Ehe Anna Hyde, die Tochter von Karls Berater Clarendon geheiratet. Das Paar hatte zwei Töchter: Die mit Wilhelm von Oranien verheiratete Maria und Anna, die 1683 mit Prinz Georg von Dänemark vermählt wurde. Jakob selbst war vermutlich 1672 förmlich zum Katholizismus konvertiert. Bereits ein Jahr zuvor hatte er nicht mehr an der Messe nach anglikanischem Ritus teilgenommen. Nach der Durchsetzung des ersten *Test Act* legte er alle offiziellen Ämter nieder. Zwei Jahre nach dem Tod seiner ersten Frau hatte Jakob 1673 eine italienische Prinzessin namens Maria Beatrice von Modena geheiratet. Die Ehe war allerdings bislang kinderlos geblieben. Ein Sohn aus der Verbindung mit der katholischen Maria hätte die Nachfolge der protestantischen Töchter Jakobs aus erster Ehe zugunsten eines männlichen, aber katholischen Erben zurückgestellt. Auch ohne diese, vielen Protestanten bedrohliche Aussicht schien die gegenwärtige religiöse Konstellation mit einer katholischen Königin, einem katholischen Thronanwärter und einer pro-katholischen Außenpolitik für viele Zeitgenossen nicht dem englischen Nationalcharakter zu entsprechen und weckte wiederum Ängste vor absolutistischen Tendenzen, wie sie vor allem Karls großes Vorbild, der Sonnenkönig Ludwig XIV., in Frankreich an den Tag legte. Die Bemühungen der Opposition, die sich zum ersten Mal in der englischen Geschichte in der Vorform einer politischen Partei unter Anthony Ashley Cooper, dem Earl of Shaftsbury, formierte, zielten nun auf den Ausschluss des katholischen Jakobs von der Thronfolge. Dieser Präzedenzfall sollte zu einem grundsätzlichen Ausschluss katholischer Monarchen als unvereinbar mit der englischen Nation führen und stellte damit eine unerhörte Attacke auf die Rolle und die Macht der Monarchie als Institution dar, die damit nicht länger nur auf königlicher Abstammung, sondern auf Religionszugehörigkeit und den damit für die Zeitgenossen einhergehenden politischen Implikationen beruhen würde. Gleichzeitig würde ein entsprechendes Gesetz die Bedeutung des Parlaments als „Königsmacher" enorm erhöhen. Shaftsbury gelang es, nicht nur Parlamentarier hinter sich zu vereinigen, sondern auch außerhalb der beiden Häuser eine starke Lobby für die anti-katholische Sache zu mobilisieren. Besonderen Zulauf erhielt er hier von den politisch ins Abseits gedrängten Nonkonformisten, die sich von seiner Politik eine allmähliche Rückkehr auf die politische Bühne des Landes versprachen. Von Gegnern als *„Whigs"* – eine Korruption des schottischen Wortes *Whiggamore,* das ursprünglich die Feinde

Karls I. bezeichnet hatte – verunglimpft, wurden sie zu den Vorläufern der späteren liberalen Partei Englands. In den folgenden Jahren stellte sie bei Parlamentswahlen die Mehrheit im Unterhaus und brachte mit hartnäckiger Regelmäßigkeit ihre Version des Thronfolgegesetzes ein, das Karl mit ebensolcher Hartnäckigkeit durch das von ihm instruierte Oberhaus stürzen ließ und mit der Auflösung des Parlaments quittierte. Anders als sein Vater, der in einer nicht unähnlichen Konstellation im übertragenen wie im wahrsten Sinne des Wortes den Kopf verloren hatte, gelang es Karl allerdings, durch Konzessionen die Opposition in Grenzen zu halten. 1679 unterschrieb er die *Habeas-Corpus* Akte, die künftigen Schutz vor willkürlichen Verhaftungen bot und zum Grundstein der Menschenrechte werden sollte. Jakob verschwand aus dem Dunstkreis des Hofes und residierte bis zum Tod seines Bruders, von kurzen Unterbrechungen abgesehen, in Schottland. Dennoch schienen sich mit dem dritten *Whig*-dominierten Parlament 1681 die Ereignisse von 1642 zu wiederholen. Um den politischen Rückhalt der *Whigs* in der Hauptstadt auszuhebeln, berief der König sein Parlament in das traditionell königstreue Oxford und ließ Regimenter um den Versammlungsort postieren. Als das Parlament bereits eine Woche später wiederum an der Nachfolgeregelung scheiterte, löste der König die Versammlung auf und regierte in seinen letzten Jahren auf dem Thron ohne die beiden Häuser. Dagegen regte sich kein Widerstand. Shaftsbury wurde des Hochverrats angeklagt und musste zusammen mit seinem Leibarzt und politischen Freund John Locke in die Niederlande fliehen. Der König selbst hatte mit den sogenannten *Tories* – wiederum eine Beschimpfung der politischen Gegner als irische Straßenräuber – eine eigene politische Basis im Land hinter sich vereinigen können, die zwar im Parlament in der Minderheit war, außerhalb des Unterhauses aber über beträchtlichen Zulauf verfügte. Vereinfacht gesprochen vertraten die Anhänger der *Tories* das *Divine Right of Kings*, die Dominanz der Staatskirche und der landbesitzenden Elite in der Politik. Daraus ergab sich zumindest während der Regierung Karls II. eine stabile Allianz mit dem König. Karl hatte sich die finanzielle Bewegungsfreiheit von seinem Parlament außerdem 1681 durch hohe Subsidien aus Frankreich eingekauft, die er mit dem Versprechen bezahlte, kein Parlament mehr einzuberufen. Nachdem zwei Jahre später zudem mit dem sogenannten *Rye House Plot* eine Konspiration gegen Karl und seinen Bruder aufgedeckt wurde, an der führende *Whigs* beteiligt waren, hatte sich die Opposition gegen den König endgültig ins

Abseits manövriert und stellte in seinen letzten Regierungsjahren keine nennenswerte politische Gefahr mehr dar.[54] Karl ging nun seinerseits zum Gegenangriff über und baute die anglikanische, königstreue Fraktion der *Tories* systematisch auf. Hochburgen der Opposition besonders in den Städten wurden durch den Umbau der Lokalverwaltung zugunsten der Royalisten umgestaltet. Oppositionelle Friedensrichter wurden durch loyale Kandidaten ausgetauscht.

Ob der König weitere Initiativen zum Ausbau der monarchistischen Herrschaft nach absolutistischem Muster plante, muss ebenso Spekulation bleiben, wie die Frage, ob die parlamentslose Zeit Karls II. in Unruhen und Gegenwehr geendet hätten, wäre sie nicht vom überraschenden Tod des Monarchen am 6. Februar 1685 beendet worden. Vier Tage zuvor erlag Karl einem Schlaganfall, von dem er sich nicht mehr erholen sollte. Noch auf dem Sterbebett erfüllte er dann die Geheimklausel des Vertrages von Dover und damit wohl auch die Regungen seines eigenen Gewissens und trat im Beisein eines heimlich eingeschleusten Priesters zum Katholizismus über.

Jakob II. (1685–1688)

Trotz der vorangegangenen Krise erfolgte der Thronwechsel von Karl auf seinen drei Jahre jüngeren Bruder bemerkenswert problemlos. Die systematische Stärkung der Königspartei in Karls letzten Regierungsjahren ebnete seinem Bruder trotz des Misstrauens gegen einen katholischen Monarchen den Weg auf den Thron. Wie sein älterer Bruder war auch Jakob durch Vertreibung und Exil der königlichen Familie geprägt. 1646 war der damals Dreizehnjährige für kurze Zeit in die Gefangenschaft der Parlamentarier geraten, konnte aber 1648 in die Niederlande fliehen. Stärker als sein Bruder war er von seiner Mutter und ihren französischen Freunden geprägt, was seine katholische Ausrichtung förderte. Im Exil in Frankreich begann er eine Karriere beim Militär und übernahm ein Kommando in der französischen Armee. Nach der politischen Annäherung von Cromwell und Mazarin zog er mit der königlichen Familie nach Flandern, schloss sich auf Wunsch seines Bruders der spanischen Armee an und zeichnete sich 1658 in der sogenannten Dünenschlacht auf Seiten Spaniens gegen die französischen und englischen Gegner aus. Während sein Privatleben ebenso von Amouren gekennzeichnet war wie das seines Bruders, war sein Charakter doch sehr viel stärker durch seine militärische Ausbildung geformt. Wo Karl versöhnlich zwischen den Parteien vermitteln konnte, bezog Jakob eindeutig Stellung. Nirgendwo wurde dieser Unterschied zwischen den Brüdern so deutlich wie in ihrer Religionsausübung. Während Karl bis zu seinem Tod zögerte, sich durch ein offenes Bekenntnis zum Katholizismus von weiten Teilen der englischen Nation zu entfremden, war Jakob bereit, auch Nachteile wie den Verlust des ihm schon als Kind verliehenen Titels des *Lord Admirals* für die Ausübung des katholischen Glaubens in Kauf zu nehmen.

Dennoch schien er als König zunächst auch auf einen Kompromiss zwischen *Tories* und *Whigs*, Katholiken und Protestanten hinzusteuern. Politische Gegner der katholischen Thronfolge und ausgesprochene Anglikaner erhielten hohe Regierungsposten. Als das erste Parlament der neuen Regierung im Mai zusammentrat, bestand es aufgrund der von Karl eingeführten Reformen der Lokalverwaltung mehrheitlich aus königstreuen *Tories*.

Eine erste Krise in Gestalt des Aufstandes von Karls illegitimem ältesten Sohn Jakob, dem Herzog von Monmouth, der bereits während der *Exclusion Crisis* von der Opposition als königlicher Gegenkandidat gehandelt worden war, konnte einen Monat später erfolgreich überwunden werden. Monmouth hatte sich vor allem von den Nonkonformisten politische und militärische Unterstützung erhofft und im Südwesten Englands eine kleine Armee hauptsächlich aus Webern und Bauern zusammengestellt. Der erhoffte Zulauf von der politischen Elite aus dem Lager der *Whigs* blieb allerdings aus. Gleichzeitig hatte sich im Südwesten Schottlands eine Opposition gegen die Stuarts unter dem wegen seiner Kritik am *Test Act* 1681 exilierten und nach dem Tod Karls II. aus den Niederlanden zurückgekehrten Marquis Archibald von Argyll zusammengefunden. Anstelle auf die Zusammenlegung beider Heeresgruppen zu warten und zunächst in Richtung Norden zu marschieren, stellte sich Monmouth der kleinen, aber schlagkräftigen Armee des Königs im südwestlichen Somerset und wurde am 5. Juli 1685 bei Sedgemoor geschlagen. Die Vertreter des Königs gingen nicht eben zimperlich mit dem geschlagenen Gegner um. Monmouth wurde nach London verbracht und nach vergeblichen Gnadenappellen am 15. Juli hingerichtet. Jakob behielt die zur Niederschlagung des Aufstandes rekrutierte Armee auch in den folgenden Jahren unter Waffen und begann hier, mit der Ernennung von Katholiken in hohe militärische Ämter den Befürchtungen seiner Gegner im Hinblick auf einen katholischen Coup neue Nahrung zu geben. Als das Parlament im November 1685 erneut zusammentrat, entwarfen die Parlamentarier eine Protestresolution gegen diesen offensichtlichen Bruch der *Test Acts*. Jakobs Politik wurde wiederum mit der Religionspolitik auf dem Kontinent, und namentlich mit der französischen Revokation des Ediktes von Nantes im Oktober desselben Jahres in Verbindung gebracht. Jakobs Kritiker befürchteten hier Parallelentwicklungen, die auf eine erzwungene Rekatholisierung Großbritanniens zielten. Ob das in der Tat das Ziel des Königs war oder ob ihm an einer wirklichen religiösen Toleranz im Land gelegen war, bleibt dahingestellt. Jakob entwickelte jedenfalls kein Verständnis für die religionspolitischen Empfindsamkeiten seiner Untertanen und setzte die Ernennung katholischer Offiziere und Beamten fort. Besonders deutlich wurde diese Tendenz für die besorgten Zeitgenossen in Jakobs Irlandpolitik. Hier stärkte der Monarch ganz bewusst die katholische Mehrheit. Mit Richard Talbot wurde erstmals ein katholischer Ire, der zudem der Bruder des katholischen Bischofs von Dublin war, zum *Lord Deputy* ernannt. In kurzer Zeit waren etwa vierzig Prozent der Offiziere und die Mehrheit der in Irland stationierten Soldaten katholisch. Talbot, der zum Earl of Tyrconnel ernannt wurde, und seine Mitarbeiter dachten laut über eine Restaurierung katholischen Landbesitzes nach. Dazu sollte es allerdings nicht kommen.

Bereits in seinem ersten Regierungsjahr wurde Jakob klar, dass er mit seiner Politik, die vielmehr auf seinen eigenen Überzeugungen als auf politischem Kalkül beruhte, die Masse des anglikanischen Establishments nicht hinter sich bringen konnte. Um den Verlust an seiner *Tory*-Basis auszugleichen, bemühte er sich um die *Dissenters* am nonkonformistischen Ende des religiösen Spektrums. Eine *Declaration of Indulgence* vom April 1687 setzte sowohl die Strafklauseln gegen Katholiken und *Dissenters* als auch die *Test Acts* der 1670er Jahre außer Kraft. Dieses Verfahren, mit dem der König ohne Konsultation mit beiden Häusern ein Parlamentsgesetz außer Kraft setzte, kostete ihn weitere Sympathien der politischen Elite. Gleichzeitig gelang es dem König nicht, alle *Dissenter,* die etwa zehn Prozent der englischen Bevölkerung ausmachten, hinter sich zu bringen. Nonkonformisten rekrutierten sich zum größten Teil aus der urbanen Mittelschicht, die in Jakobs Maßnahmen, auch wenn sie zu ihren Gunsten ausfielen, einen weiteren Schritt in Richtung Absolutismus nach französischem Vorbild vermuteten. Andererseits zeigte sich Jakob als ausgesprochener Advokat von Handel und Industrie, was wiederum der städtischen Mittelschicht zugute kommen sollte. Religiöse Intoleranz, so argumentierte er, stünde dem Fortschritt, dem Wissens- und Techniktransfer und dem Wirtschaftswachstum eines Landes entgegen. Unter Jakob wurden beispielsweise calvinistische Exulanten aus Frankreich als Fachleute in der Luxuswarenindustrie in England angeworben. Jakob selbst unterhielt persönliche Freundschaften zu Nonkonformisten wie etwa dem Quäker William Penn, der durch die Landschenkung des Königs seinen Traum einer Quäkerkolonie in Pennsylvania verwirklichen konnte. Von einer Religionspolitik nach dem kontinentalen Motto *cuius regio eius religio* war Großbritannien jedoch weit entfernt.

Zu ausgesprochenen Aufständen und Unmutsäußerungen kam es allerdings nicht, obwohl der König weitere pro-katholische Aktionen unternahm. Wichtig war ihm vor allem eine Kulturrevolution in den Zentren von Wissenschaft und akademischer Ausbildung: in Oxford und Cambridge. In Oxford konnte er katholische *Master* und *Fellows* in verschiedenen Colleges durchsetzen. Bei der Besetzung des Präsidentenamtes von Magdalen College mit einem katholischen Kandidaten im Frühjahr 1687 stieß er dann allerdings auf heftigen Widerstand, der sich nicht nur an der Konfession des königlichen Favoriten, sondern auch an seinen moralischen und intellektuellen Fehlern entzündete. Der Opposition der *Fellows*, die ihre Statuten gegen das Nominierungsrecht des Königs anführten, begegnete Jakob mit unverhohlenen Drohungen, denen er in einem persönlichen Besuch in Oxford im September 1687 Ausdruck verlieh. Widerspenstige *Fellows* wurden entlassen, der königliche Kandidat konnte durchgesetzt werden, aber selbst die dem König traditionell freundlich gesinnten *Fellows* fühlten sich in ihrer akademischen Integrität angegriffen. Diese Episode ist typisch für das Vorgehen des Stuartmonarchen und beleuchtet auch den Charakter der Auseinandersetzungen in seiner Herrschaft. Kritik richtete sich nicht nur und vielleicht sogar nicht hauptsächlich gegen seine katholikenfreundliche Politik, sondern auch gegen seine Versuche, die Partikularrechte der politischen Elite, zu denen die Professoren in Oxford und Cambridge in jedem Fall gehörten, mit Hilfe einer absolutistischen Argumentation auszuhebeln. Dieser Taktik hatte er sich bereits 1686 bedient, indem er durch seinen *Lord Chief Justice* Herbert angesichts der Kritik gegen die Erhebung von Katholiken in den Offiziersstand erklären ließ, der König sei der oberste Gesetzgeber des Landes und stehe deshalb über den Gesetzen (also auch, in diesem Fall, über den *Test Acts*, gegen die er mit seiner Einstellungspolitik in den Augen des Parlaments verstoßen hatte). Eine königliche Tour durch England 1687 brachte Jakob wiederum mehr Feinde als Freunde. Der König intervenierte vor allem in der Lokalverwaltung, ersetzte missliebige *Lord Lieutenants*, die Vorsteher der Milizen, und Friedensrichter durch Kandidaten aus seinem eigenen Umfeld und erschütterte dadurch die traditionelle regionale Machtbasis der lokalen landbesitzenden Elite in einigen *Counties*. Sein offen zur Schau gestellter Katholizismus, der sich etwa in Bath im Besuch der mächtigen Abtei und einer dort gehaltenen Messe nach katholischem Ritus äußerte, befremdete seine protestantischen Untertanen.

Jakob überspannte den Bogen dann schließlich mit der zweiten Indulgenzerklärung vom 27. April 1688, deren pro-katholischer Inhalt laut königlichem Befehl von den Kanzeln der anglikanischen Kirche aus verlesen werden sollte. Nun brach öffentlicher Widerstand aus. Zusammen mit dem Erzbischof von Canterbury, William Sancroft, demonstrierten sechs anglikanische Bischöfe offiziell gegen die Kirchenpolitik des Königs, die sie als illegitim bezeichneten. Damit war gleichzeitig die Berechtigung Jakobs als König von Großbritannien in Frage gestellt. Der König reagierte prompt mit einer Anklage wegen Hochverrats. Er konnte sich allerdings nicht durchsetzen. Die Richter, die über die Petition zu Gericht saßen, erkannten sehr wohl die weiteren politischen Implikationen ihres Urteils und schlugen sich auf die Seite derjenigen, die die königliche Position über dem Recht des Landes nicht akzeptierten. Die Bischöfe wurden am 30. Juni 1688 freigesprochen. Durch die Geburt eines männlichen Erben, den Maria von Modena am 10. Juni 1688 zur Welt brachte, hatte sich der Konflikt zwischen der protestantischen Elite und dem katholischen Königshaus weiter dramatisch zugespitzt. Waren die meisten Politiker bereit, die Herrschaft des immerhin schon 55-jährigen katholischen Königs weiter zu dulden und auf eine protestantische Nachfolgerin in Gestalt seiner ältesten Tochter Maria zu warten, verstärkten sich nun die Aussichten auf eine katholische Dynastie. Gerüchte über die Illegitimität des Kindes, dem der Name Jakob Francis Edward gegeben wurde, machten schnell die Runde. Vermutlich aus Holland wurde der Verdacht gestreut, das Kind sei dem König untergeschoben worden.

Sancroft verweigerte zwar seine Unterschrift unter ein Schreiben an Jakobs Schwiegersohn Wilhelm von Oranien, in dem dieser zur Intervention in England aufgefordert wurde, aber sechs führende Protestanten und der Bischof von London unterzeichneten am 30. Juni 1688 die Petition an den Niederländer.

Die „Glorreiche Revolution" und der Krieg der zwei Königreiche in Irland

Die folgenden Ereignisse sind in der historischen Forschung ebenso kontrovers diskutiert worden wie der Bürgerkrieg. Wiederum verlaufen die Trennlinien zwischen dem *whiggistischen* Lager, dessen großes Werk *History of England from the Accession of James II.* Thomas Babington Macaulay in der Mitte des 19. Jahrhunderts vorgelegt hat und der marxistischen Interpretation der Historikergeneration des 20. Jahrhunderts.[55] Für den Historiker und *Whig*-Politiker Macaulay war die sogenannte Glorreiche Revolution ein Schlüsselereignis auf dem englischen Weg zur politischen Freiheit, zur Sicherung der englischen Verfassung und zu wirtschaftlichem Aufschwung. Im Gegensatz zu den blutigen Aufständen der Französischen Revolution war die Glorreiche Revolution ein gewaltfreier politischer Umschwung, der hauptsächlich durch den politischen Willen der englischen Nation zustande kam. Die neue Partnerschaft zwischen Krone und Parlament manifestierte sich in der Berufung Wilhelms von Oranien auf den Thron Großbritanniens und der Etablierung der konstitutionellen Monarchie. Diese Idee einer auf Freiheit und Fortschritt beruhenden Interpretation der Ereignisse von 1688, in denen Jakob II. eindeutig die Rolle des Schurken übernehmen musste, während Wilhelm von Oranien als Retter des Protestantismus und als Garant der politischen Freiheit gefeiert wird, findet sich noch in G.M. Trevelyans Interpretation der *English Revolution, 1688–89* – so der Titel seines 1938 erschienenen Buches. Demgegenüber interpretieren Marxisten wie Christopher Hill in Anlehnung an das Verdikt Karl Marx' die Verjagung Jakobs II. als eine reine Palastrevolution, in der ein Monarch gegen einen anderen ersetzt wurde, während die wahrhaft revolutionären Ereignisse sich in den 1640er Jahren abgespielt hatten. Revisionisten wie Jonathan Clark stimmen dieser Version – wenn auch aus einem anderen Blickwinkel – weitgehend zu.[56] Dennoch sollte bei aller Relativierung der Folgen nicht vergessen werden, dass mit dem Staatsstreich von 1688/89 die englische Verfassung und die englische Monarchie auf eine neue Grundlage gestellt wurden. Schließlich haben niederländische, aber auch englische Historiker wie vor allem Jonathan Israel die Interpretation der Ereignisse aus der anglozentrischen Tunnelvision zu einer europäischen Perspektive erweitert.[57]

Entscheidend für die Intervention Wilhelms und die Absetzung und Verjagung von Jakob Stuart war die außenpolitische Konstellation in Kontinentaleuropa, die für Wilhelm den Ausschlag für eine Einmischung in die Angelegenheiten seines Schwiegervaters lieferte. Die Geburt von Jakobs Sohn machte zwar einen Strich durch die Rechnung von Wilhelm und Maria, die sich angesichts von Jakobs fortgeschrittenem Alter berechtigte Hoffnungen auf die Thronnachfolge gemacht hatten. Wichtiger aber war im Jahr 1688 die außenpolitische Neutralisierung Großbritanniens. Wieder standen die Niederlande im Zentrum der politischen Überlegungen. Wieder wurden die Geschicke Großbritanniens von Frankreichs Expansionspolitik mitbestimmt. Im Herbst 1688 drohte den Vereinigten Provinzen ein Überfall aus dem Süden. Um Jakob politisch neutral zu halten und um einem Bürgerkrieg entgegen zu wirken, der vielleicht mit der Flucht des Königs nach Frankreich und der Unterstützung seines Cousins in Versailles geendet hätte, ließ sich Wilhelm zu einer Invasion in England überreden. Dabei war zunächst noch nicht die Rede von der Verjagung des Königs. Es ging Wilhelm und seinen Anhängern, zumindest in der offiziellen Lesart, lediglich darum, eine pro-französische Außenpolitik Jakobs zu verhindern und insgesamt die politische Lage in England zu stabilisieren. In massenhaft produzierten Pamphleten und Flugblättern, die unmittelbar nach seiner Ankunft in England verteilt wurden, rechtfertigte Wilhelm seine Landung mit dem Schutz der nationalen Religion und der englischen Rechte und Freiheiten gegen die Tyrannei von Jakob Stuart. Die öffentliche Reaktion war allerdings zunächst zurückhaltend. Anders als in der *Whig*-Historiographie dargestellt, wurde Wilhelm nicht von jubelnden Massen begrüßt. Tatsächlich verhielten sich auch die meisten Aristokraten abwartend.[58] Nachrichten von der Mobilmachung der niederländischen Flotte erreichten den König im Herbst 1688. Besonders schmerzhaft war es für Jakob, dass sich auch seine zweite Tochter Anna auf die Seite ihres Schwagers stellte. In einer Reihe von Gesetzen versuchte er nun, die Mitglieder des anglikanischen Establishment wieder auf seine Seite zu ziehen. In einigen *Counties* wurden die alten Friedensrichter und *Lord Lieutenants* wieder eingesetzt. Verhandlungen um die Wiedereinführung der *Test Acts* waren im Gange. Auf die Ankunft eines niederländischen Heeres in Torbay am symbolträchtigen 5. November, reagierte Jakob mit Panik. Der vereinten Landungsarmee war sein eigenes Heer zahlenmäßig unterlegen. Außerdem befürchtete er – nicht zu Unrecht – Desertionen von führenden Offizieren. Schließlich lag der lange Schatten des Bürgerkriegs auf ihm und seinen Soldaten. Eine Wiederholung des Blutvergießens der 1640er Jahre sollte auf jeden Fall vermieden werden. Bei einem Versuch, sich außer Landes zu begeben, wurde er gefangen genommen, dann aber von oranischen Befehlshabern an die Südküste gebracht. Am 22. Dezember floh der König nach Frankreich und konnte die Hilfe seines Vetters zur Wiedereroberung seiner Königreiche für sich in Anspruch nehmen. Am 12. März des folgenden Jahres landete Jakob mit einem französischen Heer im irischen Kinsale. Nicht zu Unrecht erhoffte er sich von den katholischen Iren, die von seiner Politik für kurze Zeit begünstigt worden waren, massive Unterstützung gegen seinen protestantischen Schwiegersohn. In der Tat konnte Jakob ein beträchtliches Heer unter seinen irischen Anhängern mobilisieren. Dann aber verließen den König seine alten militärischen Führungsqualitäten. Der Plan, sich mit der nicht unbeträchtlichen königlichen Gefolgschaft in den schottischen *Highlands* zusammenzutun, scheiterte am Widerstand der Protestanten in Ulster, die sich unter der moralischen Führung von William King, dem Kanzler der St. Patrick-Kathedrale in Dublin, dem iro-französischen Aufgebot entgegenstellten. Die Belagerung von (London) Derry musste aufgegeben werden. Jakob berief nun ein Parlament nach Dublin ein, das vollständig von Katholiken besetzt war, aber auch hier scheiterte er an den Forderungen der irischen ehemaligen Elite, die eine Restitution ihres von seinem Vater und seinem Bruder zugunsten der protestantischen Neusiedler enteigneten Landbesitzes forderte. Allerdings kam auch die protestantische Offensive unter Marschall Schomberg nicht so recht vorwärts. Erst mit der Landung Wilhelms von Oranien in Irland am 14. Juni 1690 wendete sich das Blatt zugunsten der Protestanten. Mit einem überwältigenden Heer von 36 000 Mann, die sowohl in Ulster als auch in England, den Niederlanden und (mit Hilfe seines Schwagers) in Dänemark rekrutiert worden waren, stellte er sich dem mit 25 000 Soldaten zahlenmäßig unterlegenen jakobitischen Heer. Am Fluss Boyne konnte Jakob zwar am 1. Juli 1690 seinen Gegner vernichtend schlagen, musste sich aber letzten Endes der protestantischen Übermacht beugen und verließ sehr zur Enttäuschung seiner irischen Anhänger das Land bereits am 4. Juli 1690.

Exil und Tod Jakobs II.

Nach seiner erneuten Vertreibung zog sich Jakob ins französische St. Germain en Laye nördlich von Paris zurück. Hier hatte er bereits 1688 mit Unterstützung Ludwigs XIV. Zuflucht gefunden. Auch jetzt erhielt er Hilfe von seinem französischen Cousin, der die Rückgewinnung des Thrones für Jakob und seinen Sohn befürwortete. In Jakob hatte sich allerdings ein Sinneswandel vollzogen. Er sah den Verlust seiner Herrschaft nun als Strafe Gottes für seine Sünden und vor allem für die amourösen Eskapaden seiner Jugend. Der gestürzte König widmete sich nun ganz religiösen Meditationen und Gebeten und verbrachte Tage und Wochen in der Abgeschiedenheit der Klöster seiner Umgebung. Der Friede von Rijswijk von 1697, in dem Ludwig XIV. faktisch die Herrschaft Wilhelms von Oranien anerkannte und versprach, keine Umsturzversuche gegen den Niederländer in Großbritannien zu unterstützen, beendete dann zunächst die Hoffnung auf die Restauration von Jakobs Familie. Jakob selbst nahm diese Entwicklung mit Gelassenheit hin. Er verfasste kleine religiöse Schriften und widmete sich mehr denn je religiösen Übungen und katholischer Frömmigkeit. Am 5. September 1701 starb der abgesetzte Monarch. Seine katholischen Anhänger stilisierten ihn bald zu einem Heiligen, dessen sterbliche Überreste an verschiedenen Orten zu Grabe getragen wurden. Der Körper selbst wurde in der englischen Benediktinerkirche in Paris beigesetzt, sein Hirn im schottischen Seminar von Paris aufbewahrt. Andere Körperteile verteilte man gemäß seinem Testament auf verschiedene katholische Kirchen in Frankreich, die ihm in seinen letzten Jahren wichtig gewesen waren. In der Benediktinerkirche sprach man bald von Krankenheilungen, die durch die Anrufung Jakobs II. erfolgt seien. Der Versuch der Heiligsprechung des Monarchen scheiterte allerdings 1714.

Wilhelm und Maria (1689–1702)

Nach der Flucht Jakobs übernahm nun in enger Konsultation mit der englischen politischen Elite ein Herrscherpaar den Thron, das sich bereits in den vorangegangenen Jahren mit den Regierungsgeschäften in London vertraut gemacht hatte. Tatsächlich waren die Beziehungen zwischen dem König, seiner ältesten Tochter und seinem Schwiegersohn durchaus freundschaftlich gewesen, bis die Geburt von Jakobs Sohn die Hoffnungen des Paares auf die Herrschaft in Großbritannien ernsthaft in Frage gestellt hatte. Wilhelm von Oranien hielt sich allerdings sowohl vor als auch unmittelbar nach seiner Landung in England mit seinen Plänen, gegen seinen Schwiegervater und dessen Sohn den Thron Großbritanniens zu besteigen, in der Öffentlichkeit zurück und betonte zunächst, dass er lediglich zur Wiederherstellung von Ruhe und Ordnung auf Einladung des Establishments ins Land gekommen sei. Als es dann aber 1689 um die Aushandlung der politischen Macht in Großbritannien ging, stellte sich sehr bald heraus, dass Wilhelm sich nicht mit der Rolle eines Prinzgemahls an der Seite seiner Gattin zufrieden geben würde, sondern selbst nach der Königswürde strebte. Hierbei wurde er von Maria unterstützt, die in allen politischen Fragen hinter ihrem Mann stand.

Dabei war der kleinwüchsige, asthmatische und schroffe Niederländer sicherlich nicht ihre persönliche erste Wahl als Ehemann gewesen. Maria hatte mit 15 Jahren das damals sechsundzwanzigjährige Oberhaupt des Hauses Oranien geheiratet und in den folgenden zwölf Jahren in den Niederlanden gelebt. Sowohl in der Heimat ihres Mannes als auch später in England genoss sie den Ruf einer nicht nur schönen, sondern auch guten und großzügigen Herrscherin, die durch ihre Herzenswärme und ihr aufrichtiges Interesse an ihren Mitmenschen die Zeitgenossen für sich gewinnen konnte. Unter ihrem Einfluss transformierte sich der englische Hof der Frivolitäten und Ausschweifungen zu einem moderaten Haushalt mit regelmäßigen Fast- und Busstagen.[59] Weil Wilhelms Asthma durch die schlechte Luft in der Hauptstadt verstärkt wurde, aber auch weil er sich nicht für die Hofkultur in England interessierte, bevorzugte das Paar den Aufenthalt auf dem Lande und hielt sich vorwiegend in *Kensington Palace* und in *Hampton Court* auf, wo großzügige Umbauarbeiten durchgeführt wurden. Durch Marias Initiative zur Errichtung des Marinehospitals in Greenwich eroberte sie sich trotzdem die Herzen der Londoner. Dennoch haftete ihrem Leben etwas Tragisches an, was den zeitgenössischen Beobachtern nicht verborgen blieb. Obwohl ihre Ehe mit Wilhelm von Respekt und auch von Zuneigung gekennzeichnet war und sie das wenig aufwändige, vom protestantischen Geist geprägte Hofleben in den Niederlanden genossen hatte, fand sie in ihrem Gatten nicht den Partner, den sie sich vielleicht gewünscht hätte. Bezeichnenderweise blieb ihre Ehe kinderlos. Gleichzeitig musste sie die Demütigung hinnehmen, dass Wilhelm in London eine Mätresse, Elisabeth Villiers, unterhielt. Gerüchte über homosexuelle Beziehungen zu seinen engsten niederländischen Beratern machten ebenfalls die Runde. Obwohl sie in der Öffentlichkeit nie an der Richtigkeit ihrer Entscheidung zweifelte, so litt Maria doch unter der Parteinahme gegen ihren Vater. In politischen Angelegenheiten trat sie ganz hinter ihrem Gatten zurück. In den langen Perioden seiner Abwesenheit durch Krieg und politische Verpflichtungen in den Niederlanden übernahm sie unter seiner Anleitung die Regierungsgeschäfte in London und stellte ihre eigene Expertise, die auf einer intimeren Kenntnis der britischen Verhältnisse beruhte, hinter seinen Vorstellungen zurück. Ihre Aura als tragische Königin wurde durch ihren frühen Tod weiter unterstrichen. Sie starb 1694 im Alter von 32 Jahren an den Pocken. Ihr Gatte Wilhelm, der den Tod seiner Frau aufrichtig betrauerte, war nicht nur durch die Heirat mit Maria, sondern auch über seine Mutter mit dem Haus Stuart verwandt. Seine Mutter war die Tochter Karls I., sein Vater der noch vor seiner Geburt verstorbene Wilhelm von Oranien. Von frühester Kindheit an musste sich Wilhelm als Erbe des Hauses Oranien mit der Welt der Politik auseinander setzen. Aufgrund politischer Umstände wurde er Statthalter in sechs der sieben niederländischen Provinzen und Oberbefehlshaber des Heeres der Vereinigten Niederlande. Seine Jugend war geprägt vom niederländischen Verteidigungskampf gegen die Expansionspolitik Ludwigs XIV. Von 1672 bis 1678 führte Wilhelm Krieg gegen Frankreich. Obwohl er sich nicht durch spektakuläre Siege auszeichnete, so war Wilhelm doch ein fähiger, kompetenter Feldherr und ein gebildeter Mann, der an der Universität Leiden studiert hatte. Die Invasion Englands, denn anders kann seine Landung nicht bezeichnet werden, sah er als Teil eines europäischen Planes, der für die Politik Wilhelms zeit seines Lebens entscheidend war.

Innenpolitik: Die Konsolidierung der „Glorreichen Revolution"

Innenpolitisch galt es zunächst ein Arrangement auszuhandeln, das sowohl für die *Tories* als auch für die *Whigs* akzeptabel war. Im Kern der Diskussionen stand die Frage nach dem Charakter der

Königsherrschaft, die sowohl in einem detaillierten parlamentarischen Verfahren als auch in der offiziellen Krönungszeremonie ihren Niederschlag fand. Nach der Flucht Jakobs II. forderte das englische Oberhaus Wilhelm auf, Neuwahlen für das Parlament auszuschreiben, das dann über die weiteren Schritte zur Etablierung der beiden Monarchen zu befinden hatte. Gemäß seinem eigenen Skript, mit dem sich Wilhelm zum Vertreter der Interessen der englischen Nation stilisierte, kam er diesem Vorschlag nach. Bereits einen Monat später, am 22. Januar 1689, trat das sogenannte Konventionsparlament zusammen. Obwohl Wilhelm es wohlweislich unterlassen hatte, Druck auf die Parlamentswahlen auszuüben, so hatten sich doch seine Anhänger massiv für oranische Kandidaten in ihren Wahlkreisen eingesetzt. In der Tat verfügte Wilhelm schließlich über eine robuste Mehrheit im Unterhaus. In den folgenden Verhandlungen ging es vor allem um die Position Jakobs II., die unmittelbare Implikationen für die zukünftige Rolle von Wilhelm und Maria hatte. Man wurde sich schnell einig, dass Jakobs Sohn als Nachfolger seines Vaters nicht in Frage kam. Dabei war es nicht so sehr die immer noch umstrittene Frage seiner rechtmäßigen Geburt, als vielmehr die Unvereinbarkeit der englischen politischen Nation mit einem katholischen König, dem selbst die tendenziell jakobitischen *Tories* mit äußerster Skepsis gegenüberstanden. Beide Häuser stimmten einem Gesetz zu, das bis heute seine Gültigkeit nicht verloren hat: Katholiken wurden grundsätzlich von der britischen Thronfolge ausgeschlossen. Wiederum wurde hier also eine parlamentarische Entscheidung über die traditionelle Dominanz des königlichen Geblüts gesetzt und die kontinentaleuropäische Formel der *cuius regio eius religio* gleichsam auf den Kopf gestellt. Schwieriger gestaltete sich die Diskussion um Jakobs Position. In den Feinheiten der Formulierung des neuen Verfassungsarrangements spiegelten sich die Hoffnungen der politischen Fraktionen, aber auch die konkurrierenden politischen Theorien der Zeit. Vereinfacht gesprochen teilte sich das englische politische Establishment in zwei Lager. Für die *Whigs*, die von der Vertragstheorie zwischen Herrschern und Beherrschten ausgingen, hatte Jakob mit seinem politischem Verhalten während seiner Regierung die politischen Freiheiten und Rechte der Engländer ignoriert und deshalb den Kontrakt mit seinem Volk gebrochen. Die Verjagung war demnach rechtmäßig und bedurfte nicht der Zustimmung des Königs. Diese Vorstellung wurde in der Formulierung „*breaking the original contract, between king and people*" in die abschließende Deklaration aufgenommen.[60] Die Idee eines Vertrages zwischen Regierten und Regierenden war nicht neu. Moderate *Whigs* argumentierten, dass der Krönungseid den Monarchen zur Respektierung der Rechte der Untertanen und zur Arbeit für das Wohlergehen des Volkes verpflichtete, während sich andererseits die Mächtigen im Land per Eidesformel zur Loyalität zu ihrem Herrscher bekannten. Am radikaleren Spektrum der *Whig*-Partei waren es vor allem Intellektuelle wie John Locke, die den Vertragscharakter der Monarchie nicht länger aus der historischen Tradition der *Ancient Constitution*, sondern aus dem Naturrecht interpretierten.[61] Die *Tories*, für die das Königtum nach wie vor auf dem *Divine Right* des Monarchen beruhte, war die Vorstellung, dass der König verjagt wurde, schwer zu akzeptieren. Um dieses Dilemma zu lösen, argumentierten sie, der König habe durch seine Flucht abgedankt. Die Formulierung der Abdankung implizierte für sie eine freiwillige Handlung, mit der Jakob dem Thronwechsel mehr oder weniger zustimmte oder zumindest die Bühne der politischen Entscheidung dem Parlament als den gewählten Vertretern des Landes und der traditionellen Elite überließ. Sie implizierte auch, dass die Thronfolge damit ordnungsgemäß auf seine Tochter Maria übergehen konnte. Von Wilhelms Thronanspruch war hierbei nicht die Rede. Die Debatte wurde dann durch die Stimmung im Oberhaus weiter kompliziert. Hier drängte die Mehrheit darauf, das Wort *abdicated* gegen das Wort *deserted* auszutauschen. Der politische Sprengstoff, der sich hinter dieser Formulierung verbarg, war allen Beteiligten bewusst. Ein desertierter König war nur zeitweilig nicht im Amt, konnte aber möglicherweise zurückkehren, während eine Abdikation in der Regel irreversibel war. Trotz seiner mangelnden englischen Sprachkenntnisse verstand Wilhelm sehr wohl die Nuancen dieser Auseinandersetzung. Als die Debatte dazu tendierte, das dynastische Prinzip zu favorisieren, das zwar seine Frau, aber nicht ihn selbst auf den Thron bringen würde, legte er seine Karten auf den Tisch und drohte mit dem Rückzug in die Niederlande. Das Oberhaus gab nach. Die Formulierung, der Thron sei vakant, wurde in die Resolution aufgenommen und am 6. Februar 1689 verabschiedet. Damit wurde es den Parlamentariern erlaubt, einen Thronfolger zu bestimmen, was sie dann auch zur Genugtuung Wilhelms taten. Zwei Dinge mochten die Peers nach der Drohung Wilhelms, das Land sich selbst zu überlassen, zu diesem Schritt bewogen haben: der lange Schatten des Bürgerkriegs, den viele von ihnen noch miterlebt hatten und der resolute Einsatz Marias für die Sache ihres Mannes. In weiteren

Verhandlungen wurde dann beschlossen, dass faktisch Wilhelm allein regieren und Maria nur in Zeiten seiner Abwesenheit eine führende politische Rolle spielen sollte. Am 13. Februar 1689 trug schließlich das Konventionsparlament Wilhelm und Maria offiziell die englische Krone an. Gleichzeitig legten die Parlamentarier dem Paar einen Forderungskatalog vor, der später in Gesetzesform als *Bill of Rights* bekannt wurde. Ausgangspunkt der Gravamina, die die Rolle des Parlaments gegenüber dem König sichern sollten, war die Angst der Parlamentarier vor monarchischen Übergriffen auf ihre Rechte als politische Versammlung, wie sie sie in der Regierung Jakobs II. und seiner Vorgänger erlebt hatten. Auch wenn die *Bill of Rights* vor allem in der amerikanischen Literatur als erste Menschenrechtsdeklaration gefeiert wird, ging es in dem Dokument nicht um die Rechte von Individuen, sondern um die Absicherung der parlamentarischen Versammlung, die die politische Elite des Landes vertrat.[62] Dennoch versteckten sich hier unter dem Deckmantel des Traditionsarguments auch Neuregelungen im Umgang zwischen Herrschern und Beherrschten. Neben der Festschreibung überkommener Verfahrenspraxis wie etwa dem Verbot, ohne gesetzliche Ermächtigung durch das Parlament Steuern zu erheben, standen neue Forderungen nach der regelmäßigen Zusammenkunft des Parlaments, der Zustimmung des Parlaments zum Unterhalt eines stehenden Heeres und das Verbot königlicher Ausnahmegesetze. Komplementär zu diesen Schwächungen der Krone enthielt die Schrift Regelungen zur Stärkung der parlamentarischen Versammlung: gefordert wurde die Garantie freier Parlamentswahlen (an eine Ausweitung der Wahlberechtigten dachte allerdings niemand) und der Schutz der Redefreiheit. Mit der Forderung nach allgemeiner Petitionsfreiheit wurden schließlich auch die Rechte der einzelnen Untertanen angesprochen. Wilhelm und Maria waren sich durchaus der Tragweite dieser Deklaration bewusst. Sie versuchten, durch die geschickte Manipulation des Protokolls den Eindruck zu verwischen, dass sie lediglich durch den Willen des Parlamentes auf den Thron gelangt seien. Wilhelm und Maria nahmen deshalb zunächst die Krone an und akzeptierten erst sichtbar danach die *Declaration of Rights*. Damit wollten sie deutlich machen, dass ihr Anspruch auf die Krone nicht von der Annahme dieses parlamentarischen Rechtskataloges abhängig war. Trotzdem konnte alles Zeremoniell nicht darüber hinwegtäuschen, dass den absolutistischen Tendenzen der früheren Stuartherrscher hiermit ein Riegel vorgeschoben worden war. Auf diesem Hintergrund war die

„Glorreiche Revolution" eben doch mehr als eine Palastrevolte. Das Selbstverständnis des Monarchen als von Gottes Gnaden eingesetztem Herrscher existierte nicht mehr. Es war bereits mit der Hinrichtung Karls I. erschüttert worden und erhielt mit der Absetzung Jakobs II. einen weiteren entscheidenden Schlag. Mit den parlamentarischen Diskussionen um die Abklärung darüber, woher die neue Legitimität des Königspaares kam, begann in England eine politische Debattenkultur, die sich in einer Flut von politischen Publikationen äußerte, für die sich ein neuer Markt in den gebildeten Zirkeln vor allem der Hauptstadt eröffnete.[63]

Diese ungewöhnliche Lösung mit zwei nominell gleichberechtigten Monarchen auf dem Thron, die zudem sowohl das Erbprinzip als auch das Wahlprinzip vertraten, spiegelte sich symbolisch in der Krönungszeremonie, die am 11. April 1689 in London stattfand. Formal folgte man dem Protokoll, das Jakob II. zu seiner Krönung nur vier Jahre zuvor eingeführt hatte. Im Detail gab es aber gravierende und politisch entscheidende Unterschiede. Beide Monarchen zogen gleichzeitig in die Westminsterabtei ein. Die Staatsinsignien hatte man kopiert, so dass Krone, Szepter, Reichsapfel etc. in doppelter Ausführung vorhanden waren. Weitaus wichtiger war allerdings das Personal, das an dieser Handlung teilnahm. Augenfällig war zunächst das Fehlen des Erzbischofs von Canterbury, der traditionell die Krönung vornahm. An die Stelle von William Sancroft, der sich als loyaler *Jakobite* dieser Rolle entzogen hatte, trat der Bischof von London. Auf der Galerie beobachteten nun zum ersten Mal die Abgeordneten des *House of Commons* die Krönungsfeierlichkeiten und vernahmen, was noch wichtiger war, den neuen Krönungseid, den Wilhelm und Maria beschworen. Hierin versprachen sie ausdrücklich, nach den Statuten des Parlamentes und den vom Parlament verabschiedeten Gesetzen und Traditionen zu regieren. Bezeichnenderweise wurde Wilhelm vor seiner Gattin gekrönt, was für die politisch informierten Zeitgenossen nicht nur ein Symbol patriachalischer Dominanz, sondern auch ein Ausdruck der Überlegenheit des Wahl- über das Erbprinzip war.

Die Außenpolitik der „balance of power"

Bereits einen Monat nach der Krönung widmete sich Wilhelm wieder seiner großen außenpolitischen Aufgabe und erklärte Frankreich am 5. Mai 1689 den Krieg. Wilhelm entwickelte hier erstmals das Konzept einer *balance of power* in Europa. Ziel war es, das militärische und politische Übergewicht einer europäischen Supermacht – Frankreich – zu verhindern. Großbritannien wurde damit Teil der „Großen Koalition", die die Niederlande, das Reich, Brandenburg, Sachsen, Hannover, Schweden, Savoyen und Spanien schlossen. Bis 1697 kämpfte man im sogenannten Pfälzischen Erbfolgekrieg an verschiedenen Fronten gegen die französischen Hegemoniebestrebungen. Der Krieg verursachte ungeheure Kosten und verwickelte Großbritannien erstmals mit einem massiven Militäraufgebot in die europäische Politik. Verglichen mit den nahezu 100 000 Mann in Flandern, von denen etwa zwei Drittel Briten waren, erschienen die Mannschaften in früheren britischen und englischen Kampagnen auf dem Kontinent minimal. Wilhelms Rekrutierungs- und Ausstattungspolitik waren umstritten. Er misstraute dem militärischen *Know-How* der in der europäischen Kriegsführung unerfahrenen Briten und unterstellte sie in der Regel deutschen und niederländischen Militärs. Gleichzeitig duldete er kein größeres britisches Militärkontingent in England während seiner eigenen Abwesenheit, was dazu führte, dass niederländische Truppen nach England kamen, während Briten auf die Schlachtfelder des Kontinents geschickt wurden. Das alles vergrößerte die Angst vieler Briten, sich an die Niederländer verkauft zu haben und sich nun am unteren Ende der politischen wie militärischen Hierarchie wiederzufinden, die von Wilhelms niederländischer Klientel dominiert wurde. An Land wie auf den Meeren wechselte das Kriegsglück. Der Sieg, den die vereinigte englische und niederländische Kriegsflotte gegen die Franzosen im Mai 1692 bei La Hogue erringen konnte, wurde ein Jahr später vom Verlust der anglo-niederländischen Handelsflotte auf dem Weg von England in die Türkei überschattet. Der Krieg endete mit einem Kompromiss. Nach Geheimverhandlungen konnten die Niederlande im Vertrag von Rijswijk am 20. September 1697 eine Sicherheitszone zwischen das eigene Territorium und den mächtigen französischen Nachbarn schieben. Die Franzosen zogen sich aus Luxemburg und den wichtigen Grenzfestungen in den Spanischen Niederlanden zurück. Ludwig erkannte Wilhelm als rechtmäßigen König von Großbritannien an und reduzierte die Handelsbarrieren zwischen den Niederlanden und Frankreich, die die niederländische Wirtschaft über Jahre eingeengt hatten.[64] Mit dem Frieden von Rijswijk hatte Wilhelm den Höhepunkt seiner Reputation als internationaler Politiker erreicht. Sein Prestige als Militär, Staatsmann und Diplomat ließ sich mit der Aura vergleichen, die seinen großen Gegner, den Sonnenkönig, umgab. Nach 1697 sank sein Stern sowohl in Großbritannien als auch auf der europäischen Bühne. Gerüchte über eine leidenschaftliche Beziehung zu dem Gelderländer Adeligen Arnold Joost van Keppel, den Wilhelm zum Lord Albemarle erhob, überschatteten das Image eines tapferen Feldherrn, der – wenn auch nicht immer erfolgreich – an der Spitze seiner Soldaten in den Kampf geritten war. Die Beziehung zu van Keppel entfremdete Wilhelm auch von seinem langjährigen Berater und Vertrauten Willem Bentinck, der unter anderem die Geheimverhandlungen mit den französischen Diplomaten geführt hatte und für einen Großteil der oranischen Außenpolitik der letzten dreißig Jahre verantwortlich gewesen war. Die diplomatischen Regelungen des Vertrags von Rijswijk sollten nicht von Dauer sein. Das lange Sterben des letzten spanischen Habsburgers Karls II., der keinen direkten Erben hinterließ, weckte erneut die territorialen Begehrlichkeiten der europäischen Mächte. In zwei Geheimverträgen, die Wilhelm 1698 und 1699 in Paris abschloss, sollte das Herrschaftsgebiet Karls mitsamt den spanischen Territorien in Übersee zwischen dem zweiten Sohn Ludwigs XIV., dem Sohn des Kurfürsten von Bayern und Erzherzog Karl von Österreich aufgeteilt werden. Für die Vereinigten Provinzen sollten weitere Barrierefestungen in den Spanischen Niederlande die Grenze zu Frankreich noch stärker absichern. Der Tod dreier Männer machte diese Pläne zunichte. Zunächst verschied am 6. Februar 1699 der bayerische Kurprinz Joseph Ferdinand, den Karl II. selbst als Universalerben favorisiert hatte. Nach dem Tod des spanischen Königs am 1. November 1700 wurde der Dauphin, den Karl nach dem Tod Joseph Ferdinands zum neuen spanischen König über das gesamte spanische Reich ernannte hatte, als Philipp V. zum König von Spanien proklamiert. Von einer Teilung der spanischen Besitzungen war nicht mehr die Rede. Schließlich stellte der Tod des abgesetzten Jakob II. am 5. September 1701 noch einmal überraschend die Legitimität Wilhelms als britischem König in Frage, nachdem Ludwig die Abmachungen des Friedens von Rijswijk außer Kraft setzte und Jakob Francis Edward Stuart offiziell zum Erben seines Vaters und damit der britischen Krone deklarierte. Mit der gewaltsamen Übernahme der niederländischen Barrierefestungen in Belgien und dem Franzosen auf Spaniens Thron drohten Europa eine erneute französische Übermacht und Großbritannien selbst weitere Unruhen durch den neuen, von der europäischen Supermacht anerkannten Erben aus dem Hause Stuart. Besonders prekär war diese Konstellation, weil 1700 der einzige Sohn von Wilhelms Schwägerin Anna verstorben war, der allgemein als Wilhelms Erbe gehandelt worden war. Wieder versuchte Wilhelm, eine europäische Koalition gegen Frankreich zu schmieden. In Den Haag kam es schließlich am 7. September 1701 zum Abschluss der Großen Allianz zwischen den Niederlanden, Großbritannien und dem Kaiser, der sich für die Ansprüche Karls von Österreich einsetzte. Ziel der Koalition war die Sprengung der franko-spanischen Union. Beiden Lagern schlossen sich bald die kleineren deutschen Territorien und europäischen Nachbarländer an. Wilhelm sollte diesen Krieg, der in der Geschichte als der Spanische Erbfolgekrieg bezeichnet wird, nicht mehr selbst führen. Er starb überraschend bei einem Reitunfall am 8. März 1702.[65] Auch wenn sein Tod nur von wenigen Briten betrauert wurde, da er sich durch sein persönliches Verhalten und durch seine, vielen Zeitgenossen allzu exklusive Bevorzugung seiner niederländischen Untertanen wenig Freunde im Land gemacht hatte, so steht seine Politik in Sachen militärischer Aufrüstung und internationaler Beteiligung von Heer und Marine am Anfang des Aufstiegs Großbritanniens zu der europäischen und transatlantischen Großmacht, die es im 18. und 19. Jahrhundert werden sollte.

Innenpolitik: Die Finanzrevolution

Der Krieg gegen Frankreich verschlang enorme Summen. Er wurde von der politischen Elite in England mit gemischten Gefühlen aufgenommen. Während viele *Whigs* sich für die Intervention in Europa einsetzten, fühlten sich die *Tories* in einen Krieg hereingezogen, der England nichts anging, sondern eine Sache von Wilhelms niederländischen Interessen war. Zudem begegneten viele Engländer dem wachsenden Heer des Königs mit Misstrauen, während allerdings der Ausbau der Flotte begrüßt wurde. Der Unterhalt einer Armee, die auf dem Höhepunkt der Auseinandersetzungen 60 000 Mann umfasste, war kostenaufwändig und musste verwaltet werden. Offiziersstellen bei Heer und Flotte verdreifachten sich. Um den gewachsenen Staatshaushalt zu finanzieren, musste Wilhelm nun jährlich Parlamente einberufen. Diese Handhabung setzte sich von nun an fest und zementierte die Regelmäßigkeit der Sitzungsperioden. In den folgenden Jahren traf das Parlament eine Reihe von Entscheidungen, die die Finanzierung des Krieges regeln und die Verwaltung des Landes den neuen

Bedingungen des gewachsenen Heeres und der militärischen Ausgaben anpassen sollten. Hierbei kam es Wilhelm zugute, dass viele Parlamentarier zugleich Ämter in der Bürokratie des Landes inne hatten. Die Opposition sah das natürlich als einen Eingriff in die Freiheit des Parlaments und forderte regelmäßige Neuwahlen, um ein *Pension Parliament*, wie man etwa die Versammlung von 1693 nannte, zu verhindern. Der *Triennial Act* von 1694 schrieb schließlich eine dreijährige Legislaturperiode fest, die den König zur regelmäßigen Ausschreibung von Neuwahlen zwang, und so die Verkrustung parlamentarischer Strukturen und die Bevorzugung eines ihm genehmen Parlaments durch den Monarchen verhinderte.

Während die Parlamentarier dem König zunächst kurzfristige Darlehen für den Krieg gewährten, ging man ab 1692 zur strukturellen Neuordnung des Steuersystems über. Die traditionelle Grundsteuer, die während der Restauration abgeschafft worden war, wurde nun wieder eingeführt und auf eine regelmäßige Basis gestellt. Die Einziehung von Steuern, die bereits Oliver Cromwell ausgeweitet und effizienter gestaltet hatte, avancierte unter Wilhelm zu einer permanenten Einrichtung, die vom Parlament abgesegnet wurde und auf vergleichsweise geringen Widerstand stieß. Hilfreich war hier auch, dass die Steuerverwaltung flexibel auf Gravamina reagierte und beispielsweise eine unbeliebte Fleischsteuer kurz nach ihrer Einführung wieder abschaffte. Regelmäßig erhobene Steuern, vor allem die Steuern auf Landbesitz, ließen sich zudem leichter eintreiben und waren kalkulierbarer als unregelmäßige Belastungen. Diesem Regiment kam auch die niedrige Inflationsrate während der zweiten Hälfte des 17. Jahrhunderts zugute.

Darüber hinaus nutzte Wilhelm, basierend auf seinen Erfahrungen in den Niederlanden, nun sehr viel stärker das Banken- und Kreditsystem, das mit einer Form von Kriegsanleihen neue Methoden zur Finanzierung des Heeres entwickelte. Die Regierung übernahm so Kredite bei ihren Untertanen über die Bank von England auf, die Kreditgeber erhielten dafür Verschreibungen auf die Akzise. Die Vorstellung eines auf lange Sicht verschuldeten Königtums wurde salonfähig und ermöglichte höhere Anleihen. Wichtiger noch für die Ausbildung des Banken- und Kreditwesens war die Idee, dass nicht der König als Person, sondern der Staat durch die Bank von England Schuldscheine ausschrieb, und so, sozusagen, die Nation bei der Nation verschuldet war.[66] Neben der Bank von England war es vor allem die 1698 neugegründete *East India Company*, die als vertrauenswürdige Kreditgeberin auftrat.[67] Diese Entwicklung hatte Implikationen für die Elite des Landes. Neben die traditionelle Landbesitzerschicht traten nun verstärkt die Unternehmer und Finanzkaufleute als eine neue politisch höchst einflussreiche Schicht, die sich nicht selten ihren Weg ins Parlament erkaufte. Anstelle den traditionellen Einstieg in die Politik über Landerwerb zu wählen, zogen es Bankiers und Unternehmer vor, die Kandidaten und die Wähler in den *boroughs* durch großzügige Geldgeschenke auf ihre Seite zu ziehen. Diesem Trend setzten sich die alten Aristokraten erbittert entgegen, eine Annäherung der alten und der neuen Elite trat aber erst im 18. Jahrhundert ein, als nach Steuer- und Agrarreformen der Erwerb von Landbesitz nicht nur sozial sondern auch ökonomisch wieder lukrativer wurde.

Religion

Obwohl der Krönungsritus für Wilhelm und Maria in Westminster nach den Gepflogenheiten der anglikanischen Kirche vorgenommen wurde, sollte sich die Beziehung zwischen dem neuen König und der anglikanischen Kirche nicht als besonders gut erweisen. Für den Calvinisten Wilhelm stand die englische Kirche den papistischen Traditionen zu nah. Andererseits war Wilhelm selbst durch die religionspolitischen Regelungen in den Niederlanden geprägt, wo sich die Toleranz gegenüber Katholiken, Juden und protestantischen Sekten sehr zum Vorteil für das Wirtschaftsleben namentlich in den großen Handelsmetropolen ausgewirkt hatte. In einer 1689 verfassten *Toleration Act* wurde einem Großteil der nonkonformistischen Gruppen Religionsfreiheit gestattet solange sie bereit waren, einen Eid auf die Krone abzulegen. Quäkern wurde erlaubt, anstelle des Eides eine schriftliche Erklärung vorzulegen. *Dissenters* durften in designierten Gotteshäusern bei geschlossenen Türen und Fenstern ihre Religion ausüben. Sie blieben allerdings auch weiterhin von Universitäten und Staatsämtern ausgeschlossen. Auf viele Mitglieder der Staatskirche wirkten diese Maßnahmen befremdend. Die Erinnerungen an die religiösen Streitigkeiten während der *Commonwealth*-Zeit waren noch wach und vermischten sich nicht selten mit der Furcht vor radikalen Außenseitern und deren politischen Vorstellungen. In der Realität hatten viele religiöse Sekten ihren politischen Stachel allerdings eingebüßt. Radikale und charismatische Führer wie der

Independent John Bunyan und der Puritaner Richard Baxter, die zu Beginn der Regierung von Wilhelm und Maria starben, fanden keine Nachfolger ihres politischen Kalibers.[68] Die Mitgliederzahlen unter den *Dissenters* stagnierten. Grundsätzlich ausgeschlossen von öffentlichen Ämtern blieben ebenfalls die Katholiken, die insgesamt trotz Jakobs pro-katholischer Maßnahmen nicht mehr als etwa ein Prozent der Bevölkerung ausmachten. In der öffentlichen Meinung spielten sie allerdings eine weitaus dramatischere Rolle als es ihre Mitgliederzahl vermuten ließ. Der Katholizismus blieb eng verknüpft mit Jakobs Regierung und den Versuchen seiner Restauration in den folgenden Jahren. Damit wurde die Zugehörigkeit zur katholischen Kirche gleichgesetzt mit politischen Verschwörungstheorien, Absolutismus und Despotie. Diese Ideen waren nicht neu, sondern konnten auf eine lange anti-katholische Propaganda im Lande zurückgreifen. In den folgenden Jahren wurden eine Reihe von Gesetzen erlassen, die die wirtschaftlichen Aktivitäten der politisch bereits im Abseits stehenden Katholiken empfindlich beschnitten. Motor zu diesen Maßnahmen war nicht Wilhelm, der den Vorlagen nur zögern und halbherzig zustimmte, sondern vor allem das anglikanische Establishment. Obwohl Katholiken, die sich unauffällig verhielten, weiterhin ihre Religion ausüben konnten, kam es doch nicht selten zu anti-katholischen Demonstrationen von allem an den Hochtagen des protestantischen englischen Festkalenders. So wurde am 7. September 1696, dem Geburtstag von Königin Elisabeth I., in London der Papst in Gestalt eines Strohmannes öffentlich verbrannt. Ähnliche Zeremonien sind auch von den Feiern zum 5. November, dem Tag der Aufdeckung des *Gunpowder Plots* und der Landung Wilhelms in England, bekannt.

Weitgehend sich selbst überlassen: Wilhelm und Irland

Das Verdikt einer unblutigen Revolution stimmte zwar für die politische Lage in England, keinesfalls aber für die Ereignisse in Irland. Mit der Übernahme der englischen Krone übernahmen Wilhelm und Maria automatisch auch die Krone von Irland. Das irische Parlament wurde in dieser Angelegenheit traditionell nicht befragt.

Nach der Flucht Jakobs nach der Schlacht am Fluss Boyne blieb ein Teil des irischen Heeres unter dem irischen Kommandeur Patrick Sarsfield unter Waffen und setzte den bewaffneten Kampf gegen Wilhelm noch ein weiteres Jahr fort. Die Auseinandersetzungen forderten zahllose Opfer auf beiden Seiten und wurden erst mit dem Frieden von Limerick am 3. Oktober 1691 zugunsten der Oranier beendet. Zunächst war Wilhelm bereit, die Katholikengesetze aus der Regierungszeit Karls II. zu akzeptieren, die den katholischen Iren freie Religionsausübung zugesichert hatten. Katholiken mussten allerdings wieder alle führenden Ämtern abgeben. Daneben wurde den Soldaten und Offizieren aus dem irischen Heer, die sich den Truppen Wilhelms ergaben, freie Ausreise auf den Kontinent gestattet. Hiervon machten etwa 14 000 Mann Gebrauch. Die meisten von ihnen fanden Anstellungen in den Armeen Europas, namentlich in Frankreich und in Spanien, wo sie als sogenannte *Wild Geese* in die Militärgeschichte eingingen.[69] Das irische Parlament wurde erneut protestantisch und setzte in den folgenden Jahren eine Reihe ausgesprochen harter anti-katholischer Gesetze durch. So wurde es beispielsweise Katholiken verboten, ihre Kinder zur Erziehung ins Ausland zu schicken. Sie durften keine Waffen besitzen und wurden von den meisten höheren Berufen ausgeschlossen. Im Verlauf der folgenden Jahre versuchte man auch, weitere Enteignungen der ohnehin schon dezimierten katholischen Landbesitzerschicht durchzuführen. Diese wurden zunächst nur für die durch die Ausreisegenehmigung für Militärs Betroffenen implementiert. Wilhelm verschenkte großzügig den so erworbenen Landbesitz an seine persönlichen Freunde und sogar an seine Mätresse. Ein irisches Gesetz von 1699 erklärte dieses Verfahren zwar für ungültig, konnte aber nicht die Rückgabe des Besitzes in irische Hände durchsetzen. So verschob sich die Zahl der Landbesitzer im Verlauf des 18. Jahrhunderts weiter zuungunsten der Katholiken. 1703 war sie auf vierzehn Prozent zusammengeschrumpft. Im selben Jahr erlies das Parlament zudem ein Gesetz, das Katholiken den Erwerb von Eigentum verbot. Wirtschaftlich litt Irland unter der englischen Schutzzollpolitik. 1699 verbot das Parlament in Westminster den Import von Wolle und Wollwaren aus Irland, was die Ökonomie des Landes erheblich schädigte. Auch in den folgenden Jahren hofften viele katholische Iren weiterhin auf eine Rückkehr Jakobs oder seines Sohnes. Bis 1697 unterhielt Jakob ein eigenes Heer im Exil, das sich zu einem großen Teil aus irischen Regimentern zusammensetzte. Nach dem Frieden von Rijswijk sank jedoch die Hoffnung auf einen Sieg des exilierten Königs. Die Presbyterianer in Ulster standen allerdings ebenso unter dem Verdacht der Illoyalität wie die Katholiken. Sie blieben ebenfalls vom irischen Parlament und den Staatsämtern im Lande ausgeschlossen. Angesichts dieser Diskriminierungen ist es deshalb nicht verwunderlich, dass die Tradition des Oranierordens mit seinen Märschen und radikalen anti-katholischen Aktivitäten, die noch heute das Klima in Nordirland vergiften, erst in den 1790er Jahren entstand und sich auf dem Hintergrund der Französischen Revolution gegen die *United Irishmen*, eine aus Protestanten und Katholiken bestehende politische Strömung richtete, die sich für die Unabhängigkeit Irlands einsetzte. Obwohl noch heute am 12. Juli jährlich an die Schlacht am Boyne erinnert wird, hatten die Presbyterianer in Ulster von *King Billy* zunächst auch nichts Gutes zu erwarten. Für das protestantische Establishment standen die Zeichen der Zeit allerdings gut. Das irische Parlament tagte regelmäßig in Dublin. Wilhelms Politiker in Westminster zeigten wenig Interesse an den Angelegenheiten auf der Insel, die weitgehend sich selbst überlassen wurde.

Starke Opposition gegen Wilhelm in Schottland

Kompliziert gestaltete sich auch die Situation in Schottland, die zudem von Adelsrivalitäten und den Auseinandersetzungen zwischen der *Kirk* und der *Church of Scotland* überschattet waren. Nicht wenige Mitglieder der alten schottischen Familien verhielten sich zunächst abwartend oder wechselten in kurzer Reihenfolge je nach den politischen Tagesereignissen die Fronten. Jakob hatte sich während der *Exclusion Crisis* in Schottland aufgehalten und unter den Adeligen des Landes bekannt gemacht. Neben ausgemachten Gegnern fand er auch Sympathisanten im schottischen Establishment. Schotten hatten 1688 nicht an den Geheimverhandlungen mit Wilhelm teilgenommen, sie verhielten sich auch während der Invasion und der folgenden Ereignisse zurückhaltend. Nachdem das Parlament von Westminster dem Königspaar aus den Niederlanden die Krone angetragen hatte, trat auch in Edinburgh eine Versammlung zusammen, um die politische Zukunft des Landes zu besprechen. Den Anlass lieferten Schreiben sowohl von Wilhelm als auch von Jakob, die um die Loyalität der schottischen Elite warben. Am 4. April erklärte man Jakob II. für abgesetzt und bemühte sich nicht einmal um die Fiktion der Abdankung. Wie ihre englischen Nachbarn präsentierten die Schotten Wilhelm allerdings einen Forderungskatalog, in dem ihm die Krone unter der Bedingung angeboten wurde, dass er die Gesetze des Landes akzeptierte, die ihm vom Parlament vorgelegt würden. Die *Claims of Rights*, wie das schottische Äquivalent zur englischen *Bill of Rights* genannt wurde, legte noch einmal deutlich den Vertragscharakter der Monarchie fest und beschuldigte den abgesetzten König Jakob der Despotie, durch die er das Recht auf die Krone verwirkt hatte. Die Parlamentarier forderten zudem die Abschaffung des Suprematsakts von 1669 und die Abschaffung der *Lords of the Articles*, also desjenigen Komitees, das in Schottland traditionell die Gesetze vorbereitete und in der Regel die führenden Minister des Königs in seinen Reihen hatte. Vor allem in den Highlands hielt sich allerdings eine starke jakobitische Opposition, die die Unterstützung des katholischen Königs mit einem Angriff auf das schottische Establishment in Edinburgh verband. Jakobitische Aufstände kulminierten 1691 im sogenannten *Highland War*, dessen grausamer Höhepunkt das Massaker von Glencoe am 13. Februar 1692 darstellte, bei dem 36 Mitglieder des MacDonald Clans von schottischen Regierungstruppen ermordet wurden, weil sie es angeblich versäumt hatten, den Loyalitätseid auf Wilhelm und Maria zu schwören. Glencoe gehört nicht zuletzt deshalb zu den großen nationalen Erinnerungsmythen des Landes, weil hier Schotten gegen Schotten angetreten waren. Wilhelm selbst zeigte allerdings wenig Fingerspitzengefühl im Umgang mit seinen schottischen Untertanen, deren politische Sensibilitäten er nicht verstand. Ein Untersuchungsausschuss gegen James Dalrymple, den schottischen, vom König eingesetzten Staatssekretär für schottische Angelegenheiten, der für das Massaker verantwortlich war, wurde auf Intervention Wilhelms bis ins Jahr 1695 verschoben, nur um den Angeklagten schließlich freizusprechen. Die Beziehungen zwischen Schottland und England blieben dementsprechend gespannt. Das schottische Parlament torpedierte alle Versuche, die königliche Macht in Schottland weiter auszubauen und attackierte Wilhelms Rechte im Land. Gleichzeitig litt die schottische Wirtschaft ebenso wie die irische unter der englischen Schutzzollpolitik, die Exporte in den Süden, aber auch den Handel mit den nordamerikanischen und karibischen Kolonien einschränkte. Schottische Kolonisationsversuche in Panama scheiterten. Schottische Soldaten und Administratoren standen allerdings Karrieremöglichkeiten innerhalb der königlichen Armee offen, die viele Männer für sich und ihre Familien zu nutzen wussten. Sie standen am Anfang einer langen Tradition äußerst erfolgreicher schottischer Militärs und Kolonialbeamter, die für den Erfolg des britischen Empires im 18. und 19. Jahrhundert entscheidend mitverantwortlich waren.

Nachfolgefrage und *Act of Settlement*

Das Auftauchen von Jakob Francis Edward Stuart als britischem Thronprätendenten auf der internationalen Bühne sowie der Tod von Prinzessin Annas Sohn am 30. Juli 1700 machten eine Entscheidung über die Thronnachfolge notwendig. Anna war zu diesem Zeitpunkt bereits 36 Jahre alt und ausgezehrt von insgesamt 17 Schwangerschaften. Es war nicht zu erwarten, dass sie einen weiteren männlichen Erben zur Welt bringen würde. Ebenso wenig glaubte man, dass sie zu einem späteren Zeitpunkt den Thron besteigen würde. Wilhelm selbst war erst 51 Jahre alt. Nichts sprach dagegen, dass er noch viele Jahre auf dem Thron bleiben würde, während man im Allgemeinen die Lebenserwartung der kränklichen Anna nicht sehr hoch einschätzte. Nach dem Tod Marias machte der Monarch keine Anstalten, sich erneut zu vermählen. Es erschien also durchaus sinnvoll, sich zu diesem Zeitpunkt Gedanken um die Thronnachfolge zu machen, um den Ambitionen des *Old Pretenders*, wie Jakob Francis Edward in englischen Kreisen nun genannt wurde, eine solide Alternative gegenüberzustellen. Die Angelegenheit wurde durch einen Parlamentsakt entschieden, der verschiedene politische Fraktionen berücksichtigte. Die Voraussetzung, dass der neue Monarch ein Protestant sein musste, schloss die meisten Mitglieder des Hauses Stuarts zu diesem Zeitpunkt aus. In der Tat wurden 54 katholische Kandidaten übergangen, die dem Thron näher standen als die schließlich von Wilhelm bevorzugte Kurfürstin Sophia von Hannover. Sophia war eine Enkelin Jakobs I. und eine Tochter Elisabeth von Böhmens und an ihrer protestantischen Reputation bestand kein Zweifel. Andererseits waren viele Parlamentarier nicht bereit, erneut eine Ausländerin auf dem britischen Thron zu akzeptieren. Vor allem nach dem Tod Marias verbrachte Wilhelm einen großen Teil des Jahres in den Niederlanden und überließ die Regierungsgeschäfte in England seinen größtenteils niederländischen Beratern. Das Parlament, das 1701 zusammentrat, hatte eine schmale *Tory*-Mehrheit. Der *Act of Settlement*, der schließlich verabschiedet wurde und der nach dem Tod Annas in Kraft treten sollte, legte zwar die Nachfolge auf Sophia fest, knüpfte aber eine

Reihe von Bedingungen an die Regelung, die wiederum die gewachsene Macht des Parlaments gegenüber der Monarchie demonstrieren. Kein Ausländer sollte ein politisches Amt übernehmen oder im Parlament sitzen. Der König sollte nur mit Zustimmung des Parlaments außer Landes gehen und auch nur mit parlamentarischer Einwilligung Kriege für seine anderen Besitzungen führen. Vor allem die radikalen Punkte dieser Liste, die die Bewegungsfreiheit des Monarchen einschränkten, wurden dann beim Thronwechsel zu Sophias Sohn Georg I. aber wieder aufgehoben.

Anna (1702–1714)

15 Tage nach dem überraschenden Tod Wilhelms III. wurde seine Schwägerin Anna am symbolträchtigen St. Georgs-Tag, dem 23. April 1702, in der Westminsterabtei zur neuen Königin gekrönt. Für die Zeitgenossen wie für Anna kam dieser Thronwechsel unerwartet, aber nicht unerwünscht. Die damals 37-jährige Anna verfügte über genügend politische und persönliche Attribute, um sich als unumstrittene Nachfolgerin des Niederländers zu feiern – sieht man einmal von den Anhängern des *Old Pretenders* vor allem in Schottland und Irland ab.[70] Anna war eindeutig britisch und protestantisch. Sie hatte sich gegen ihren katholischen Vater gestellt, die Thronübernahme ihrer Schwester und ihres Schwagers gutgeheißen und akzeptierte die Verfassungsänderungen, die 1688/89 damit einhergegangen waren. Von ihrer Regierung brauchte die politische Elite keine Rückkehr zu absolutistischen Tendenzen oder katholische Sympathien zu fürchten. Eigenwillige politische Ideen waren ebenfalls nicht zu befürchten. Anna, die am 6. Februar 1665 geboren war, stand bis zu ihrer Krönung im Schatten anderer politischer Persönlichkeiten. Selbst als sich abzeichnete, dass ihr Vater den Thron seines Bruders übernehmen würde und als es zunächst nicht schien, als würde ihre Stiefmutter einen lebenden männlichen Erben zur Welt bringen, waren die Aussichten, dass Anna jemals den Thron besteigen könnte, sehr gering. Dementsprechend bereitete ihre eher mittelmäßige Erziehung sie kaum auf ihre spätere Rolle vor. Die Heirat der damals 18-Jährigen mit dem zwölf Jahre älteren Prinz Georg von Dänemark im Jahre 1683 versprach ebenfalls nicht den Aufstieg der

Prinzessin in die vorderen Reihen der internationalen Politik und Gesellschaft. Die Ehe mit dem intellektuell eher anspruchslosen und politisch wenig einflussreichen Georg erwies sich jedoch als ausgesprochen glücklich und wurde nur überschattet durch die lange Reihe von Fehlgeburten, die Anna in den folgenden Jahren erlitt. Bis zu seinem Tod 1708 blieb ihr Mann Annas engster Vertrauter und Freund, auf dessen Unterstützung sie während ihrer Regierung jederzeit rechnen konnte. Trotz mangelnder intellektueller Gewandtheit war Anna soweit versiert im Geschäft der Macht, dass sie es verstand, bereits bei ihrer Krönung politische Akzente zu setzen, die ihre Herrschaft kennzeichnen sollten. Sie stilisierte sich bis in die Kleidung nach ihrer großen Vorgängerin Elisabeth Tudor, deren Motto – Semper Eadem – sie später übernahm. Die Zeremonie wurde ordnungsgemäß vom Erzbischof von Canterbury vorgenommen. Obwohl sie den *Toleration Act* ihres Vorgängers unterstützte, vertrat Anna doch offensichtlich die Vorstellungen der etablierten Kirche und sah vor allem die Katholiken als eine Bedrohung des inneren Friedens im Land. Ihr katholischer Halbbruder und dessen Familie hatten von ihrer Seite nichts zu erwarten. Nach dem Verlust all ihrer Kinder trat Anna bewusst als letzte Vertreterin der Stuart-Dynastie ihre Regierung an. Sie unterstützte die von Wilhelm implementierte Nachfolgeregelung und bereitete den Boden für das Haus Hannover in Großbritannien vor.

Drei große Themen sollten ihre Regierungszeit beherrschen: Der Spanische Erbfolgekrieg und seine innenpolitischen Folgen, die Union zwischen Schottland und England und die Thronnachfolge. Alle drei Themen erbte die Königin von ihrem Vorgänger, dessen Strategien sie im Großen und Ganzen folgte.

Annas Regierungszeit stand am Anfang eines neuen Verhältnisses zwischen Monarchie, Regierung und politischer Nation, das Wilhelm und das Parlament von 1689 vorbereitet hatten, und in dessen Nachfolge sich die Königin sah. Zu keinem Zeitpunkt dachte sie daran, den Machtzuwachs des Parlaments zugunsten der Monarchie zurückzuschneiden. Sie akzeptierte darüber hinaus das neue Gewicht politischer Parteien, wie es sich mit den *Whigs* und den *Tories* in den vorangegangenen 20 Jahren herausgebildet hatte. Sie zog sich öffentlich bewusst aus den politischen Entscheidungsprozessen in Westminster heraus und überließ die Regierung Politikern, denen sie vertraute. Dieses Vorgehen kam ihrem persönlichen Naturell und ihrem Mangel an politischen Führungsqualitäten entgegen. Sie besuchte zwar in unregelmäßigen Abständen die Sitzungen des Oberhauses und war bei Treffen führender Politiker anwesend, verließ sich aber größtenteils auf das Urteil ihrer Vertrauten. Ihre von den zahllosen Schwangerschaften angegriffene Gesundheit, die durch Gichtanfälle und ihr dramatisches Übergewicht weiter geschwächt wurde, machte energische Auftritte auf den politischen Bühnen des Landes unmöglich. Für die politische Elite war sie damit jedoch eine ideale Thronkandidatin, die die von den Parlamenten der „Glorreichen Revolution" erstrittenen Errungenschaften nicht anfocht und ambitionierten Männern aus dem Adel und der Wirtschaft Handlungsspielräume zum weiteren Ausbau ihrer politischen und ökonomischen Macht eröffnete. Großbritannien sollte davon auf der innen- und außenpolitischen Bühne profitieren.

Außenpolitik

Außenpolitisch war Annas Regierungszeit überschattet vom Spanischen Erbfolgekrieg, in dem die Mächte Europas erneut um politische Hegemonie und die Eindämmung französischer Expansionsbestrebungen stritten. Die Vorzeichen für den Konflikt waren bereits unter Wilhelm III. gesetzt worden. Kurz vor seinem Tod hatte er die Mobilmachung der britischen Armee und der Marine angeordnet und nach ihrem Regierungsantritt erklärte Anna, beraten von ihren führenden Ministern, im Bündnis mit den Niederlanden und dem Kaiser Frankreich den Krieg. Anders als im vorangegangenen Pfälzischen Erbfolgekrieg traten die britischen Inseln hier nicht als Alliierte der von ihren südlichen Nachbarn bedrohten Niederlande auf, sondern machten eine eigenständige Außenpolitik, die auf die bereits von Wilhelm propagierte *balance of power* in Europa hinsteuerte. Zahlenmäßig blieb das britische Kontingent allerdings weit hinter dem Truppenaufgebot der Niederlande und dem Kaiser zurück. Der Krieg, der sich fast über Annas gesamte Regierungszeit bis 1713 hinziehen sollte, hatte einen enormen Einfluss auf die innen- und außenpolitische Situation Großbritanniens und bereitete zweifellos den Aufstieg zur Weltmacht vor. In England stiegen die Militärs, und namentlich der Herzog von Marlborough, der die britische Armee auf dem Kontinent befehligte, als politische Kraft im Lande auf. Das Militäraufgebot erreichte eine durchschnittliche Stärke von 120 000 Mann, die mit Hilfe von immer größeren Steuererhöhungen ausgestattet werden mussten. Die britische Marine wurde ebenfalls kontinuierlich ausgebaut und galt am Ende des Krieges als die schlagkräftigste Flotte der westlichen Welt.[71] Der Krieg selbst wurde auf mehreren Schauplätzen in Europa, im Atlantik, im Mittelmeer und in Nordamerika geführt.[72] Er verlief zunächst für die Alliierten äußerst günstig. Bereits in den ersten Kriegsmonaten mussten die Franzosen Festungen an der Maas und am Niederrhein aufgeben. Durch ein Bündnis mit Portugal konnten die Briten auf der Iberischen Halbinsel Fuß fassen. In einem militärischen Meisterstück gelang es Marlborough am 13. August 1704 schließlich sogar, mit Hilfe der kaiserlichen Armee und einem Kontingent des Herzogs von Savoyen die vereinigten bayerisch-französischen Truppen an der Donau bei Blindheim zu schlagen.[73] Die Franzosen mussten sich aus dem Reich zurückziehen, die Briten besetzten die strategisch wichtige Landenge von Gibraltar. Der Krieg schleppte sich allerdings mit wechselndem Kriegsglück noch weitere zehn Jahre hin.[74] Er erwies sich als enorm kostspielig und verlustreich für alle Parteien. Der dramatische Sieg Marlboroughs bei Malplaquet am 11. September 1709 wurde mit einem grauenhaften Blutbad und extrem hohen Verlusten auf beiden Seiten erkauft. In Spanien kam die britische Kampagne ins Stocken, weil die Spanier selbst den französischen Kandidaten Philipp V. und nicht den Favoriten der Alliierten, Erzherzog Karl von Österreich, als ihren König bevorzugten. Verhandlungen zwischen Großbritannien und Frankreich begannen bereits 1712, kamen aber erst ein Jahr später im Frühling und Sommer 1713 durch eine Reihe von Verträgen im Frieden von Utrecht zu einem Erfolg für die Briten.[75] Er legte den Grundstein für den Aufstieg des Königreichs zum führenden Handelsstaat, gewinnträchtigsten Kolonialreich und zur bedeutendsten Seemacht des 18. Jahrhunderts. In Europa konnte das politische Ziel eines Gleichgewichts der Mächte durchgesetzt werden. Trotz dynastischer Verbindungen mussten sich Frankreich und Spanien verpflichten, ihre Kronen niemals politisch zu vereinigen. Ludwig XIV. erkannte die britische Nachfolgeregelung offiziell an und verwies den *Old Pretender* und seine Familie aus Frankreich. Damit war ein wichtiger potentieller Unruheherd in Großbritannien ausgeschieden, das seit 1707 die Regierungen von Schottland und England nicht ganz spannungsfrei vereinigt hatte. Mit Gibraltar und Menorca erhielten die Briten außerdem wichtige Brückenköpfe im Mittelmeer. Großbritannien profitierte zudem indirekt vom Abschluss des niederländisch-österreichischen Barrierevertrags von 1715, der ganz im Sinne

Wilhelms III. mit den Österreichischen Niederlanden eine Pufferzone zwischen die Vereinigten Provinzen und Frankreich schob. Für britische Gemüter war so die Gefahr einer allzu leichten französischen Invasion auf die britischen Inseln gebannt. Für die Zukunft bedeutender waren allerdings die Gewinne, die die Briten außerhalb Europas einfahren konnten. Im sogenannten *Asiento*-Vertrag mussten die Spanier Großbritannien eine Lizenz zum Sklavenhandel mit ihren Kolonien in Lateinamerika überlassen, die den Grundstein für den überaus erfolgreichen wie skrupellosen Sklavenhandel auf britischen Schiffen legte, der die europäische Konkurrenz in diesem schmutzigen Geschäft in kürzester Zeit aushebelte. Auf dem nordamerikanischen Festland erhielten die Briten Neufundland, Neuschottland und die Hudson Bay, die bereits seit 1670 von der englischen *Hudson Bay Company* wirtschaftlich ausgebeutet wurde. Großbritannien war nicht nur zu einer europäischen, sondern auch zu einer transatlantischen Großmacht aufgestiegen, die ihre Prosperität zu einem immer größeren Teil aus dem Kolonialhandel schöpfte.

Innenpolitik

Die positive Sicht auf Großbritanniens Rolle im Spanischen Erbfolgekrieg und die folgenden Friedensregelungen wurde keineswegs von allen Mitgliedern der politischen Nation geteilt. Gerade an der Außenpolitik rieben sich die verschiedenen politischen Fraktionen im Land. Im Umgang mit Befürwortern und Opponenten lässt sich auch die Rolle der Königin und ihre politische Strategie im Umgang mit den politischen Parteien und ihren Vertretern ablesen. Grundsätzlich versuchte Anna, die persönlich der Vorstellungswelt der *Tories* nahe stand, über den Parteien im Lande zu stehen, politisch moderate Männer in Regierungsämter zu berufen und die *Whigs* ebenso wenig zu entfremden wie die radikaleren *Tories*, denen sie sich vor allem in Kirchenangelegenheiten verbunden fühlte. Die Parteien, die sich seit der *Exclusion Crisis* herausgebildet hatten, und besonders die *Tories* waren allerdings zu diesem Zeitpunkt noch äußerst heterogen. Ein einheitliches Programm und eine gezielte Parteipolitik gab es nicht. Anna selbst versuchte, die Regierungsgeschäfte durch ihre Politiker führen zu lassen. Es wäre aber falsch, sich dem Urteil ihrer zunächst intimsten Freundin, dann jedoch erbittertsten Kritikerin Sarah Churchill anzuschließen, die die Königin in ihren Memoiren zu einer

Marionette der Mächtigen reduzierte.[76] Dennoch war Annas Politik – etwas vereinfacht gesprochen – über den langen Zeitraum des Krieges von drei Männern und zwei Frauen bestimmt. Annas Jugendfreundin und Erste Kammerdame Sarah Churchill gehörte zweifellos zu den wichtigsten Vertrauten der Königin. Die intelligente und ehrgeizige Gattin des Herzogs von Marlborough warb am Hof erfolgreich für die politische und militärische Unterstützung ihres Mannes. Er wurde kurz nach der Thronerhebung Annas zum Oberbefehlshaber der Armee ernannt, mit dem Hosenbandorden, der höchsten englischen Auszeichnung, geehrt und auf die Schlachtfelder Europas geschickt. Ebenso schnell wurde der langjährige königliche Finanzexperte Sidney Godolphin, der bereits unter Karl II., Jakob II. und Wilhelm III. für Wirtschaftsangelegenheiten zuständig gewesen war, zum *Lord Treasurer* ernannt. Während Sarah Churchill politisch den *Whigs* nahe stand, waren ihr Mann und der neue Schatzkanzler, die in den folgenden Jahren die politische Bühne des Landes bestimmen sollten, persönlich moderate *Tories*, die sich jedoch bewusst überparteilich gaben. Beide befürworteten den Krieg mit Frankreich, was nicht den Interessen der meisten *Tories* entsprach, die, wie schon unter Wilhelm gegen eine Einmischung in die Angelegenheiten auf dem Kontinent eingestellt waren und bestenfalls einen Seekrieg, nicht aber militärische Kampagnen in Europa guthießen. Auf der anderen Seite fanden die beiden Männer Unterstützung von den *Whigs*, die sich für den Krieg aussprachen und die Regierungspolitik gegen eine *Tory*-Mehrheit im Unterhaus in den folgenden Jahren aktiv befürworteten. Das von den *Whigs* dominierte Oberhaus stand ebenfalls auf der Seite Marlboroughs und Godolphins. Der dritte politisch wichtige Mann in Annas Regierungsjahren war Robert Harley, seit 1711 Graf von Oxford, der zunächst zwar kein Regierungsamt bekleidete, aber als Sprecher des Unterhauses eine wichtige Vermittlerrolle zwischen den Parlamentariern und der Regierung übernahm. Er stand in besonders gutem Einvernehmen mit Godolphin, den er vor allem vor wichtigen Steuerentscheidungen über die Stimmung im *House of Commons* unterrichtete. Bei Annas Regierungsantritt waren Neuwahlen ausgeschrieben worden, die der Königin eine ausgesprochene *Tory*-Mehrheit einbrachten. Parteipolitik sollte in den folgenden Jahren mehr als jemals zuvor die politischen Auseinandersetzungen im Land bestimmen. Annas Regierung zeigte erstmals Anzeichen eines modernen Kabinetts, indem die Vertreter einer politischen Gruppierung mit Zustimmung der Königin Politik machten. Trotz der *Tory*-Mehrheit konnte die Politik auf dem Kontinent mit Unterstützung der Königin bis ans Ende der ersten Dekade des 17. Jahrhunderts fortgesetzt werden. Danach wendete sich das Blatt. Die Kriegspartei wurde innenpolitisch heftig von den *Tories* attackiert, die sich unter anderem an den hohen Summen stießen, die den britischen Alliierten in Deutschland, allen voran Kurfürst Georg von Hannover, für die Bereitstellung von Truppen zur Verfügung gestellt wurden, die scheinbar selten die vereinbarte Anzahl erreichten. Der Sieg von Malplaquet wurde als fürchterliches Blutbad von den Kriegsgegnern propagandistisch ausgeschlachtet und mit der insgesamt stagnierenden Kriegsführung richtete sich die öffentliche Meinung, aber auch die Königin selbst gegen Marlborough und Godolphin. Großbritannien hatte sich über die Maßen verschuldet, die Kriegspartei schien nicht in der Lage, das Land aus der militärischen Pattsituation in den ersehnten Frieden zu führen. Am Hof verlor Sarah Churchill mehr und mehr das Vertrauen Annas, die sich nicht zuletzt von den skrupellosen Geldforderungen ihrer Freundin und der schamlosen Bereicherungspolitik der Familie Churchill irritiert fühlte. Sarahs Fall ebnete den Aufstieg einer anderen Hofdame, die ab 1710 die Rolle der Ersten Kammerdame übernahm. Lady Abigail Masham hatte enge Verbindungen zu führenden *Tories* und besonders zu Lord Harley. Noch im selben Jahr, am 8. August 1710, wurde Godolphin als Schatzkanzler entlassen und durch Harley ersetzt. Das Kabinett erhielt nun eine deutliche Ausrichtung auf die Politik der *Tories*. Im Zusammenhang mit diesem Politikwandel schrieb Anna noch im selben Jahr Parlamentswahlen aus, die ihr wiederum eine entschiedene *Tory*-Mehrheit einbrachten. Ein Jahr später, am 31. Dezember 1711, musste auch John Churchill seinen Abschied nehmen. Der Herzog von Marlborough wurde seines Amtes als Oberbefehlshaber der Armee enthoben und sah sich in seiner Heimat im Kreuzfeuer der Kritik. In seiner Polemik *The Conduct of the Allies* attackierte beispielsweise der brillante Satiriker Jonathan Swift den ambitionierten Churchill als ruhmsüchtigen Egomanen, der den Krieg auf dem Kontinent zu seiner persönlichen Bereicherung geführt hatte.[77] Damit traf er den Nerv der politischen Gruppe, die von Anfang an dem Kriegseintritt Großbritanniens in einen kontinentaleuropäischen Konflikt mit Misstrauen gegenübergestanden hatte. Der gestürzte Held zog sich im folgenden Jahr mit seiner Frau ins Exil auf den Kontinent zurück und verbrachte die nächsten 21 Monate in Frankfurt und Hannover. Um die *Whig*-Mehrheit im Oberhaus zu brechen, erhob Anna um die Jahreswende 1711/12 zwölf Peers, darunter den Ehemann ihrer neuen Vertrauten, Samuel Masham, in den Adelsstand. Diese Maßnahme war ungewöhnlich, aber kein Verfassungsbruch, obwohl jedem informierten Zeitgenossen klar war, dass die Königin mit diesem Schachzug politische Entscheidungen zugunsten der Friedenspartei herbeiführen wollte. Harley und seinen politischen Freunden gelang schließlich auch der Friedensschluss von Utrecht, den die Wählerschaft in England mit einem weiteren Sieg der *Tories* bei den Unterhauswahlen 1713 honorierte.

Union mit Schottland

Das zweite große Thema in Annas Regierung war die Neuordnung des Verhältnisses zu Schottland. Wiederum musste sie hier auf die komplexen und kontroversen Vorarbeiten ihres Vorgängers Wilhelm reagieren, der sich für eine politische Union zwischen England und Schottland eingesetzt, aber durch die rücksichtslose Durchsetzung des *Act of Settlement*, an dessen Ratifizierung die Schotten nicht beteiligt worden waren, Sympathien in Edinburgh eingebüßt hatte. Insgesamt waren die Beziehungen zwischen England und Schottland zu Annas Regierungsantritt recht gespannt. Dabei erfüllte die Monarchin durch ihre direkte Abstammung von der Stuart-Dynastie wichtige Voraussetzungen für ein gutes Verhältnis mit Schottland. Persönlich fühlte sie sich von ihren nördlichen Untertanen allerdings eher befremdet. Sie selbst hatte nur für kurze Zeit als 16-Jährige ein paar Monate nördlich des Tweed verbracht und war mit den politischen Verhältnissen des Landes wenig vertraut. Dennoch schien es ihr wichtig, die von Wilhelm angestoßenen Pläne einer politischen Union beider Königreiche voranzutreiben. Nicht zuletzt hoffte sie, damit die immer wieder aufflackernde Bedrohung durch ihren Halbbruder und seine Familie unter Kontrolle zu bekommen und Schottland als potentiellen Partner einer anti-englischen Allianz endgültig zu eliminieren. Unterstützt wurde sie dabei von englischer Seite vor allem von Godolphin, der sich schließlich als der Architekt der Vereinigung erweisen sollte.

Zunächst jedoch wurden in Schottland nach der Nachfolgeregelung erneut Stimmen laut, die für einen Bruch mit England und die Etablierung von Jacob Francis Edward Stuart und seinen Nachkommen auf dem schottischen Thron plädierten. Sie argumentierten, dass der *Old Pretender* aus dem Hause Stuart die lange und traditionsreiche Linie der schottischen Könige sehr viel besser vertreten könnte als die deutsche Kandidatin Sophia, die den Schotten von den Engländern ungefragt vorgesetzt worden war. Das wirklich gravierende Hindernis für das schottische Establishment in Edinburgh war allerdings Jakobs Katholizismus. Angesichts der eifrigen Bemühungen seiner Mutter Maria um die Heiligsprechung ihres Mannes schienen die Aussichten einer Konversion zugunsten der *Church of Scotland* oder sogar der *Kirk* mehr als unwahrscheinlich. Daneben wurden Varianten einer Union diskutiert, die sich an den Vorbildern der Vereinigten Niederlande und der Schweizer Eidgenossenschaft orientierten, also eine zumindest formale Gleichstellung der Parteien vorsahen.[78] Schließlich gab es auch in Schottland Befürworter einer Union, die vor allem die wirtschaftlichen Vorteile für den Norden herausstrichen.[79] Die schottische politische Elite versuchte zunächst, ihre unabhängige Position durch eine Reihe von Gesetzen zu festigen, die unter zögerlicher Zustimmung der Krone 1703 und 1704 in Kraft traten. Im *Act Anent Peace and War* erhielt das schottische Parlament das Recht, nach dem Tod Annas an außenpolitischen Allianzen und Kriegen Großbritanniens nur mit eigener Zustimmung teilzunehmen. Im *Wine Act* wurden die Zollschranken gegen den Weinimport aus Frankreich für Schottland außer Kraft gesetzt. Das wichtigste Gesetz, der *Act of Security,* band die Anerkennung der Hannoverschen Nachfolge an die Garantie der schottischen parlamentarischen Rechte, der bestehenden Religionsregelung und wirtschaftlicher Freiräume. Diesem Gesetz verweigerte Anna zunächst die Zustimmung, sah sich aber angesichts der wachsenden Kriegskosten gezwungen, die dringend benötigten schottischen Steuergelder gegen die Absegnung des *Acts* einzutauschen. Dennoch blieben die anglo-schottischen Beziehungen gespannt. Die schottischen Befürchtungen einer englischen Übernahme fanden neue Nahrung in dem im Februar 1705 erlassenen Gesetz von Westminster, in dem die Engländer drohten, alle Schotten in England wie Ausländer – *aliens* – zu behandeln und den Import schottischer Waren ganz einzustellen, wenn die Schotten nicht offiziell der Hannoverschen Nachfolge zustimmten. Die Schotten reagierten prompt. Im April 1705 wurden drei englische Seeleute, der Kapitän und zwei Schiffsoffiziere der *Worcester*, die im vergangenen August irrtümlich im Firth of Forth vor Anker gegangen war, nach einem spektakulären Schauprozess wegen Piraterie hingerichtet. Schließlich konnte sich jedoch im schottischen Parlament eine Fraktion durchsetzen, die der Union mit England positiv gegenüberstand. Angesichts katastrophaler Missernten, der englischen Schutzzollpolitik, die die schottische Wirtschaft knebelte und im Schatten des peinlichen Misserfolgs eigener kolonialer Projekte erschien prominenten schottischen Politikern wie dem Herzog von Argyll und dem Herzog von Hamilton eine politische Union mit dem mächtigen südlichen Nachbarn trotz aller Vorbehalte vorteilhaft. Persönlich ließen sie und andere sich ihre pro-unionistische Politik von den Engländern zudem gut bezahlen.[80] 1706 ernannte die Königin nach Zustimmung des schottischen Parlaments eine englische und eine schottische Kommission, die sich mit der Unionsfrage beschäftigen sollten. Die Ausschüsse tagten von April bis Juli 1706 in London. Die Tagungsorte waren getrennt, Kommunikation verlief schriftlich oder durch Vermittler. Schließlich einigte man sich auf ein Papier von 25 Artikeln, die im folgenden Jahr von den Parlamenten in Edinburgh und Westminster ratifiziert wurden. Im Kern des Dokumentes stand die Vereinigung des Königreiches von Großbritannien (im Gegensatz zur bisherigen Regelung, nach der Anna und ihre Vorgänger aus dem Hause Stuart Könige von England und Könige von Schottland gewesen waren und separat gekrönt wurden). Die Nachfolge wurde auf das Haus Hannover festgeschrieben. Das Parlament von Edinburgh wurde mit den beiden Häusern in Westminster zusammengelegt. 45 Unterhaus- und 16 Oberhausabgeordnete vertraten von nun an die schottischen Interessen in England. Am 28. April trat das schottische Parlament zum letzten Mal zusammen und wurde per Erlass des schottischen *Privy Council* aufgelöst. Die Handelsbarrieren zwischen beiden Ländern fielen, englische Maße, Gewichte und Geldeinheiten verdrängten das schottische Äquivalent. Die bereits von Jakob I. entworfene Flagge, die das englische Georgskreuz mit dem schottischen Andreaskreuz verband, wurde zur neuen Staatsflagge. Unangetastet blieb allerdings das schottische Rechtssystem, das sich vor allem seit dem 16. Jahrhundert immer stärker an kontinentalen Vorbildern orientiert hatte und mit dem englischen *Common Law* unvereinbar war. Daneben behielt Schottland sein eigenes Schul- und Universitätssystem und, was vielen Zeitgenossen besonders wichtig war, die eigene Kirchenorganisation basierend auf der *Church of Scotland* und der presbyterianischen *Kirk*. Am 1. Mai 1707 trat die Union beider Königreiche formell in Kraft.

Dieses Datum stand allerdings erst am Anfang eines Unionsprozesses, der in den folgenden Jahren und Jahrzehnten schweren Herausforderungen ausgesetzt war. Im März 1708 rüstete Ludwig XIV. eine Flotte aus, um mit Hilfe des *Old Pretenders* und seiner jakobitischen Anhänger in Schottland den britischen Gegner in einen Bürgerkrieg im eigenen Land zu verwickeln. Die Flotte sollte zwar ihr Ziel nicht erreichen, sondern kehrte nach kurzer Zeit um, dennoch konnten Jakob Edward Francis Stuart und später sein Sohn Charles Edward – *Bonnie Prince Charlie* – eine Opposition der Unzufriedenen im Lande hinter sich vereinigen, die vor allem den katholischen *Highländern* eine politische Heimat boten und sowohl 1715 als auch 1745 mit blutigen Aufständen den Frieden im Lande und das politische Establishment erschütterten. Darüber hinaus hatten weder Anna noch ihre Minister eine klare Vorstellung von der zukünftigen Politik in Schottland. Im Einzelnen waren keine endgültigen Regelungen für die Regierung und Verwaltung des Landes getroffen worden. Der schottische *Privy Council* wurde 1708 aufgelöst. Die Stellung des Staatssekretärs für schottische Angelegenheiten in Westminster war nicht genau definiert. Die schottische politische Elite im Land war in sich selbst zerstritten, der einflussreiche Herzog von Hamilton, der von Schottland aus die Union unterstützt hatte, konnte im Parlament von Westminster keine Führungsrolle übernehmen. Obwohl nominell schottische Adelige ihren englischen Standesgenossen gleichgestellt waren, galten sie im Süden doch als zweitklassig. Die massive Mehrheit im Parlament von Westminster garantierte, dass politische Entscheidungen in schottischen Angelegenheiten immer zugunsten der Engländer ausfallen würden. Nur wenige Jahre später erhöhte das Parlament in Westminster trotz massiver Proteste der schottischen Abgeordneten die schottische Malzsteuer, die die Brauindustrie empfindlich traf. Damit war bereits 1713 ein Grundsatz der Unionsartikel gebrochen worden. Andere sollten folgen. Trotz der staatlichen Union entstand 1707 keine einheitliche britische Nation. Misstrauen und Vorurteile bestimmten weiterhin das Verhältnis auf beiden Seiten. Dass die Union am Ende trotz aller Kritik vor allem aus dem Norden Bestand hatte, lag sicherlich zu einem großen Teil am wirtschaftlichen Aufschwung des 18. Jahrhunderts, an dem die Schotten durch den Wegfall aller Handelsbarrieren auf der Insel und vor allem im Kolonialhandel profitierten. Eine ideologische Einheit lag der anglo-schottischen Union jedenfalls nicht zugrunde.[81]

Die politischen Ereignisse in Schottland wurden auch in Irland mit Interesse beobachtet. Hier waren es vor allem die Vertreter der *Church of Ireland* und die politische Elite in Dublin, die sich für eine Ausweitung der Union auf Irland aussprachen. Dazu sollte es aber nicht kommen. Irland behielt zwar sein eigenes Parlament, litt aber dafür weiterhin an der britischen Schutzzollpolitik. Katholiken und Presbyterianern schlug von Seiten des protestantischen Establishments Misstrauen entgegen. Die politische Elite sah sich zwar den Engländern ebenbürtig, konnte aber nicht vom wirtschaftlichen Aufschwung profitieren.

Annas letzte Jahre

Die letzten Regierungsjahre der Königin waren wieder überschattet von der Nachfolgefrage. Trotz aller parlamentarischen Absicherungen war der Übergang der britischen Krone auf das Haus Hannover nicht überall akzeptiert. Für die *Jakobites* stellte der Tod der Königin die beste Chance für eine mögliche Thronübernahme des *Old Pretenders* dar. Hoffnungen machten sich hier nicht nur Schotten und Iren, sondern auch nicht wenige Politiker in England selbst, die zumeist der *Tory*-Partei nahe standen. Nachdem mit dem Kriegsende das einigende politische Ziel der *Tories* erreicht war, brach die Gruppe in Flügelkämpfe aus, die sich nicht nur an der Nachfolgefrage, sondern auch an der Rolle der *Dissenters* in England entzündeten. Eine Form von Parteidisziplin gab es nicht. Führende Politiker, allen voran der Regierungsveteran Harley und sein früherer politischer Ziehsohn Henry St. John, Viscount Bolingbroke, kämpften um die Gunst der Königin und damit um die politische Oberhand in der Regierung. Am Ende musste Harley gehen. Bolingbroke konnte Anna davon überzeugen, dass er und seine Klientel sich für die Thronfolge der Hannoveraner einsetzen würde, die nun selbst nach dem Tod der 84-jährigen Kurfürstin Sophia am 23. Mai 1714 Druck auf die englische Regierung ausübten, um in Großbritannien durch Ämter und Ehren eine größere politische Präsenz an den Tag legen zu können. Das alles kränkte die Königin, die nicht zu Unrecht den Eindruck hatte, man verhökere ihr Erbe bereits vor ihrem Tod. Am Ende des langen Krieges war Anna zwar erst 47 Jahre alt, der Tod ihres Mannes und das Zerwürfnis mit ihrer früheren Freundin Sarah Churchill hatten sie aber psychisch schwer mitgenommen. Eine Krankheit im Dezember 1714 brachte sie an den Rand des Todes. Sie erholte sich dann allerdings zu Beginn des folgenden Jahres und bereitete die Rückkehr Marlboroughs aus dem Exil vor, von dem sie sich wegen seiner guten Verbindungen zu Georg von Hannover Vorteile für die Regierungsübernahme des Hannoveraners erhoffte. Am 30. Juli erkrankte Anna erneut, und diesmal war allen Beteiligten klar, dass sich die Königin nicht mehr erholen würde. In aller Eile wurden Vorbereitungen getroffen, um Georg aus Hannover nach England zu bringen und eine mögliche Offensive der *Jakobites* mit dem im lothringischen Exil lebenden Jakob Francis Edward zu verhindern. Am Morgen des 1. August 1714 verstarb Anna. Damit endete die königliche Linie der Stuarts in Großbritannien. Die Regierungsübernahme durch ihren hannoveranischen Nachfolger Georg verlief bemerkenswert reibungslos. Mit der Königin ging eine Ära zu Ende. Für die Männer, die unter ihrem Nachfolger die politische Bühne des Landes beherrschen sollten, waren die Errungenschaften der „Glorreichen Revolution" bereits eine Selbstverständlichkeit. Das Parlament, die Regierung und die politischen Parteien hinter ihnen bestimmten von nun an sehr viel stärker die Politik des Landes. Dahinter trat die Monarchie vor allem unter den Hannoveranern mehr und mehr zurück.

Anmerkungen

Einleitung

1. Siehe dazu ausführlich Linda Colley, Britons, New Haven/London 1992 und die sich an Colleys Thesen entzündende Diskussion.
2. Ronald Asch (Hg.), Three nations – a common history? England, Scotland and Ireland c. 1600–1920, Bochum 1993; Steven Ellis, „The Concept of British History" in ibid., Sarah Barber (Hg.), Conquest and Union. Fashioning the British State 1485–1725, London 1995, S. 1–7.
3. Lawrence Stone, Die Ursachen der Englischen Revolution 1529–1642, Frankfurt/Main 1982, S.115–117.
4. Günther Lottes, „Das englische Vorbild war kein Königsweg. Kommentar" in Joseph Canning, Hermann Wellenreuther (Hg.), Britain and Germany Compared: Nationality, Society and Nobility in the Eighteenth Century, Göttingen 2001, S. 231–239.

Die Tudors

1. Peter Wende, Geschichte Englands, Stuttgart ²1995, S. 92.
2. Siehe dazu die ab 1963 in der Zeitschrift *Past & Present* geführte Debatte zwischen Geoffrey Elton, John Cooper, Gerald Harris und Penry Williams, die in den 80er Jahren unter anderem von David Starkey und Christopher Coleman erneut aufgegriffen wurde. Siehe dazu *Past & Present*, Nr. 25, 26, 29, 31, und 32 und Christopher Coleman, David Starkey (Hg.), Revolution Reassessed, Revisions in the History of Tudor Government and Administration, Oxford 1986.
3. In einer vermutlich erdichteten Ansprache an seine Soldaten ließ Eduard Hall Heinrich vor der Schlacht von Bosworth eine Rechtfertigung für seinen Angriff auf Richard III. folgendermaßen formulieren: „Our case is so just, that no enterprise can be of more virtue both by the Laws Divine and Civil; for, what can be more honest, goodly or godly quarrel, than to fight against a captain being an homicide and murderer of his own blood and progeny?", Eduard Hall, Chronicle, zitiert nach Albert F. Pollard (Hg.), The Reign of Henry VII from Contemporary Sources, Bd. 1, London 1913, S. 7.
4. Siehe beispielsweise Francis Bacon, The History of the Reign of King Henry VII, London 1622, herausgegeben von Brian Vickers, Cambridge 1998, S. 10–11.
5. Der Titel „*King/Queen of France*" wurde allerdings erst im 19. Jahrhundert mit dem Thronantritt Georgs IV. aufgegeben.

6 Siehe dazu Steven G. Ellis, Tudor Ireland, Crown, Community and the Conflict of Cultures, 1470–1603, London 1985 und ibid., Ireland under the Tudors, 1447–1603. English Expansion and the End of Gaelic Rule, London 1998.

7 Glanmor Williams, Renewal and Reformation: Wales c. 1415–1642, Oxford 1993; Ciaran Brady, „Comparable Histories? Tudor Reform in Wales and Ireland", in: Steven G. Ellis, Sarah Barber (Hg.), Conquest and Union. Fashioning the British State 1485–1725, London 1995, S. 211–228; Peter Roberts, „Tudor Wales, national identity and the British inheritance", in: Brendan Bradshaw, Peter Roberts (Hg.), British consciousness and identity. The making of Britain, 1533–1707, Cambridge 1998, S. 8–42; Philip Jenkins, „Seventeenth-Century Wales: definitions and identity", in: Brendan Bradshaw, Peter Roberts (Hg.), British consciousness and identity, S. 211–228.

8 Zahlen nach: Peter Clark, Paul Slack, English Towns in Transition, 1500–1700, Oxford/London 1979.

9 Zur Urbanisierung im frühneuzeitlichen England siehe Peter Clark (Hg.), The Cambridge Urban History of Britain, Bd. 2, 1540–1800, Cambridge 2000.

10 Das beste Überblickswerk über die Landwirtschaft in England und Wales während der Tudorzeit ist immer noch: Joan Thirsk (Hg.), The Agrarian History of England and Wales, Bd. 4, 1500–1640, Cambridge 1967.

11 Siehe dazu beispielsweise Brian A. Holderness, Pre-Industrial England. Economy and Society 1500–1750, London 1976.

12 Eine gute Einleitung in dieses neue Forschungsfeld vermittelt: Glenn Burgess (Hg.), The New British History. Founding of a Modern State 1603–1715, London 1999.

13 Die Fokussierung auf England innerhalb der Tudorforschung versuchen beispielsweise die Arbeiten von Brendan Bradshaw und Steven Ellis aufzubrechen: Brendan Bradshaw, John Morrill (Hg.), The British Problem, c.1534–1707. State Formation in the Atlantic Archipelago, Basingstoke 1996; Steven G. Ellis, Tudor Frontiers and Noble Power. The Making of the British State, Oxford 1995.

14 Siehe hierzu ausführlich Michael Bennett, Lambert Simnel and the battle of Stoke, London 1987.

15 Ausführlich zur Warbeck-Verschwörung siehe Ian Arthurson, The Perkin Warbeck Conspiracy: 1491–1499, London 1989.

16 Claudia Schnurmann, Vom Inselreich zur Weltmacht. Die Entwicklung des englischen Weltreiches vom Mittelalter bis ins 20. Jahrhundert, Stuttgart 2001, S. 61.

17 Siehe beispielsweise Michael van Cleave Alexander, The first of the Tudors: a study of Henry VII and his reign, London 1980.

18 Dazu zählt auch die allgemeine Amnestie, die Heinrich durch den *De Facto Act* von 1495 für seine politischen Gegner erließ.

19 Christine Carpenter vertritt die These, dass Heinrich ein „*poor king*" gewesen sei, dessen Herrschaftspolitik im Rahmen eines noch mittelalterlichen Staatswesens auf der ganzen Linie gescheitert sei. Mit Hilfe einer

Lokalstudie zu Warwickshire versucht Carpenter zu beweisen, dass die neue Bürokratie unter Heinrich VII. zu Unruhe und Chaos, nicht aber zu stärkerer Verrechtlichung von Konflikten beigetragen habe. Siehe Christine Carpenter, Locality and Polity. A Study of Warwickshire Landed Society, 1401–1499, Cambridge1992; siehe auch dies. , „Henry VII and the English Polity", in: Benjamin Thompson (Hg.), The Reign of Henry VII. Proceedings of the 1993 Harlaxton Symposium, Stamford 1995, S. 11–30.

[20] Geoffrey Elton, England under the Tudors, London ²1974, S. 70. Neuere Forschungen zu Heinrich VII. sind selten. Es ist bezeichnend, dass Stanley Bertram Chrimes' Biographie Henry VII von 1972 in einer Neuauflage 1999 erneut veröffentlicht worden ist.

[21] Baldassare Castigliano, Libro del Cortegiano, Venedig 1528.

[22] Simon Thurley, The Royal Palaces of Tudor England: Architecture and Court Life, 1460–1547, New Haven/London 1993.

[23] Siehe dazu ausführlich Geoffrey Elton, England under the Tudors (Anm. 20).

[24] Siehe beispielsweise Raphael Holinshed, Chronicles of England, Scotland, and Ireland 1577, Bd. 3, Neudruck London 1808, S. 588.

[25] Den wichtigsten Überblick über die Außenpolitik der ersten Tudors bietet noch immer: Richard B. Wernham, Before the Armada: The Growth of English Foreign Policy, 1485–1588, London 1966.

[26] Nach dem Tod von Anne Boleyn und dem Fehlen anderer männlicher Erben wurden dem zum Duke of Richmond erhobenen Henry dann doch kurzzeitig gute Chancen auf die Thronnachfolge ausgerechnet. Er verstarb aber 1537.

[27] Eine deutsche Edition der recht charmanten Briefe, deren Originale im Archiv des Vatikans gesammelt sind, hat Theo Stemmler vorgelegt: ibid. (Hg.), Die Liebesbriefe Heinrichs VIII. an Anna Boleyn, Zürich/Stuttgart 1988.

[28] Für eine auf England zentrierte Perspektive siehe beispielsweise George Bernard (Hg.), The Tudor Nobility, Manchester 1993.

[29] Siehe hierzu Steven G. Ellis, Tudor Frontiers and Noble Power (Anm. 13).

[30] Die beste deutsche Studie zum Thema Reformation in Irland hat vor kurzem Ute Lotz-Heumann vorgelegt: Ute Lotz-Heumann, Die doppelte Konfessionalisierung in Irland: Konflikt und Koexistenz im 16. und in der ersten Hälfte des 17. Jahrhunderts, Tübingen 2000. Für einen aktuellen, kritischen Forschungsüberblick siehe: dies., „The Failure of the Reformation in Ireland. Ein Forschungsbericht zur Reformation und zum konfessionellen Zeitalter in Irland", Zeitschrift für Historische Forschung 29, 2002, 1, S. 99–106.

[31] Die umfangreichen Debatten zur englischen Reformation und deren Durchsetzung sind zusammengefasst in: Arthur Geoffrey Dickens, The English Reformation, London 1989; Christopher Haigh, English Reformations: Politics, Religion and Society under the Tudors, Oxford 1993; Peter Marshall (Hg.), The Impact of the English Reformation, London 1997 und ders., Reformation England 1480–1642, London 2003.

³² Eamon Duffy, The voices of Morebath: Reformation and rebellion in an English village, New Haven/London 2001.

³³ Eamon Duffy, The Stripping of the Altars: Traditional Religion in England, c.1400–c.1580, New Haven/London 1992.

³⁴ Diarmaid McCulloch, Thomas Cranmer: A Life, New Haven und London 1996; ders., Tudor Church Militant. Edward VI, and the Protestant Reformation, London 1999, in deutscher Übersetzung erschienen als: Die zweite Phase der englischen Reformation (1547–1603) und die Geburt der anglikanischen Via Media, Münster 1998. Zur Durchsetzung des Protestantismus siehe auch Patrick Collinson und John Craig (Hg.), The Reformation in English Towns 1500–1640, Basingstoke 1998.

³⁵ Siehe beispielsweise John Guy (Hg.), The Tudor Monarchy, London 1997.

³⁶ Das mag einerseits an einem immer noch anhaltenden Trend zur Revision der Elton-Interpretation liegen, andererseits ergänzen sich hier mehrere aktuelle Forschungsrichtungen, wie etwa die in Großbritannien sehr einflussreichen *Court Studies*, die die politische Kultur der königlichen Höfe untersuchen. Gespeist werden diese Studien auch durch das generelle Interesse an politischer Ikonographie und nicht-schriftlichen Formen politischer Repräsentation. Bezeichnend für diesen Trend ist beispielsweise die Kapitelübersicht der Short Oxford History of the British Isles, dessen Band zum 16. Jahrhundert Patrick Collinson 2002 bei Oxford University Press herausgebracht hat. Neben Kapiteln zu Religion, Gesellschaft und Wirtschaft findet sich unter anderen auch ein von John Guy geschriebenes Kapitel mit dem Titel „Monarchy and Council: models of the state". In den darin behandelten sieben Unterkapiteln taucht im Titel aber nicht einmal der Begriff „Parliament" auf. Der wichtigste Vertreter der *Court Studies* ist zur Zeit zweifellos David Starkey, der in den letzten Jahren eine Reihe wichtiger Arbeiten vorgelegt: David Starkey et.al., The English Court: from the Wars of the Roses to the Civil War, London 1987; ders., The Reign of Henry VIII: personalities and politics, London 1985; ders., Henry VIII: a European Court in England, London 1992.

³⁷ Mit diesem Thema haben sich in den letzten Jahren britische und auch deutsche Wissenschaftler intensiv beschäftigt. Siehe beispielsweise Aleida Assmann, „This blessed plot, this earth, this realm, this England". Zur Entstehung des englischen Nationalbewußtseins in der Tudor-Zeit, in: Klaus Garber (Hg.), Nation und Literatur im Europa der Frühen Neuzeit, Tübingen 1989, S. 429–452 und Herbert Grabes (Hg.), Writing the Early Modern English Nation. The Transformation of National Identity in Sixteenth- and Seventeenth-Century England, Amsterdam/Atlanta, GA 2001.

³⁸ Siehe The Itinerary of John Leland in or about the years 1535 –1543, herausgegeben von Lucy Toulmin Smith, London 1964.

³⁹ Greg Walker, „The Renaissance in Britain", in: Patrick Collinson (Hg.), The Sixteenth Century, 1485–1603, Oxford 2002, S. 145–188, hier S. 185–186.

[40] Geoffrey Elton, England under the Tudors, London, S. 101, 116–117. Die beste Biographie zu Katharina von Aragon ist immer noch: Garrett Mattingly, Catherine of Aragon, London 1944.

[41] Zur Rolle der Ehefrauen am Hof Heinrichs VIII. hat Rita Warnicke in den letzten Jahren wichtige Studien vorgelegt. Siehe dies., The Rise and Fall of Anne Boleyn: family politics at the court of Henry VIII, Cambridge 1991 und dies., The marrying of Anne of Cleves: royal protocol in early modern England, Cambridge 2000. Siehe auch Susan E. James, Katryn Parr. The Making of a Queen, Aldershot 1999.

[42] So der Titel einer Studie von David Loades, dem vielleicht wichtigsten Kenner der Regierungszeit Maria Tudors, ders., The Mid-Tudor Crisis, Basingstoke 1992. Loades hat seine eigene Kritik an der Regierung Maria Tudors in den letzten Jahren allerdings etwas revidiert.

[43] Raingard Eßer, Niederländische Exulanten im England des späten 16. und frühen 17. Jahrhunderts, Berlin 1996.

[44] Zu den Volksaufständen während der Tudorzeit siehe Anthony Fletcher, Tudor Rebellions, 3. Auflage, London 1991.

[45] In diese Kategorie fällt auch die Darstellung Marias in dem populären Kinofilm „Elizabeth" von 1998, in denen die letzten Monate der Königin in düsteren, an Verließen erinnernden Räumen stattfinden. Die Königin selbst wird als hysterisch und verbittert dargestellt und ist umgeben von ebenso düsteren Ratgebern. Demgegenüber erscheint die junge Elisabeth, gespielt von der Schauspielerin Cate Blanchett, als weiß gekleidete Lichtgestalt in einer typisch englischen Parklandschaft.

[46] Geoffrey Elton, England under the Tudors (Anm. 20), S. 214–215.

[47] Siehe beispielsweise Susan Bassnett, Elizabeth I. A feminist perspective, New York 1988.

[48] John Knox, The First Blast of the Trumpet against the Monstrous Regiment of Women, Edinburgh 1558.

[49] Siehe beispielsweise Andrew Pettegree (Hg.), The Reformation of the parishes: the ministry and the reformation in town and country, Manchester 1993; Katherine French, Gary Gibbs, Beat Kümin (Hg.), The Parish in English Life 1400–1600, Manchester 1997.

[50] Siehe beispielsweise Richard Hooker, Of the Laws of Ecclesiastical Polity, London 1593.

[51] Michael Maurer, Kleine Geschichte Irlands, Stuttgart 1998, S. 83–84.

[52] Die Subsidien für die Ausrüstung des französische Expeditionsheeres wurden allerdings genehmigt. 1563 landete eine kleine englische Truppe zur Unterstützung der Hugenotten in der Normandie. Das Unternehmen endete jedoch in einem Fiasko und verstärkte damit Elisabeths Abneigung gegen außenpolitische militärische Manöver.

[53] Siehe dazu Margo Todd, „England after 1558", in: Andrew Pettegree (Hg.), The Reformation World" London/New York 2000, S. 365–386.

[54] Moderne Wissenschaftler sehen die Zerstörung der Armada deutlich prosaischer und schreiben sie mehr den klimatischen Glücksfällen des Augenblicks zu. Zur antispanischen Propaganda in England siehe Mar-

55 tina Mittag, Nationale Identitätsbestrebungen und antispanische Polemik im englischen Pamphlet, 1558–1630, Frankfurt/Main 1993.
55 Der genaue Titel lautet: Britannia sive florentissimorum regnorum Angliae, Scotiae, Hiberniae Chorographica descriptio.
56 Zu Camden siehe William Rockett, „The Structural Plan of Camden's Britannia", Sixteenth Century Journal 26, 4, 1995, S. 829–841.
57 Der vollständige Titel lautet: A Treatise Conteining a Plaine and Perfect Description of Ireland: With an Introduction to the Better understanding of the Histories Apperteining to that Iland.
58 David Cressy, Bonfires and Bells, National Memory and the Protestant Calendar in Elizabethan and Stuart England, London 1989. Zur Thematik der jungfräulichen Königin ist eine Fülle von Literatur erschienen. Siehe beispielsweise Helen Hackett, Virgin Mother, Maiden Queen. Elizabeth and the Cult of the Virgin Mary, Basingstoke 1995 und die ältere Studie von Frances A. Yates, Astraea, London 1975.
59 Wallace MacCaffrey, „Politics an the Age of Reformation 1485–1585", in: John Morrill (Hg.), The Oxford Illustrated History of Tudor and Stuart Britain, Oxford 1996, S. 310–329, hier: S. 324.
60 Ihr Vater und ihre beiden Halbgeschwister beriefen zusammen in den 40 Jahren ihrer drei Regierungen 38 Parlamente ein.
61 Für die ältere Perspektive siehe John E. Neale, Elizabeth I and her Parliaments, London 1957. Zur Revision dieser Vorstellung siehe Geoffrey R. Elton, The Parliament of England, 1559–1581, Cambridge 1986; M.A.R. Graves, Elizabethan Parliaments, 1559–1601, London 1987.
62 Jim Sharpe, Crime in early modern England, 1550–1750, London ²1999.
63 Die Beziehungen zwischen Irland und Spanien hat zuletzt Karin Schüller überzeugend herausgearbeitet. Eine Konstante vor allem in den diplomatischen Beziehungen zwischen beiden Ländern blieb die Illusion der exilierten Iren, sie könnten die spanische Regierung zu einem ernsthaften Eingreifen in die Geschicke ihres Landes überreden. Irland spielte im internationalen Kalkül der Weltmacht Spanien aber immer nur eine äußerst untergeordnete Rolle. Siehe dazu Karin Schüller, Die Beziehungen zwischen Spanien und Irland im 16. und 17. Jahrhundert. Diplomatie, Handel und die soziale Integration katholischer Exulanten, Münster 1999.
64 Siehe dazu Ute Lotz-Heumann, Die doppelte Konfessionalisierung in Irland, die sich auch kritisch mit den nationalistischen Interpretationen irischer Wissenschaftler auseinander setzt. Zur Debatte um die unterschiedlichen nationalen Interpretationen englisch-irischer Beziehungen siehe auch: Steven G. Ellis, „Historiographical Debate: Representations of the Past in Ireland. Whose Past and Whose Present?", Irish Historical Studies, XXVII, 1991, S. 289–308 und ders., „Writing Irish History. Revisionism, Colonialism, and the British Isles", Irish Review 29, 1996, S. 1–21.
65 De Spes musste 1572 das Land verlassen, da ihm Kollaboration mit der Ridolfi-Verschwörung nachgesagt wurde.

66 Charles Wilson, Queen Elizabeth and the Revolt of the Netherlands, Den Haag ²1979, S. 23.
67 Hermann Wellenreuther, Niedergang und Aufstieg. Geschichte Nordamerikas vom Beginn der Besiedlung bis zum Ausgang des 17. Jahrhunderts (Geschichte Nordamerikas in atlantischer Perspektive von den Anfängen bis zur Gegenwart, Eine Darstellung in sieben Bänden), Bd. 1, hrsg. von Norbert Finzsch, Ursula Lehmkuhl und Hermann Wellenreuther, Münster 2000, S. 142–143.
68 So der Titel seines 1984 in Cambridge erschienen Buches.
69 Thomas Hariot, A brief and true report of the New Found Land of Virginia, London 1588.
70 Siehe beispielsweise Richard Hakluyt, A Discourse on western planting, London 1584.
71 Siehe zuletzt beispielsweise Claudia Schnurmann, Vom Inselreich zur Weltmacht (Anm. 16), S. 97, 106.
72 Zwischen 1558 und 1589 forderte Elisabeth neunmal Subsidien von ihren Untertanen, in den letzten 14 Jahren ihrer Herrschaft aber insgesamt zehnmal.

Die Stuarts

1 Siehe zuletzt Pauline Croft, King James, Basingstoke 2003.
2 Siehe dazu beispielsweise Christopher Durston, James I., London 1993.
3 Michael Lynch, Scotland, A New History, London 1992, S. 174.
4 Siehe dazu Steven Boardman, „Chronicle Propaganda in 14th century Scotland: Robert the Steward, John of Fordun and the ‚Anonymous Chronicle'", The Scottish Historical Review 76, 1, 201, 1997, S. 23–43.
5 John Knox war seit 1546 sowohl für kurze Zeit in London, dann im Marianischen Exil in Genf und schließlich ab 1559 in Schottland als Prediger tätig. Knox unterhielt enge Beziehungen zu den calvinistischen Reformern auf dem Kontinent und war Mitarbeiter an der „Confessio Scotica" von 1560. Sein wichtigstes Werk ist die History of the Reformation of Religion within the Realm of Scotland, die 1644 erstmals komplett herausgegeben wurde.
6 Zu den schärfsten zeitgenössischen Kritikern der Stuarts gehört zweifellos Sir Anthony Weldon, der wegen satirischer Publikationen gegen die Schotten sein lukratives Hofamt verloren hatte und sich so an seinem früheren Arbeitgeber rächte. Siehe ders., The Court and Character of King James, London 1650. Siehe auch Francis Osborne, Historical Memoirs in the Reigns of Queen Elizabeth, and King James, London 1658.
7 Eine Ausnahme bildet: Leeds Barroll, Anna of Denmark, Queen of England: a cultural biography, Philadelphia 2001, der sich vor allem mit Annas Rolle als Mäzenatin und Kunstförderin beschäftigt.
8 Thomas Babington Macaulay, The History of England from the Accession of James the Second, 2 Bände, London 1889; Samuel R. Gardiner, History of England from the Accession of James I to the Outbreak of the

Civil War, 1603–1642, 10 Bände, London ²1883–1884; ders., History of the Great Civil War, 4 Bände London 1901–1904.

9 Conrad Russell, „Parliamentary History in Perspective 1604–1629", History 61, 1976, S. 1–27; ders., The Causes of the English Civil War, Oxford 1990; ders., The Addled Parliament of 1614: The Limits of Revisionism, Reading 1992. Siehe auch Kevin Sharpe (Hg.), Faction and Parliament. Essays on Early Stuart History, London 1978; ders., „Crown, Parliament and Locality: Government and Community in Early Stuart England", English Historical Review 101, 1986, S. 325–349.

10 Steven Ellis, „Revisionismus", in: Joachim Eibach, Günther Lottes (Hg.), Kompass der Geschichtswissenschaft, Göttingen 2003, S. 342–354.

11 Zur Historiographie der Englischen Bürgerkriege siehe Ann Hughes, The Causes of the English Civil War, London 1991; Kaspar von Greyerz, England im Jahrhundert der Revolutionen, 1603–1714, Stuttgart 1994; Ronald Asch, „Triumph des Revisionismus oder Rückkehr zum Paradigma der bürgerlichen Revolution? Neuere Forschungen zur Vorgeschichte des englischen Bürgerkrieges", Zeitschrift für historische Forschung 22,4, 1995, S. 523–540.

12 Neil Cuddy, „The revival of the entourage: the Bedchamber of James I, 1603–1625", in: David Starkey, The English Court from the Wars of the Roses to the Civil War, London ²1992, S. 173–225.

13 Siehe hierzu ausführlich Hermann Wellenreuther, Niedergang und Aufstieg. Geschichte Nordamerikas vom Beginn der Besiedlung bis zum Ausgang des 17. Jahrhunderts (Geschichte Nordamerikas in atlantischer Perspektive von den Anfängen bis zur Gegenwart. Eine Darstellung in sieben Bänden, Band 1, herausgegeben von Norbert Finzsch, Ursula Lehmkuhl und Hermann Wellenreuther), Münster 2000.

14 Samuel R. Gardiner, History of England from the Accession of James I to the Outbreak of the Civil War; ders., History of the Great Civil War.

15 Aus dem umfangreichen Oeuvre seien hier nur zu nennen: Christopher Hill, Puritanism and Revolution: The English Revolution of the 17th Century, New York 1964; ders., The English Revolution 1640, London ²1985; Lawrence Stone, The Causes of the English Revolution 1529–1642, New York 1972, erweiterte und bearbeitete Neuauflage 1985, deutsche Übersetzung, Die Ursachen der Englischen Revolution, 1529–1642, Frankfurt/Main 1982. In deutscher Sprache hat Hans-Christoph Schröder eine Geschichte des englischen Bürgerkrieges vorgelegt, die sich ebenfalls an den sozio-ökonomischen Interpretationen orientiert. Siehe Hans-Christoph Schröder, Die Revolutionen Englands im 17. Jahrhundert, Frankfurt 1986.

16 Siehe beispielsweise Conrad Russell (Hg.), The Origins of the English Civil War, London 1973; ders., Parliaments and English Politics 1621–1629, Oxford 1979.

17 J.N. Ball, „Sir John Eliot and Parliament 1624–1629", in: Kevin Sharpe (Hg.), Faktion and Parliament: Essays on Early Stuart History, Oxford 1978, S. 173–207; Anthony Fletcher, The Outbreak of the English Civil

[18] Kevin Sharpe, The Personal Rule of Charles I, London/New Haven 1992.
[19] Ronald Asch, Der Hof Karls I. von England. Politik, Provinz und Patronage 1625–1640, Köln 1993. Siehe auch ders., „Krone, Hof und Adel in den Ländern der Stuart-Dynastie im frühen 17. Jahrhundert", Zeitschrift für historische Forschung 156, 1989, S. 183–220.
[20] Siehe hierzu im Überblick Michael B. Young, Charles I, Basingstoke 1997, S. 127–132.
[21] Siehe dazu ausführlich Richard Cust, The Forced Loan and English Foreign Politics 1626–1628, Oxford 1987.
[22] Siehe beispielsweise Samuel Gardiner, The Constitutional Documents of the Puritan Revolution 1625–1660, Oxford ³1906, S. XX; Maurice Ashley, England in the Seventeenth Century, London ²1954, S. 63–64.
[23] Zu den politischen Vorstellungen des Königs und der Parlamentarier siehe in deutscher Sprache vor allem Hans-Dieter Metzger, Thomas Hobbes und die Englische Revolution 1640–1660, Stuttgart 1991 und Doris Lösch, Property, Order and Civil War. Zum Diskurs über Eigentum in England, 1580–1649, Berlin 1999.
[24] Siehe beispielsweise Claudia Schnurmann, Vom Inselreich zur Weltmacht (Anm. 16), S. 132.
[25] Die Debatte um den Charakter der ersten Einwanderer nach Neuengland hat vor allem die Gemüter us-amerikanischer Historiker bewegt. Siehe dazu beispielsweise Virginia DeJohn Anderson, New England's Generation: The Great Migration and the Formation of Society and Culture in the Seventeenth Century, New York 1991; Roger Thompson, „State of the Art. Early Modern Migration", Journal of American Studies 25, 1991, S. 59–69. Siehe auch Hermann Wellenreuther, Niedergang und Aufstieg (Anm. 13).
[26] Conrad Russell hat diesen Zusammenhang als „Billardkugeleffekt" bezeichnet. Conrad Russell, „The British Problem and the English Civil War", History 72, 1987, S. 395–415, hier S. 408. Siehe auch John Morrill, The Nature of the English Revolution, London 1993.
[27] John Morrill, „Politics in the Age of Revolution, 1630–1690", in: ders. (Hg.), The Oxford Illustrated History of Tudor and Stuart Britain, Oxford 1996, S. 361–396, hier S. 367. Einen neueren Überblick über die militärische Geschichte der Bürgerkriege bieten John Kenyon, Jane Ohlmeyer (Hg.), The Civil Wars. A Military History of England, Scotland and Ireland, 1638–1660, Oxford 1998.
[28] John Morrill, The Nature of the English Revolution (Anm. 26).
[29] Samuel R. Gardiner, History of the Great Civil War (Anm. 8).
[30] Siehe dazu die in Anmerkung 15 aufgeführte Literatur.
[31] Michael Maurer, Geschichte Englands, Stuttgart 2000, S. 150–151; John Morrill, The Nature of the English Revolution (Anm. 26). Siehe auch die in Anmerkung 27 angegebene Literatur.

[32] Audley Mervin, Exact relation of all such occurrences as have happened in the severall counties of Donegall, London-Derry, Tyrone, & Fermanagh in the North of Ireland..., London 1642, S. 1. Das Ausmaß der Massaker ist von Iren und Engländern höchst unterschiedlich interpretiert worden. Neuere Schätzungen sprechen von etwa 12 000 Protestanten, die im Winter 1641 innerhalb weniger Monate entweder ermordet wurden oder durch die harschen Umstände der Vertreibung von ihren Höfen zu Tode kamen. Siehe dazu Michael Maurer, Kleine Geschichte Irlands, Stuttgart 1998, S. 111–114.

[33] Zum Aufstand von 1641 und dessen Bedeutung für die Entwicklung eines nationalirischen, katholischen Bewusstseins siehe Nicholas Canny, „Early Modern Ireland, c.1500–1700", in: R.F. Foster (Hg.), The Oxford Illustrated History of Ireland, Oxford 1991, S. 104–160.

[34] Siehe dazu Conrad Russell, The Fall of the British Monarchies, Oxford 1991, S. 447–449. Siehe auch Anthony Fletcher, The Outbreak of the English Civil War, New York 1981, S. 181.

[35] Peter Wende, „Karl I", in: ders. (Hg.), Englische Könige und Königinnen. Von Heinrich VII. bis Elisabeth II., München 1998, S. 111–127, hier S. 124.

[36] Michael B. Young, Charles I (Anm. 20), S. 153.

[37] Siehe dazu zuletzt ausführlich Sean Kelsey, „The Trial of Charles I.", English Historical Review 118, 477, 2003, S. 583–616 und die hier angegebene Literatur.

[38] Zitiert nach Peter Wende, „Karl I", in: ders. (Hg.), Englische Könige und Königinnen (Anm. 35), S. 126.

[39] Michael B. Young, Charles I (Anm. 20), S. 167–172.

[40] Im vorliegenden Kontext kann nicht in aller Ausführlichkeit auf die Geschichte des Interregnums eingegangen werden. Sie wird hier nur insofern berücksichtigt, wie sie Einfluss auf die weitere Geschichte der Stuartmonarchie hatte. Für einen Überblick über die Geschichte der britischen Republik siehe Ronald Hutton, The British Republic, 1649–60, Basingstoke 1990; John Morrill (Hg.), Revolution and Restoration: England in the 1650s, London 1992; Toby Barnard, The English Republic, 1649–60, Harlow ²1997 und Ivan Roots (Hg.), ‚Into Another Mould': Aspects of the Interregnum, Exeter 1998.

[41] Siehe beispielsweise Lawrence Stone, Die Ursachen der Englischen Revolution (Anm. 15), S. 186–188, Christopher Hill, Reformation to Industrial Revolution. A Social and Economic History of Britain 1530–1780, London 1968, S. 123–167. Eine eher pessimistische Bilanz über die langfristigen und kurzfristigen Erfolge der republikanischen Zeit zieht beispielsweise John Morrill (Hg.), Revolution and Restoration (Anm. 40), Introduction.

[42] Siehe dazu Barry Coward, The Cromwellian Protectorate, Manchester 2002, Introduction, S. 1.

[43] Siehe dazu Michael J. Braddick, The Nerves of State: Taxation and Financing of the English State, 1558–1714, Manchester 1996.

44 Insofern ist der marxistischen Interpretation der *Rise of the Gentry* (so der verkürzte Titel des einflussreichen Artikels von Richard H. Tawney, der 1941 im Economic History Review erschien) durchaus zuzustimmen.
45 Siehe dazu Michael J. Braddick, The Nerves of State (Anm. 43).
46 Sehr zum Ärger der Schotten schloss die Navigationsakte auch schottische Schiffe vom Handel mit den Kolonien aus.
47 Wie eng die Debatte um Eigentum im 17. Jahrhundert mit dem politischen Diskurs um Wahlrecht, Steuern und politische Partizipation verbunden war, hat zuletzt Doris Lösch überzeugend herausgearbeitet. Siehe dies., Property, Order and Civil War (Anm. 23).
48 Siehe dazu ausführlich Claudia Schnurmann, Atlantische Welten. Engländer und Niederländer im amerikanisch-atlantischen Raum 1648–1713, Köln 1998.
49 Ab 1672 beteiligte sich Großbritannien dann mit der Royal Africa Company selbst offiziell am Sklavenhandel. Siehe dazu beispielsweise Robin Blackburn, The Making of New World Slavery. From the Baroque to the Modern 1492–1800, London 1997. Für einen deutschsprachigen Überblick über die Sklaverei auf dem nordamerikanischen Kontinent siehe Norbert Finzsch et. al, Von Benin nach Baltimore. Die Geschichte der African-Americans, Hamburg 1999.
50 Siehe dazu ausführlich, Laura Lunger Knoppers, Constructing Cromwell: Ceremony, Portraits and Prints, Cambridge 2000.
51 Neben der stattlichen Summe von 300 000 Pfund in bar erhielt Katharina als Mitgift die indische Hafenstadt Bombay, die damit zum Tor für die britische Expansion auf den vom portugiesischen und niederländischen Europahandel dominierten Subkontinent wurde.
52 Siehe Robert Latham und William Matthews (Hg.), The Diary of Samuel Pepys. A New and Complete Transcription, 9 Bände, London 1970–1983.
53 John Morrill, „Politics in the Age of Revolution 1630–1690", in: ders. (Hg.), The Oxford Illustrated History of Tudor and Stuart Britain, S. 361–396 (Anm. 27), hier S. 384.
54 Die Bezeichnung *Rye House Plot* geht zurück auf den Namen des Gasthofes, in dem die Stuartbrüder nach dem Besuch der Renntage auf dem Weg von Newmarket nach London überfallen werden sollten.
55 Thomas Babington Macaulay, the History of England from the Accession of James II, 5 Bände, London 1849–1861.
56 Siehe Jonathan Clarke, Revolution and Rebellion. State and Society in England in the Seventeenth and Eighteenth Centuries, Cambridge 1986. Zur historiographischen Diskussion der „Glorreichen Revolution" siehe Eveline Cruikshanks, The Glorious Revolution, Basingstoke 2000, Introduction und Conclusion.
57 Jonathan Israel, The Anglo-Dutch Moment: Essays on the Glorious Revolution and its World Impact, London 1991.
58 Siehe Eveline Cruikshanks, The Glorious Revolution (Anm. 56), S. 28.
59 Vor allem die Stilisierung des Königs als Agent für moralische Reform sollte die Popularität Wilhelms erhöhen und gleichzeitig den Thron-

wechsel im Nachhinein rechtfertigen. Siehe hierzu Tony Claydon, William III and the Godly Revolution, Cambridge 1996.

[60] Commons Journal, 28.1. 1688, abgedruckt in Anchitell Grey, Debates in the House of Commons from the year 1667 to the year 1694, London 1763, S. 7–25.

[61] John Lockes Two Treatises of Government, das bereits in der *Exclusion Crisis* als Antwort auf die Theorien des *Divine Right*-Apologeten Robert Filmer abgefasst, aber erst 1689 veröffentlicht wurde, legte eine ausführliche Interpretation des Naturrechts vor, wonach die Menschen aus Selbsterhaltungstrieb das Gewaltmonopol einem oder mehreren Führern übertragen. Missbraucht der Gewählte seine Macht etwa zum Angriff auf das Eigentum der Regierten, das im Zentrum der Selbsterhaltung des Menschen steht und nicht nur materielle Güter, sondern auch traditionelle Rechte und Freiheiten umfasst, können die übertragenen Rechte zurückgenommen werden.

[62] Siehe dazu beispielsweise Lois G. Schwoerer, The Declaration of Rights 1689, Baltimore 1980.

[63] Dieses Interesse an politischen Diskussionen wurde einerseits durch die weitere Ausbildung der politischen Parteien gefördert, andererseits von der Regierung mit der Abschaffung der Vorzensur 1695 honoriert. Eine ausführliche und luzide Studie zu der Verflechtung von politischer Debattenkultur und dem neuen Medienmarkt bietet Karl Tilman Winkler, Wörterkrieg. Politische Debattenkultur in England 1689–1750, Stuttgart 1998.

[64] Auf dem nordamerikanischen Kontinent führten Briten und Franzosen den Krieg als *King William's War*, in den auf beiden Seiten sowohl Siedler auch anderer Nationalitäten und Indianer verwickelt waren. Insgesamt endete der Konflikt hier mit der Wiederherstellung des territorialen Status Quo.

[65] Eine Anekdote besagt, dass sein Pferd über einen Maulwurfshügel stolperte und seinen Reiter abwarf, der sich dabei tödliche Verletzungen zuzog. Die *Jacobites* gratulierten daraufhin dem Maulwurf als „the little gentleman in the black velvet" (zitiert nach Eveline Cruikshanks, Anm. 56, S. 89).

[66] Diese Verschreibungen waren eine erste Form des Papiergeldes. Reste dieser Regelung findet man noch heute auf den englischen Pfundnoten, auf denen sich die Bank of England schriftlich verpflichtet, dem Besitzer der Geldscheine die entsprechende Summe in Münzwert auszuzahlen.

[67] Die neue *East India Company* war als Konkurrenzunternehmen zu der gleichnamigen, 1600 gegründeten Organisation aufgebaut worden. Beide Kompanien amalgamierten dann 1701.

[68] John Bunyan war Prediger in der Independentengemeinde in Bedford. Im Bürgerkrieg stand er auf der Seite der Parlamentarier. Nach 1666 verbrachte er viele Jahre im Gefängnis. Bekannt wurde er vor allem durch sein 1678 und 1684 erschienenes Buch The Pilgrim's Progress, das in der Literaturwissenschaft als ein Vorläufer des modernen Romans gilt.

Richard Baxter nahm als puritanischer Feldkaplan am Bürgerkrieg teil und setzte sich in der Restauration aktiv, aber vergeblich für eine Annäherung zwischen Puritanern und Anglikanern ein.

[69] Siehe dazu beispielsweise Maurice Hennessy, The Wild Geese: The Irish Soldier in Exile, London 1973.

[70] Mit dem exilierten Jakob III. hatte Anna einen Geheimvertrag geschlossen, in dem er sich verpflichtete, während ihrer Regierungszeit nicht gegen die Königin vorzugehen. Wie viele Zeitgenossen hatte Jakob Francis Edward Stuart Annas Lebensenergien wohl unterschätzt.

[71] Der Seekrieg spielte allerdings nur eine geringe Rolle in den militärischen Auseinandersetzungen. Vor allem die Franzosen verlegten sich auf Piraterieizüge gegen die Handelsflotten ihrer Gegner, die besonders die Niederländer trafen. Es kam nur selten zu ausgesprochenen Seeschlachten.

[72] In der nordamerikanischen Geschichtsschreibung wird der Krieg als *Queen Anne's War* bezeichnet. Wie im vorangegangenen Krieg beteiligten sich auch hier lokale Milizen und Indianerstämme an den Auseinandersetzungen.

[73] Das britische Kontingent stellte dabei allerdings nur etwa ein Viertel der alliierten Streitkräfte.

[74] Weitere spektakuläre Siege konnte sich der in seinem Heimatland schnell zum Helden aufgestiegene Marlborough am 23. Mai 1705 in Ramillies und am 11. Juli 1708 im niederländischen Oudenaarde auf seine Fahnen schreiben.

[75] Die deutschen Alliierten und besonders der Kaiser waren von den Separatverhandlungen der Briten allerdings wenig begeistert. Sie schlossen erst ein Jahr später, im März 1714, den Frieden von Rastatt und Baden.

[76] William King (Hg.), Memoirs of Sarah, Duchess of Marlborough Together with her ‚Characters of her Contemporaries' and her ‚Opinions', London 1930, S. 230.

[77] Herbert Davis (Hg.), Jonathan Swift, Political Tracts 1711–1713, Oxford 1973.

[78] Siehe dazu beispielsweise die Schriften des schottischen Parlamentariers Andrew Fletcher, An Account Concerning a Right Regulation of Governments, nachgedruckt in David Daiches (Hg.), Fletcher of Saltoun: Selected Writings, Edinburgh 1979. Siehe auch John Robertson, Andrew Fletcher, Political Works, Cambridge 1997.

[79] Zum Stand der öffentlichen Diskussion in Schottland siehe Jim Smyth, The Making of the United Kingdom 1660–1800, Harlow 2001, S. 95–107.

[80] Dass die Annahme der Union in Schottland durch die Intrigen und Privatinteressen einer politischen Elite ermöglicht wurde, ist der Kern der Analyse einiger historischer Arbeiten zu diesem Thema. Siehe beispielsweise Patrick W.J. Riley, The Union of England and Scotland: A Study in Anglo-Scottish Politics of the Eighteenth Century, Manchester 1978. Insgesamt spielten sicherlich eine Reihe von Motiven und der gut ge-

wählte Zeitpunkt für die Unionsverhandlungen eine wichtige Rolle. Siehe dazu ausführlich Jim Smyth, The Making of the United Kingdom, S. 95–107.

[81] Die Ausbildung einer britischen Nation als Gegenstand der Forschung hat spätestens seit Linda Colleys Britons: Forging the Nation, 1707–1837 (New Haven 1992) Hochkonjunktur. Siehe zu diesem Thema für den vorliegenden Zeitraum zuletzt ausführlich Jim Smyth, The Making of the United Kingdom.

Zeittafel

1485	Schlacht bei Bosworth, Sieg Heinrich Tudors gegen Richard III.
1485–1509	Regierung Heinrich Tudors als Heinrich VII. auf dem englischen Thron.
1486	Heirat von Heinrich VII. und Elisabeth von York soll die dynastischen Rivalitäten zwischen den Magnatenfamilien Lancaster und York beenden.
1487	Schlacht bei Stoke. Heinrich besiegt den yorkistischen Thronprätendenten Lambert Simnel.
1491–1498	Bedrohung durch den Thronprätendenten Perkin Warbeck. Nach dessen Hinrichtung im November 1499 ist die Regierung der Tudors gefestigt.
1492	Der Vertrag von Étaples beendet den Krieg gegen Frankreich um das Erbe der Bretagne.
1496	Abschluss des englisch-niederländischen Handelsabkommens *Intercursus Magnus*.
1502	Heirat von Heinrichs ältestem Sohn Arthur und Katharina von Aragon. Arthur stirbt noch im selben Jahr.
1509	Tod Heinrichs VII., Regierungsübernahme durch seinen Sohn Heinrich VIII. Heirat von Heinrich VIII. und Katharina von Aragon.
1511	Eintritt Heinrichs in die Katholische Liga (gegen Frankreich).
1513	Sieg Heinrichs bei Tournai und Thérouanne. Schlacht bei Flodden und Sieg über die Schotten. König Jakob IV. von Schottland kommt ums Leben.
1515–1529	Kardinal Thomas Wolsey leitet als *Lord Chancellor* die englische Politik.
1516	Geburt Maria Tudors.
1521	Für seine anti-lutherische Schrift *Assertio septem sacramentorum* erhält Heinrich vom Papst den Ehrentitel *Defensor Fidei*.
1527	Heinrich beginnt Verhandlungen mit dem Papst, um seine Ehe mit Katharina von Aragon annullieren zu lassen.
1529	Friedensvertrag von Cambrai zwischen England, Frankreich und dem Kaiser. Sturz Kardinal Wolseys. Bis 1532 übernimmt Thomas More das Amt des *Lord Chancellor*.
1529–1537	Einberufung und Sitzung des Reformationsparlaments.
1532–1540	Thomas Cromwell bestimmt die englische Politik.
1533	Heirat von Heinrich VIII. und Anna Boleyn. Thomas Cranmer, seit 1532 Erzbischof von Canterbury, annulliert die Ehe von Heinrich und Katharina. Geburt von Heinrichs und Annas Tochter Elisabeth Tudor am 7. September.

1533	Das Parlament erlässt den *Act of Restraint of Appeals*.
1534	Der *Act of the Submission of the Clergy* tritt in Kraft. Mit dem *Act of Supremacy* erklärt das Parlament den König zum Oberhaupt der englischen Kirche.
1536	Tod Katharinas von Aragon. Hinrichtung von Anna Boleyn wegen angeblichem Ehebruch. Heinrich VIII. heiratet Jane Seymour. *Pilgrimage of Grace*: Volksaufstände in Lincolnshire und Yorkshire. Auflösung der kleineren Klöster. Erster *Act of Union* vereinigt Wales und England unter der Krone der Tudors. In den *Ten Articles* werden Revisionen der katholischen Lehre zugunsten protestantischer Vorstellungen eingeführt.
1537	Geburt von Heinrichs Sohn Edward, Tod Jane Seymours.
1539	Auflösung der größeren Klöster. In den *Six Articles* werden einige der protestantischen Reformen rückgängig gemacht.
1540	Heinrich heiratet Anna von Kleve, lässt sich aber nach kurzer Zeit wieder scheiden und heiratet Katharina Howard. Hinrichtung Thomas Cromwells. Heinrich beginnt einen Krieg gegen Frankreich.
1541	Heinrich ernennt sich zum König von Irland.
1542	Beginn der englischen „*surrender and regrant*"-Politik in Irland. Schottische Invasion in England scheitert bei Solway Moss. Hinrichtung von Katharina Howard wegen Ehebruch.
1543	Heinrich heiratet Katharina Parr.
1547	Tod Heinrichs VIII. Nachfolger wird sein Sohn Edward VI. Die Regierungsgeschäfte übernimmt dessen Onkel Edward Seymour als *Lord Protector*.
1547–1549	*Western Rebellion:* Volksaufstände in Devon und Cornwall. *Kett's Rebellion* in East Anglia.
1549	Thomas Cranmers *Book of Common Prayer* soll den Gottesdienst nach protestantischen Vorbildern vereinheitlichen. In einer Uniformitätsakte werden die Untertanen auf diese Gottesdienstordnung verpflichtet.
1553	Am 6. Juli stirbt Eduard VI. Putsch von Eduards Berater John Dudley. Lady Jane Grey wird Königin für neun Tage. Am 19. Juli wird Maria Tudor Königin von England.
1554	Heirat von Maria Tudor mit Philipp II. von Spanien.
1555–1557	Staatliche Rekatholisierungsmaßnahmen.
1555	Die *Muscovy Company* wird als *joint-stock company* gegründet.
1557	An der Seite Spaniens erklärt England Frankreich den Krieg.
1558	Am 17. November 1558 stirbt Maria Tudor. Noch am selben Tag wird Elisabeth Tudor zur Königin proklamiert.
1559	Der Vertrag von Cateau-Cambrésis beendet den Krieg mit Frankreich. Aufgabe Calais'.
1559	Im *Elizabethan Settlement* wird die Religionsfrage durch das Parlament neu geregelt. Die englische Kirche wird erneut von Rom abgekoppelt.

1563	*39 Articles* regeln die englische Kirche. Traditionelle Elemente in Ritus und Gottesdienstgestaltung bleiben neben dem protestantischen Glaubensbekenntnis erhalten. John Foxe's *Book of Martyrs* wird erstmals veröffentlicht.
1566	Geburt des späteren Jakob I. und VI. (von Schottland) als Sohn von Maria Stuart und ihrem zweiten Mann Lord Darnley.
1567	Nach einem Adelsaufstand gegen die Königin muss Maria Stuart aus Schottland fliehen.
1568	Maria wird von Elisabeth in England in Haft genommen. Gründung des englischen katholischen Priesterseminars in Douai durch William Allen.
1569	Ein Magnatenaufstand im Norden Englands zugunsten Maria Stuarts wird niedergeschlagen.
1570	Der Papst exkommuniziert Elisabeth. Englisches Kolonisationsprogramm in Ulster beginnt.
1571	Verschwörung gegen Elisabeth (*Ridolfi-Plot*) wird aufgedeckt.
1577	Raphael Holinshed veröffentlicht *The Chronicles of England, Scotland, and Ireland*.
1577–1580	Weltumseglung von Francis Drake.
1581	Rekusantengesetze werden verschärft gegen Katholiken angewendet.
1585	Walter Raleigh reist mit sechs Schiffen nach Nordamerika. Gründung von Roanoake scheitert.
1586	William Camden veröffentlicht *Britannia*. Nach Aufdeckung der Babington-Verschwörung wird Maria Stuart hingerichtet.
1588	Untergang der Spanischen Armada.
1594–1603	Neunjähriger Krieg in Irland.
1597–1601	Elisabethanische Armengesetzgebung.
1600	Gründung der *East India Company*.
1603	Am 24. März stirbt Königin Elisabeth I. Der schottische König Jakob wird König von England, Wales und Irland.
1604	Friedensvertrag mit Spanien. *Hampton Court Conference* zu Kirchenfragen.
1605	*Gunpowder*-Verschwörung gegen das Parlament in Westminster wird aufgedeckt.
1607	Nach der „Flucht der Grafen" beginnt ein neues englisches Kolonisationsprogramm in Ulster. Gründung der *Virginia Company*.
1612	Tod von Jakobs ältestem Sohn Heinrich. Karl wird Thronfolger.
1613	Heirat von Jakobs Tochter Elisabeth mit Friedrich von der Pfalz.
1615–1628	George Villiers, ab 1623 Herzog von Buckingham, avanciert zum Favoriten des Königs.
1617	Einziger Besuch Jakobs in seiner schottischen Heimat.

1618	Bei Ausbruch des Dreißigjährigen Krieges stellt sich Jakob auf die Seite seines Schwiegersohns und setzt sich in den folgenden Jahren für die Restitution Friedrichs ein. Beginn der Heiratsverhandlungen für Karl am spanischen Hof.
1619	Inigo Jones entwirft die *Banqueting Hall* in London.
1623	Prinz Karl und George Villiers reisen incognito nach Spanien, werden am Hof festgehalten und unter erniedrigenden Bedingungen freigelassen. Sie fordern einen Krieg gegen Spanien.
1624	Jakob stimmt einem Krieg zu.
1625	Tod Jakobs I. am 27. März und Krönung von Karl I., der noch im selben Jahr die französische Prinzessin Henrietta Maria heiratet. Bei einem Besuch in Schottland versucht er, die Landvergaben seit der Reformation zugunsten der Krone rückgängig zu machen. Das Vorhaben scheitert am Widerstand der Bevölkerung.
1626	Karl erklärt Frankreich den Krieg.
1628	Ermordung Buckinghams in Plymouth. *Petition of Rights* vom Parlament vorgelegt.
1629–1640	Nach Auflösung des Parlaments regiert Karl elf Jahre ohne Parlament.
1633	William Laud wird Erzbischof von Canterbury und führt Reformen durch.
1637	Lauds Versuch, das englische Kirchensystem in Schottland einzuführen scheitert.
1639–1640	„Bischofskriege". Schotten fallen in England ein.
1640	Einberufung des Kurzen und des Langen Parlaments.
1641	Hinrichtung Thomas Wentworths. Aufstand und Massaker an protestantischen Siedlern in Irland.
1642	Im Januar fordert Karl die Auslieferung von fünf Parlamentsabgeordneten. Nach dessen Scheitern flieht er aus London. Im August beginnt der erste Bürgerkrieg.
1642–1646	Bürgerkrieg in England. Royalisten und Parlamentarier (im Bund mit Schottland) gewinnen jeweils wichtige Schlachten.
1645	Exekution von Laud. Organisation der *New Model Army*.
1646	Karl ergibt sich den Schotten. Ende des ersten Bürgerkriegs.
1648	Zweiter Bürgerkrieg: Nach Verhandlungen mit Karl fallen die Schotten in England ein. Sieg Cromwells. *Pride's Purge*: Armee kontrolliert das Parlament.
1649	Prozess und Hinrichtung Karls I. Abschaffung des Oberhauses und der Monarchie. England wird zum *Commonwealth* erklärt. Bis 1653 tagt das Rumpfparlament. Cromwell in Irland: Massaker von Drogheda und Wexford. Unterwerfung Schottlands.
1651	Erste Navigationsakte zur Begünstigung des englischen Seehandels.
1652–1654	Erster englisch-niederländischer Seekrieg.

1653	Auflösung des Rumpfparlaments. Cromwell wird *Lord Protector*.
1654	Vereinigung von England, Schottland und Irland.
1655	Krieg mit Spanien, Besetzung Jamaikas.
1658	Tod Oliver Cromwells. Sein Sohn und Nachfolger Richard Cromwell kann sich nicht halten. Die Generäle Monck und Fairfax nehmen Kontakt mit dem exilierten Karl II. auf.
1660–1685	Regierung Karls II.
1660	Restauration der Monarchie und des Parlaments mit Ober- und Unterhaus.
1661	Gründung der *Royal Society* in London.
1662	Im *Act of Uniformity* wird die Anglikanische Kirche restauriert.
1665–1667	Zweiter englisch-niederländischer Seekrieg endet mit der Zerstörung der englischen Flotte im Medway.
1665	Verheerende Pestwellen in London
1666	Das Große Feuer von London zerstört weite Teile der Stadt. Christopher Wren leitet den Wiederaufbau.
1670	Geheimverträge von Dover zwischen Karl und Ludwig XIV.
1672–1674	Dritter englisch-niederländischer Seekrieg.
1677	Maria, die Tochter von Karls Bruder Jakob, heiratet Wilhelm von Oranien.
1679–1681	*Exclusion Crisis* um die Thronnachfolge von Karls katholischem Bruder Jakob.
1685	Tod Karls II. Krönung seines Bruders Jakob II. (und VII. von Schottland). Rebellionen in Schottland und im Südwesten Englands werden niedergeschlagen.
1685–1688	Regierung von Jakob II.
1686	Königliches Programm der Gleichsetzung von Katholiken und Anglikanern stößt auf Widerstand.
1687	Die Geburt von Jakobs Sohn Jakob Francis Edward macht eine katholische Thronfolge wahrscheinlich.
1688	Wilhelm von Oranien landet mit einem Heer in England. Jakob flieht nach Frankreich.
1688	Das Konventionsparlament regelt die Regierungsnachfolge.
1688–1702	Regierung von Wilhelm III. und (bis 1694) Maria II.
1689	*Bill of Rights* regelt die Rechte des Parlaments und der Monarchen.
1689–1690	Krieg zwischen Jakob II. und Wilhelm in Irland. Vertreibung von Jakob, der 1701 im französischen Exil stirbt.
1689–1697	Krieg der Großen Allianz gegen Frankreich im Pfälzischen Erbfolgekrieg.
1702	Tod Wilhelms. Seine Schwägerin Anna folgt ihm auf dem Thron.
1702–1714	Regierung von Königin Anna. England beteiligt sich am Spanischen Erbfolgekrieg. Nach spektakulären, aber verlustreichen Siegen Marlboroughs bleibt der Krieg nach 1709 stecken.

1707	Staatliche Union von England und Schottland als *Great Britain*.
1713	Der Frieden von Utrecht etabliert Großbritanniens Großmachtstellung. Der *Asiento*-Vertrag mit Spanien regelt Großbritanniens Anteil am Sklavenhandel.
1714	Tod Annas. Gemäß dem *Act of Settlement* geht die Thronnachfolge an den Hannoveraner Georg (I.) über.

Literaturverzeichnis

Die hier aufgeführte Literatur ist als allgemeiner Einstieg in das Zeitalter der Tudor- und Stuartmonarchien angelegt. Es wurde versucht, wo möglich, deutschsprachige Arbeiten anzugeben. Speziellere Literaturhinweise zu Einzelthemen der Epochen sind den Fußnoten im Text zu entnehmen. Hier findet sich auch eine kritische Diskussion von Forschungsstand und -kontroversen.

Quelleneditionen in Auswahl

Baumann, Uwe, Heinrich VIII. mit Selbstzeugnissen und Bilddokumenten, Hamburg ²1994.

Elton, Geoffrey R. (Hg.), The Tudor Constitution. Documents and Commentary, Cambridge ²1982.

Holinshed, Raphael, Chronicles of England, Scotland, and Ireland 1577, 6 Bände, Neudruck London 1808.

Jakobs, Eberhardt und *Eva de Vitray* (Hg.), Heinrich VIII. von England in Augenzeugenberichten, München 1980.

Kenyon, John P. (Hg.), The Stuart Constitution. Documents and Commentary, Cambridge ²1989.

Pollard, Albert Frederic (Hg.), The Reign of Henry VII. From Contemporary Sources, 3 Bände, London 1913–1914.

Sommerville, Johann P. (Hg.), King James VI, and I. Political Writings, Cambridge 1994.

Stemmler, Theo (Hg.), Die Liebesbriefe Heinrichs VIII. an Anna Boleyn, Zürich/Stuttgart 1988.

Tanner, Joseph R. (Hg.), Constitutional Documents of the Reign of James I., Cambridge 1930.

Vickers, Brian (Hg.), Francis Bacon, The History of the Reign of King Henry VII (London 1622), Cambridge 1998.

Wootton, David, Divine Right and Democracy: An Anthology of Political Writing in Stuart England, Harmondsworth 1986.

Allgemeine Titel zur Geschichte der Tudors und Stuarts

Morrill, John (Hg.), The Oxford Illustrated History of Tudor and Stuart Britain, Oxford 1996.

Starkey, David (Hg.), The English Court: From the Wars of the Roses to the Civil War, London 1987.

Wende, Peter (Hg.), Englische Könige und Königinnen von Heinrich VII. bis Elisabeth II., München 1998.

Überblickswerke und Sammelbände zu den Teilkönigreichen der Tudors und der Stuarts

Bradshaw, Brendan, John Morrill (Hg.), The British Problem, c.1534–1707. State Formation in the Atlantic Archipelago, Basingstoke 1996.

Bradshaw, Brendan, Peter Roberts (Hg.), British consciousness and identity. The making of Britain, 1533–1707, Cambridge 1998.

Burgess, Glenn (Hg.), The New British History. Founding a Modern State, 1603–1715, London 1999.

Ellis, Steven G., Tudor Frontiers and Noble Power: The Making of the British State, Oxford 1995.

Ellis, Steven G., Ireland in the Age of the Tudors, 1447–1642. English Expansion and the End of Gaelic Rule, London 1998.

Ellis, Steven G., Sarah Barber (Hg.), Conquest and Union. Fashioning the British State 1485–1725, London 1995.

Elvert, Jürgen, Geschichte Irlands, München 1993.

Haan, Heiner und *Gottfried Niedhart,* Geschichte Englands vom 16. bis zum 18. Jahrhundert, München 1993.

Lynch, Michael, Scotland – A New History, London 1991.

Maurer, Michael, Kleine Geschichte Irlands, Stuttgart 1998.

Smyth, Jim, The Making of the United Kingdom 1660–1800, Harlow 2001.

Wende, Peter, Geschichte Englands, Stuttgart ²1995.

Williams, Glanmore, Recovery, Reorientation and Reformation: Wales c.1415–1642, Oxford 1987.

Überblickswerke zum Zeitalter der Tudors

Brigden, Susan, New Worlds, Lost Worlds. The Rule of the Tudors 1485–1603, London 2000.

Coleman, Christopher, David Starkey (Hg.), Revolution Reassessed, Revisions in the History of Tudor Government and Administration, Oxford 1986.

Elton, Geoffrey R., England unter den Tudors, überarbeitete deutsche Fassung München 1983.

Gunn, Steven J., Early Tudor Government 1485–1558, Basingstoke 1995.

Guy, John, The Tudor Monarchy, London 1997.

Lotherington, John (Hg.), The Tudor Years, London 1994.

Thurley, Simon, The Royal Palaces of Tudor England: Architecture and Court Life, 1460–1547, New Haven/London 1993.

Überblickswerke zum Zeitalter der Stuarts

Burgess, Glenn, Absolute Monarchy and the Stuart Constitution, New Haven/London 1996.

Coward, Barry, The Stuart Age. A History of England 1603–1714, London/New York 1980.

Kishlansky, Mark, A Monarchy Transformed. Britain 1603–1714, London 1996.

Levy Peck, Linda (Hg.), The Mental World of the Jacobean Court, Cambridge 1991.

Sharpe, Kevin, Peter Lake (Hg.), Culture and Politics in Early Stuart England, London 1994.

von Greyerz, Kaspar, England im Jahrhundert der Revolutionen, 1604–1714, Stuttgart 1994.

Worden, Blair (Hg.), Stuart England, Oxford 1986.

Studien zu einigen Leitthemen der Tudor- und Stuartzeit

Religion

Dickens, Arthur Geoffrey, The English Reformation, London 1989.

Duffy, Eamon, The Stripping of the Altars: Traditional Religion in England, c.1400–1580, New Haven/London 1992.

Engehausen, Frank, Von der Revolution zur Restauration. Die englischen Nonkonformisten 1653–1662, Heidelberg 1995.

Grell, Ole O., Israel, Jonathan, Tyacke, Nicholas (Hg.), From Persecution to Toleration: The Glorious Revolution and Religion in England, Oxford 1991.

Haigh, Christopher, English Reformations: Politics, Religion and Society under the Tudors, Oxford 1993.

Marshall, Peter (Hg.), The Impact of the English Reformation, London 1997.

Marshall, Peter, Reformation England 1480–1642, London 2003.

MacCulloch, Diarmaid, Die zweite Phase der englischen Reformation (1547–1603) und die Geburt der anglikanischen Via Media, Münster 1998.

Revolutionen und Bürgerkriege

Bennett, Michael, The Civil Wars Experienced: Britain and Ireland 1638–51, London 2000.

Clark, Jonathan C.D., Revolution and Rebellion. State and Society in England in the Seventeenth and Eighteenth Centuries, Cambridge 1986.

Cust, Richard, Anne Hughes (Hg.), The English Civil War, London 1997.

Hill, Christopher, The English Revolution 1640, London ³1985.

Hill, Christopher, Über einige geistige Konsequenzen der englischen Revolution, Berlin 1990.

Kenyon, John, Jane Ohlmeyer (Hg.), The Civil Wars. A Military History of England, Scotland and Ireland, 1638–1660, Oxford 1998.

Russell, Conrad, The Causes of the English Civil War, Oxford 1990

Russell, Conrad, The Fall of the British Monarchies, Oxford 1991.

Schröder, Hans-Christoph, Die Revolutionen Englands im 17. Jahrhundert, Frankfurt/Main 1986.

Stone, Lawrence, Die Ursachen der Englischen Revolution, Frankfurt/Main 1982.

Republik und Protektorat

Barnard, Toby, The English Republic, 1649–60, Harlow ²1997.

Coward, Barry, The Cromwellian Protectorate, Manchester 2002.

Hutton, Ronald, The British Republic, 1649–60, Basingstoke 1990.

Morrill, John (Hg.), Revolution and Restoration: England in the 1650s, London 1992.

Ivan Roots (Hg.), ‚Into Another Mould': Aspects of the Interregnum, Exeter 1998.

Die Restauration und die „Glorreiche Revolution"

Claydon, Tony, William III and the Godly Revolution, Cambridge 1996.

Cruikshanks, Eveline, The Glorious Revolution, Basingstoke 2000.

Harris, Tim, Politics under the Later Stuarts. Party Conflict in a Divided Society, Harlow 1993.

Hutton, Ronald, The Restoration. A Political and Religious History of England and Wales, 1658–1667, Oxford 1985.

Israel, Jonathan I., The Anglo-Dutch Moment: essays on the Glorious Revolution and its world impact. Cambridge 1991.

Seaward, Paul, The Restoration. England, 1660–1688, Basingstoke/London 1991.

Speck, William A., Reluctant Revolutionaries: Englishmen and the Revolution of 1688, Oxford 1988.

Wirtschaft und Gesellschaft

Asmussen, Susan Dwyer, An Ordered Society. Gender and Class in Early Modern England, Oxford 1988.

Brady, Cieran, Raymond Gillespie (Hg.), Natives and Newcomers: Essays on the Making of Irish Colonial Society 1536–1641, Dublin 1986.

Coster, Will, Family and kinship in England 1450–1800, Harlow 2000.

Hindle, Steven, The State and Social Change in Early Modern England, c.1550–1640, London 2000.

Houlbrook, Ralph, English Family Life, 1576–1718: An Anthology from Diaries, Oxford 1988.

Laslett, Peter, Verlorene Lebenswelten. Geschichte der vorindustriellen Gesellschaft, Wien 1988.

Palliser, David, The Age of Elizabeth, England under the Later Tudors, 1547–1603, London/New York ²1992.

Slack, Paul, From Reformation to Improvement: Public Welfare in Early Modern England, Oxford 1999.

White, Ian D., Scottish Society in Transition c.1500–c.1760, Basingstoke 1997.

Wrightson, Keith, English Society, 1580–1680, London 1982.

Studien zu den einzelnen Herrschern und Herrscherinnen

Heinrich VII.

Chrimes, Stanley Bertram, Henry VII, 1. Auflage 1972, Neuauflage New Haven/London 1999.

Grant, Alexander, Henry VII, London 1985.

Thompson, Benjamin (Hg.), The Reign of Henry VII. Proceedings of the 1993 Harlaxton Symposium, Stamford 1995.

van Cleave Alexander, Michael, The first of the Tudors. A study of Henry VII and his Reign, London 1981.

Heinrich VIII.

Graves, Michael, Henry VIII. Profiles in Power, London 2003.

McCulloch, Diarmaid (Hg.), The Reign of Henry VIII. Politics, Policy and Society, New York 1995.

Rex, Richard, Henry VIII and the English Reformation, Basingstoke/London 1993.

Starkey, David, The Reign of Henry VIII: personalities and politics, London 1985.

Starkey, David, Henry VIII: a European Court in England, London 1992.

Stemmler, Theo, Heinrich VIII. – Ansichten eines Königs, Frankfurt/Main 1991.

Eduard VI.

Jennifer Loach, Edward VI, New Haven/London 1999.

McCulloch, Diarmaid, Tudor church militant: Edward VI and the Protestant Reformation, London 1999.

Maria Tudor

Loades, David M., Maria Tudor (1516–1558): England unter Maria der Katholischen, München 1982.

Tittler, Robert, The Reign of Mary I, London /New York 1983.

Elisabeth I.

Bassnett, Susan, Elizabeth I. A feminist perspective, New York 1988.

Doran, Susan (Hg.), Elizabeth, London 2003.

Hackett, Helen, Virgin Mother, Maiden Queen. Elizabeth and the Cult of the Virgin Mary, London 1995.
Haigh, Christopher, Elizabeth I, London/New York 1988.
Loades, David M., Elizabeth I, London 2003.
Lottes, Günther, Elisabeth I. Eine politische Biographie, Göttingen 1981.
MacCaffrey, Wallace, Elizabeth I. London 1993.
Machoczek, Ursula, Die regierende Königin – Elisabeth I. von England. Aspekte weiblicher Herrschaft im 16. Jahrhundert, Pfaffenweiler 1996.
Neale, John E., Königin Elisabeth I. von England, München 4. Auflage 1985.
Suerbaum, Ulrich, Das elisabethanische Zeitalter, Stuttgart 1989.

Jakob I.
Croft, Pauline, King James, Basingstoke 2003.
Durston, Christopher, James I., London 1993.
Goodare, Jane, Michael Lynch (Hg.), The Reign of James VI, East Linton 2000.
Houston, S.J., James I, London ²1995.
Lee, Maurice, Great Britain's Salomon: James VI and I in his Three Kingdoms, Urbana, Ill. 1990.
Stewart, Alan, The Cradle King: a life of James VI and I, London 2003.

Karl I.
Asch, Ronald, Der Hof Karls I. von England. Politik, Provinz und Patronage 1625–1640, Köln 1993.
Asch, Ronald, „Krone, Hof und Adel in den Ländern der Stuart-Dynastie im frühen 17. Jahrhundert", Zeitschrift für historische Forschung, 156, 1989, S. 182–220.
Durston, Christopher, Charles I, New York/London 1998.
Reeve, L.J., Charles I and the Road to Personal Rule, Cambridge 1989.
Sharpe, Kevin, The Personal Rule of Charles I, New Haven/London 1992.
Young, Michael B., Charles I, Basingstoke 1997.

Karl II.
Glassey, L.K.J. (Hg.), The Reigns of Charles II and James VII and II, London 1997.
Hutton, Ronald, Charles II: King of England, Scotland, and Ireland. Oxford/New York 1991.
Jones, James R., Charles II. Royal Politician, London 1987.
Miller, John, Charles II, London 1991.
Miller, John, After the Civil Wars: English politics and government in the reign of Charles II, New York 2000.

Jakob II.
Miller, John, James II, New Haven, überarbeitete Auflage 2000.
Speck, William Arthur, James II, Harlow 2002.

Wilhelm III. und Maria II.
Claydon, Tony, William III, London 2002.
Hoak, Dale, Mordechai Feingold (Hg.), The World of William and Mary: Anglo-Dutch perspectives on the Revolution of 1688–89, Stanford 1996.
van der Kiste, John, William and Mary, Stroud 2003.

Anna
Bucholz, Robert O., The Augustan Court. Queen Anne and the decline of court culture, Stanford 1993.
Gregg, Edward, Queen Anne, London 1980.

Karte 1: Das Herrschaftsgebiet der Tudors 1525. (Nach: John Morrill (Hrsg.), The Oxford Illustrated History of Tudor and Stuart Britain, Oxford University Press, 1996)

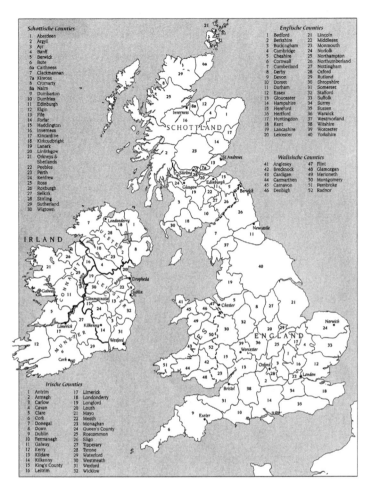

Karte 2: Die Counties von England, Schottland und (ab 1540) Wales und Irland. (Nach: John Morrill (Hrsg.), The Oxford Illustrated History of Tudor and Stuart Britain, Oxford University Press, 1996)

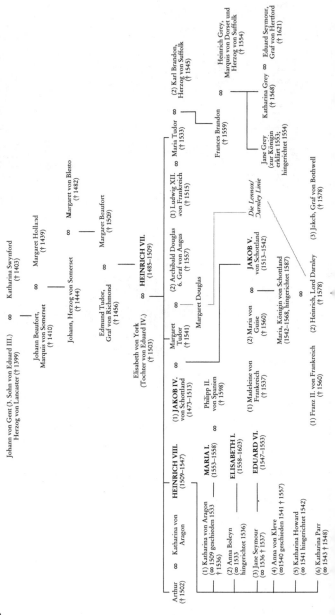

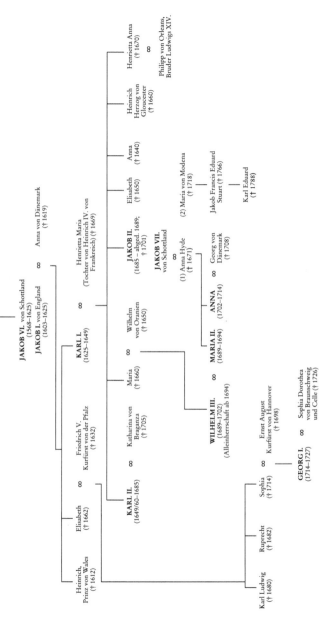

Nach: John Morrill (Hrsg.), The Oxford Illustrated History of Tudor and Stuart Britain, Oxford University Press, 1996

Personenindex

Das Register enthält sämtliche im Text erwähnte Personennamen (abgesehen von den Stammtafeln und Literaturhinweisen).

Abbot, George, Erzbischof von Canterbury, 124
Alençon, Herzog von, siehe Valois, Hercules von
Allen, William, 76
Andrewes, Lancelot, Bischof von Winchester, 124
Anjou, Herzog von, siehe Valois, Franz von
Anna Boleyn, 42, 44, 45, 46, 58, 59, 72
Anna Stuart, Königin von Großbritannien, 11, 172, 180, 191, 198, 199, 200, 201, 203, 204, 205, 206, 207, 208, 209, 210, 211
Anna von Kleve, Gattin Heinrichs VIII., 37, 40, 58, 59
Anna von der Bretagne, 30
Anna von Dänemark, Gattin Jakobs I., 108, 112, 113, 115
Arthur Tudor, Sohn Heinrichs VIII., 29, 42
Arlington, Lord, siehe Henry Bennet
Asch, Ronald, 134
Ascham, Roger, 72
Aske, James, 84

Bacon, Francis, Lord Chancellor, 117, 118, 121, 122
Bale, John, Bischof von Ossory, 63
Bancroft, Richard, Erzbischof von Canterbury, 124
Baxter, Richard, 194
Beaufort, Margarete, 18
Bedford-Familie, 85
Behn, Aphra, 166
Bennet, Henry, Lord Arlington, 170

Bentinck, Willem, 190
Birch, William, 84
Blount, Charles, Lord Mountjoy, 93
Blount, Elisabeth, 41
Bonner, Edmund, Bischof von London, 68
Bothwell, Lord, siehe Hepburn, James
Boyle, Robert, 166
Bramhall, John, Bischof von Derry, 145
Brandon, Charles, Duke of Suffolk, 38
Browne, George, Bischof von Dublin, 52
Bucer, Martin, 62, 63
Buchanan, George, 104, 109
Buckingham, Herzöge von siehe Villiers
Bunyan, John, 194
Burghley, Lord siehe Cecil
Byrd, William, 114

Calvert, Cecil, Lord Baltimore, 144
Camden, William, 57, 82, 83
Campbell, Archibald, Graf von Argyll, 175, 208
Campion, Thomas, 114
Carpenter, Christine, 32
Carr, Robert, Earl of Somerset, 114, 115, 118
Castiglione, Baldassare, 34
Cecil-Familie, 85, 102
Cecil, William, Lord Burghley, 70, 86, 101
Cecil, Robert, Lord Burghley und Earl of Salisbury, 101, 109, 111, 118, 120, 127, 129
Chancellor, Richard, 98

Chichester, Arthur, 124
Christian IV., König von Dänemark, 138, 140
Churchill, John, Herzog von Marlborough, 201, 202, 204, 205, 210
Churchill, Sarah, 203, 204, 205, 210
Clark, Jonathan, 179
Clemens VII., Papst, 39
Clifford, Thomas 170
Clifford, Henry, 47
Coleman, Edward, 171
Cooper, Anthony Ashley, Earl of Shaftsbury, 170, 172, 173
Coverdale, Miles, 54
Coward, Barry, 158
Cranfield, Lionel, 117, 120, 122
Cranmer, Thomas, Erzbischof von Canterbury, 43, 44, 45, 51, 58, 62, 63, 64, 68
von Critz, Johann, 114
Cromwell, Thomas, Lord Chancellor, 37, 38, 39, 40, 45, 47, 51, 52, 55, 86
Cromwell Oliver, Lord Protector, 155, 156, 158, 159, 160, 162, 163, 165, 168, 174, 192
Cromwell, Richard, 163
Culpepper, John, 152

Dacre, Leonard, Lord von Gilsland, 47, 79
Dalrymple, James, 197
Darnley, Lord, siehe Stewart, Henry
Davenport, Thomas, 114
Davis, John, 124, 125
Devereux, Walter, Earl of Essex, 92, 93
Devereux, Robert, Earl of Essex, 93, 101, 102, 111
Devereux, Robert jr., Earl of Essex, 115
Douglas, James, 4. Herzog von Hamilton, 208, 209
Dowdall, George, Erzbischof von Armagh, 63

Drake, Francis, 87, 96
Dryden, John, 166
Dowland, John, 114
Dudley-Familie, 85
Dudley, John, Graf von Warwick, 61, 62, 64, 65, 66, 68
Dudley, Guildford, 66
Dudley, Robert, Earl of Leicester, 85, 86, 95, 96, 101, 102
Duffy, Eamon, 54
Van Dyck, Anton, 136

Edmund, Earl of Suffolk, 28
Eduard I., König von England, 21
Eduard III., König von England, 19
Eduard IV. von York, König von England, 18, 19, 20, 26, 27, 28, 31, 33
Eduard von Warwick, Neffe Eduards IV., 20, 26
Eduard VI. Tudor, (König von England), 41, 58, 59, 60, 61, 62, 63, 64, 65, 69, 70, 74, 94
Elisabeth I. Tudor, Königin von England, 13, 16, 17, 57, 58, 59, 60, 70, 71, 72, 73, 74, 75, 77, 78, 79, 80, 81, 82, 83, 84, 85, 86, 87, 88, 89, 90, 93, 94, 95, 96, 99, 100, 101, 102, 103, 105, 109, 110, 111, 112, 118, 119, 120, 123, 127, 132, 194, 200
Elisabeth von Suffolk, Schwester Eduards IV., 28
Elisabeth von York, 19
Elisabeth von Böhmen, Tochter Jakobs I., 112, 128, 135, 198
Elisabeth II, Windsor, Königin von Großbritannien und Nordirland, 15, 67, 72
Eliot, John, 141
Elton, Geoffrey, 16, 33, 35, 55, 59, 67
Erasmus, Desiderius, von Rotterdam, 59
Erich XIV., König von Schweden, 85

Etheredge, George, 166
Eugen, Herzog von Savoyen, 202

Fairfax, Thomas, 155, 163
Farnese, Alexander, Prinz von Parma, 97
Fawkes, Guy, 123
Ferdinand, König von Aragon und Kastilien, 29, 30
Ferdinand, Kaiser des Heiligen Römischen Reiches, 130, 131
Fisher, John, Bischof von Rochester, 45
Fitzgerald, Gerald, 8. Earl of Kildare, 26, 28
Fitzgerald, Gerald, 9. Earl of Kildare, 47
Fitzroy, Henry, 41
Flynn, Errol, 87
Fordun, John, 107
Fox, Richard, Bischof und Lord Keeper of the Privy Seal, 34
Foxe, John, 67, 81, 82
Franz I., König von Frankreich, 37, 38, 39, 40, 42
Franz II, König von Frankreich, Gatte Maria Stuarts, 89
Franz II., Herzog von der Bretagne, 18
Friedrich II., König von Dänemark, 108
Friedrich V., von der Pfalz, 128, 129, 130, 135, 138
Froude, James Anthony Eduard, 15

Gardiner, Stephen, Bischof von Winchester, 68
Gardiner, Samuel R., 116, 134
Georg von Dänemark, Gatte von Anna Stuart, 172, 199, 200
Georg I., Kurfürst von Hannover und König von Großbritannien, 199, 210, 211
Gibbons, Orlando, 114
Gilbert, Humphrey, 96, 99
Godolphin, Sidney, 204, 205
Grenville, Richard, 99

Grey, Jane, 61, 66
Grey, Henry, 66
Guy, John, 55
Gwyn, Nell, 166

Hakluyt, Richard, der Jüngere, 99
Hall, Eduard, 15, 19, 56
Hamilton, Lord, siehe Douglas, James
Hariot, Thomas, 99
Harley, Robert, 204, 205, 206, 210
Hatton, Christopher, 101
Hawkins, John, 94, 96
Heinrich II., König von Frankreich, 64
Heinrich IV., König von Frankreich, 95, 128
Heinrich V., König von England, 18
Heinrich VI., König von England, 18
Heinrich VII. Tudor, König von England, 15, 17, 18, 19, 20, 21, 22, 25, 28, 29, 30, 31, 32, 33, 35, 89
Heinrich VIII. Tudor, König von England, 13, 15, 16, 20, 28, 29, 33, 35, 36, 37, 38, 39, 40, 41, 42, 43 , 44, 45, 46, 47, 48, 50, 51, 53, 54, 55, 56, 57, 58, 59, 60, 61, 64, 66, 69, 70, 71, 72, 78, 79, 83, 85, 92, 94, 110, 119
Henrietta Maria, Gattin Karls I., 131, 136, 143, 153, 155
Hepburn, James, Lord Bothwell, 89
Herbert, William, 18
Herbert, Anne, 18
Herbert, Edward, Lord Chief Justice, 177
Hill, Christopher, 134, 158, 179
Hilliard, Richard, 83
Holbein, Hans, 57
Holinshed, Raphael, 57, 82, 83
Home, Geoffrey, 111
Hooker, Richard, 77
Howard-Familie, 111, 114, 115, 129

Howard, Thomas, Graf von Surrey, 25
Howard, Thomas, Herzog von Norfolk, 58, 79, 86, 87
Howard, Frances, 115
Hyde, Edward, Graf von Clarendon, 170, 172
Hyde, Anna, 172

Ireton, Henry, 160
Isabella, Königin von Kastilien und Aragon, 29, 30
Israel, Jonathan, 180
Iwan, der Schreckliche, Russischer Zar, 98

Jakob I. (und VI.) Stuart, König von England, Schottland und Irland, 82, 89, 97, 103, 104, 105, 107, 108, 109, 110, 112, 113, 114, 115, 116, 117, 118, 119, 120, 121, 122, 123, 124, 126, 127, 128, 129, 130, 131, 132, 133, 135, 136, 145, 163, 165, 198, 208
Jakob II. (und VII.) Stuart, König von England, Schottland und Irland, 170, 171, 172, 174, 175, 176, 177, 178, 179, 180, 181, 182, 183, 185, 186, 187, 188, 190, 194, 195, 196, 204, 207
Jakob IV., König von Schottland, 27, 28, 38
Jakob V., König von Schottland, 38, 41
Jane Seymour, Gattin Heinrichs VIII., 40, 58
Johann von Gent, 19
Johann von Suffolk, 28
Johann IV., König von Portugal, 165
Johnson, Robert, 133
Jones, Inigo, 113, 166
Jonson, Ben, 113
Joseph Ferdinand, bayerischer Kurprinz, 190

Juxon, William, Bischof von London, 143

Karl I. Stuart, König von England, Schottland und Irland, 13, 77, 103, 112, 113, 121, 122, 131, 134, 135, 136, 137, 138, 139, 140, 141, 142, 144, 145, 146, 147, 148, 149, 150, 151, 152, 153, 154, 155, 156, 157, 158, 160, 163, 164, 167, 169, 173, 184–188
Karl II. Stuart, König von England, Schottland und Irland, 13, 160, 164, 165, 166, 168, 169, 170, 171, 172, 173, 174, 175, 188, 190, 195, 204
Karl V. (und I.) deutscher Kaiser (und König von Spanien), 37, 38, 39, 40, 42, 69, 136
Karl VIII. (König von Frankreich), 26, 30
Karl, der Kühne, Herzog von Burgund, 26
Karl von Burgund, 29
Karl, Erzherzog von Österreich, 85
Karl, Erzherzog von Österreich, 190, 202
Katharina von Aragon, 29, 39, 40, 41, 42, 43, 44, 45, 58, 59, 66, 69
Katharina von Braganza, Gattin Karls II., 165
Katharina von Valois, 18
Katharina Howard, Gattin Heinrichs VIII. 58, 59
Katharina Parr, Gattin Heinrichs VIII., 58, 60, 72
Van Keppel, Arnold Joost, Lord Albermarle, 190
de Kéroualle, Louise, 166
King, William, 181
Knollys-Familie, 85
Knox, John, 62, 73, 107

Lane, Ralph, 99
à Lasco, Johannes, 62

Laud, William, Erzbischof von Canterbury, 143, 147, 150, 151, 169
Lee, Rowland, Bischof von Coventry und Lichfield, 47, 49
Leland, John, 57
Locke, John, 173, 186
Lovell, Francis, 26
Ludwig XII, König von Frankreich, 38
Ludwig XIII., König von Frankreich, 128, 131
Ludwig XIV, König von Frankreich, 13, 164, 169, 171, 172, 182, 184, 189, 190, 202, 208
Luther, Martin, 50, 51, 59

Macaulay, Thomas Babington, 116, 179
MacCaffrey, Wallace, 85
Maguire, Cuconnaught, 125
Maitland, James, Herzog von Lauderdale, 168, 170
von Mansfeld, Ernst, 138
Manners, Katherine, 115
Maria Stuart, Königin von Schottland, 73, 78, 79, 88, 89, 103, 105
Maria Tudor, Schwester Heinrichs VIII., 38, 66
Maria Tudor, Tochter Heinrichs VIII. und Königin von England, 16, 41, 59, 60, 61, 66, 67, 68, 69, 70, 71, 72, 73, 76, 81, 84, 94, 129
Maria II. Stuart, Gattin Wilhelms von Oraniens, 171, 172, 178, 180, 182, 183, 184, 185, 186, 187, 188, 193, 194, 197, 198
Maria Beatrice von Modena, Gattin Jakobs II., 172, 178, 207
Maria von Guise, 89
Maria von Habsburg (Verlobte Karls I.), 130
Margarete von Burgund, 26, 27
Margarete Tudor, Tochter Heinrichs VII., 28, 38, 79
Martyr, Peter, 62, 63

Marx, Karl, Marxisten, marxistische Geschichtsschreibung, 134, 149, 158, 179
Masham, Abigail, 205
Masham, Samuel, 206
Mathilda, Königin von England, 41
Maximilian, Kaiser des Heiligen Römischen Reiches, 26, 28, 29, 30, 38, 39
Maximilian I., Herzog von Bayern, 130
Mazarin, Jules, frzs. Kardinal, 165, 174
McCulloch, Diarmaid, 54
Melville, Andrew, 107
Mildmay, Walter, Schatzkanzler, 101
Monck, George, 163
More, Thomas, 43, 45
Morley, Thomas, 83
Morrill, John, 148
Mountjoy, Lord, siehe Blount, Charles

Neville-Familie, Grafen von Westmoreland, 25, 79, 86

Oates, Titus, 171
O'Brien-Familie, 48
O'Devany, Cornelius, Bischof von Down, 127
O'Doherty, Cahir, 125
O'Donnell, Rory, 125
O'Neill-Familie, 48, 93
O'Neill, Hugh, Graf von Tyrone, 93, 125, 152
O'Neill, Owen Roe, 152
Ortelius, Abraham, 82
Overbury, Richard, 115

Palmer, Barbara, Lady Castlemaine, 166
Parma, Prinz von, siehe Alexander Farnese
Paget, William, 61, 85
Penn, William, 177
Petre, William, 85

Percy-Familie, 48, 86
Percy, Henry, Earl of Northumberland, 25
Perry, Blanche, 101
Pepys, Samuel, 166
Philipp II., König von Spanien, 69, 70, 71, 80, 81, 84, 88, 90, 94, 95, 96, 100, 129
Philipp IV., König von Spanien, 150
Philipp, Sohn Ludwig XIV. von Frankreich, 190, 202
Pole, Reginald, Kardinal und Erzbischof von Canterbury, 68
Poynings, Edward, 28
Pride, Thomas, Oberst, 157
Pym, John, 150, 151, 152, 153, 154

Raleigh, Walter, 87, 96, 99, 132
Reynolds, John, 123
Richelieu, Armand Jean, frzs. Kardinal, 137
Richard III., König von England, 18, 19, 26, 31
Richard IV., Sohn Eduards IV., 27
Ridolfi, Roberto, 79
Rinuccini, Giovanni Battista, päpstlicher Nuntius, 155
Robsart, Amy, 85
Rubens, Peter Paul, 114, 136
Ruprecht von der Pfalz, 154
Russel, Conrad, 117, 153

Sackville, Thomas, 111
Sancorft, William, Erzbischof von Canterbury, 178, 188
Sarmiento de Acuña, Diego, Graf von Gondomar, 129
Sarsfield, Patrick, 195
von Schomberg, Friedrich, Herzog und Marschall, 181
Shadwell, Thomas, 166
Shakespeare, William, 84, 114
Sharp, James, Erzbischof von St. Andrews, 169
Sharpe, Kevin, 134
Schwarz, Martin, 26

Seymour, Eduard, Herzog von Somerset, 61, 62, 64
Seymour, Thomas, Baron Seymour von Sudeley, 62
Sidney-Familie, 85
Simnel, Lambert, 26, 27
Skeffington, William, 47
Smith, Thomas, 70, 92
Smith, John, 133
Sophia, Kurfürstin von Hannover, 198, 207, 210
De Spes, Gureau, 95
Spottiswoode, John, Erzbischof von St. Andrews, 147
Stanihurst, Richard, 83
Stanley, Thomas, Graf von Derby, 18
Stewart, Henry, Lord Darnley, 89, 104
St.John, Henry, Viscount Bolingbroke, 210
Stone, Lawrence, 13, 134, 158
Stuart, Esmé, Herzog von Lennox, 104, 114
Stuart, Heinrich, ältester Sohn Jakobs I., 112, 113, 135
Stuart, Jakob, Herzog von Monmouth, 175
Stuart, Jakob Francis Edward, Old Pretender, 178, 190, 198, 199, 202, 206, 209, 211
Stuart, Charles Edward Francis, Young Pretender, 209
Swift, Jonathan, 205
Swinford, Katharina, 19

Talbot, Richard, 176
Tallis, Thomas, 114
Tilly, Johann Tserclaes Graf von, 140
Tizian, eigentl. Tiziano Vecellio, 136
Trevelyan, George M., 179
Tudor, Edmund, 18
Tudor, Owen, 18
Tudor, Jasper, 18
Tyndale, William, 50

Ussher, James, Erzbischof von Armagh, 145

Valois, Franz von, Herzog von Anjou, 85, 95
Valois, Hercules von, Herzog von Alençon und Anjou, 85
Vesey, John, Bischof von Exeter, 47
Villiers, George, 1. Herzog von Buckingham, 115, 120, 121, 130, 136, 137, 144
Villiers, George, 2. Herzog von Buckingham, 170
Villiers, Elisabeth, 184
De Vives, Juan, 59

Walker, Greg, 57
Walsingham, Francis, 86, 95, 99, 101
Warbeck, Perkin, 27, 28
Warham, William, Erzbischof von Canterbury, Lord Chancellor, 34, 35, 43, 44

Wentworth, Thomas, Earl of Strafford, 144, 145, 149, 150, 152, 164
Westmoreland, siehe Neville-Familie
Whitgift, John, Erzbischof von Canterbury, 76, 86
Wilhelm III. (von Oranien), 171, 172, 178, 179, 180, 181, 182, 183, 184, 185, 186, 187, 188, 189, 190, 191, 192, 193, 194, 195, 196, 197, 198, 199, 200, 201, 202, 204
Wilhelm V., Herzog von Jülich-Kleve-Berg, 39, 40
Wolsey, Thomas, Erzbischof von York, Lord Chancellor, Kardinal, 35, 36, 37, 38, 42, 43, 86, 143
Wren Christopher, 166
Wyatt, Thomas, 70
Wyclif, John, 50

Young, Michael, 154

Ortsnamen- und Sachindex

Von den Ortsnamen wurden nur diejenigen aufgenommen, die mit einem bedeutenden historischen Ereignis verknüpft sind.

Act of Union (zwischen England und Schottland), 11
Act of Union (zwischen England und Wales), 49
Act of Attainder, 40
Act of Restraint of Appeals, 44, 54
Act of Submission of the Clergy, 44, 45
Act of Conditional Restraint of Annates, 44
Act of Uniformity, auch Uniformitätsakte, 62, 63, 64, 66, 74, 168
Amicable Grant, 36
Armenfürsorge, auch *Old Poor Law*, 16, 90, 91
Arminianismus, 139
Armada, spanische, 15, 81, 82, 97, 100
Asiento-Vertrag 203

Babington Plot, 81
Balance of Power, 188, 189, 201
Berwick, 64, 147, 148
Bill of Rights, 187, 197
Book of Common Prayer, auch *Common Prayer Book*, 62, 63, 74, 77, 123, 168
Book of Martyrs, auch *Acts and Monuments*, 67, 81
Bosworth, Schlacht bei, 11, 15, 18, 20
Boulogne, 30, 40, 64
Boyne, Schlacht am Fluss, 181, 194
Bristol, 11, 22

Cádiz, 102, 137
Calais, 21, 37, 40, 70, 78, 88, 96, 97
Cambrai, Frieden von, 29, 39
Cambridge, 24, 43, 50, 53, 59, 72, 177
Canterbury, 45, 75

Cateau-Cambrésis, Frieden von, 70
Common Prayer Book, siehe *Book of Common Prayer*
Commonwealth, 12, 158, 159, 160, 167, 193
Copyholders, 23
Council Learned in the Law, 32
Court of Chancery, 35, 162
Court of Star Chamber, 35, 143, 151, 167
Covenant siehe *National Covenant*
Crépy, Frieden von, 40

Dissenter, Dissens, 50, 123, 134, 176, 192, 194
Divine Right of Kings, 103, 117, 141, 157, 158, 173, 186
Douai, 76
Dreißigjähriger Krieg, 129, 138, 148
Dublin, 26, 52, 63, 69, 77, 126, 127, 144, 152 160, 169, 176, 181, 196, 209

East India Company, 98, 193
Edgehill, Schlacht bei, 154, 164
Edinburgh, 41, 78, 106, 108, 109, 110, 111, 146, 147, 168, 197, 206, 207, 208
Elizabethan Settlement, 73, 74
Enclosure, auch Einhegung, 65
Étaples, Vertrag von, 30
Exchequer, auch Schatzamt, 32
Exclusion Crisis, 171, 175, 196, 203

Field of Cloth of Gold, 37
Flodden Field, Schlacht bei, 38
Frankreich, 21, 27, 30, 36, 38, 39, 41, 44, 59, 64, 69, 70, 73, 78, 79, 90, 95, 97, 100, 108, 125, 128, 137, 138, 160, 164, 165,

169-174, 177, 180-182, 184, 188-191, 195, 201-204, 207
Freeholders, 23
Friedensrichter, siehe *Justices of the Peace*

Gegenreformation, 78, 139, 143
Genf, 76, 107
Gentry, 32, 46, 50, 65, 87, 116, 149, 159
Glasgow, 106, 107
Glencoe, Massaker von, 197
Glorreiche Revolution, auch *Glorious Revolution*, 12, 116, 179, 184, 188, 201, 211
Grand Remonstrance, 151, 152
Great Puritan Migration, 133, 143
Greenwich Palace, 34, 113
Gunpowder Verschwörung, 119, 123, 194

Habeas-Corpus Akte, 173
Hampton Court, 34, 153, 163, 183
Hampton Court Conference, 123
Heilige Liga, 38
Humanismus, 54, 56, 59
Hundertjähriger Krieg, 21

Instrument of Government, 162
Intercursus Magnus, 30

Jesuiten, 78
Justices of the Peace, auch Friedensrichter 25, 32, 35, 49, 140, 142, 143, 161, 174, 178, 180
Joint-Stock Company, 98, 132

Katholische Liga, 128, 129
Kett's Rebellion, 60
King-in-Parliament, 12, 55
King's Council of the Marches of Wales, 22, 47, 49
Königlicher Rat, siehe *Privy Council*

La Rochelle, 137, 138
Leaseholders, 23
Levellers, 156, 162

London, 11, 17, 20, 22, 23, 24, 25, 27, 30, 40, 50, 56, 62, 91, 109, 110, 111, 112, 115, 126, 127, 131, 145, 152, 153, 164, 166, 168, 175, 183, 184, 208

Marston Moor, Schlacht bei, 155
Masques, auch Maskenspiele, 113, 136
Merchant Adventurers, 30, 94
Mortimer's Cross, Schlacht bei, 18

Nantes, Edikt von, 176
Naseby, Schlacht bei, 155
National Covenant, auch *Covenant* und *Covenanters*, 147, 148, 150, 169
Navigationsakte, 161
New British History, 24
New Model Army, 155, 156, 160
Niederlande, 30, 40, 95, 96, 97, 100, 130, 131, 153, 161, 170, 171, 173, 174, 175, 180, 183, 184, 186, 191, 192, 198, 201
Nonsuch, Vertrag von, 95
Norwich, 12, 23, 24

Old Poor Law, siehe Armenfürsorge
Oxford, 24, 35, 43, 50, 59, 77, 139, 173, 177

Parlament, englisches, 12, 13, 17, 20, 43, 44, 49, 50, 55, 68, 69, 74, 78, 87, 88, 101, 116, 118, 119, 120, 121, 122, 130, 134, 136, 137, 138, 139, 141, 142, 149, 150, 151, 153, 154, 155, 156, 160, 167, 171, 172, 173, 176, 179, 185, 186, 187, 188, 191, 192, 195, 196, 198, 199, 200, 204, 208, 209, 211
Rumpfparlament, 160, 161, 162, 163, 164
Parlament, irisches, 52, 69, 77, 126, 152, 160, 169, 194, 195, 196, 210
Parlament, schottisches, 107, 108, 161, 168, 197, 207, 208

Pale, englische Herrschaft in Irland, 21, 48, 52
Petition of Right, 140, 144, 149
Pfälzischer Erbfolgekrieg, 189, 201
Pilgrimage of Grace, 46, 50
Pinkie, Schlacht bei, 64
Plantation in Irland, 93, 94, 99, 124, 125, 127
Plymouth, 96, 138
Poynings' Law, 28
Presbyterianer, presbyterianisch, 76, 79, 89, 107, 108, 109, 123, 145, 146, 155, 156, 169, 195, 196, 208, 210
Privy Council, auch Königlicher Rat in England, 32, 35, 36, 43, 45, 48, 55, 68, 79, 85, 86, 87, 95, 98, 99, 101, 102, 103, 110, 111, 118, 120, 136, 139, 140, 143, 144, 167
Privy Council, auch Königlicher Rat in Schottland, 107, 109, 209
Principality of Wales, 22
Protektorat, 158
Puritaner, puritanisch, 76, 123, 124, 133, 143, 150, 152, 155, 159, 161, 162, 166 194

Reformation in England, Schottland und Wales, 43, 51, 52, 53, 54, 63, 75, 77, 107, 143, 146, 147
Rekusanten, 7, 80, 123, 126, 168
Renaissance, 33, 34, 56, 57, 59
Revisionismus, Revisionisten, 116, 117, 118, 121, 134
Ridolfi-Plot, 79, 86
Rijswijk, Frieden von, 182, 189, 190, 195
Roanoake, 99
Rom, 39, 42, 68
Rosenkriege, siehe *Wars of the Roses*
Royal Society of London, 166

Schmalkaldischer Bund, 39
Sedgemoor, Schlacht bei, 175

Ship Money, 142, 167
Spanien, 29, 38, 39, 69, 70, 73, 79, 93, 94, 95, 96, 97, 99, 100, 102, 119, 121, 122, 124, 127, 128, 130, 131, 132, 137, 138, 139, 150, 162, 174, 189, 190, 195, 202, 203
Spanischer Erbfolgekrieg, 191
Statute of Praemuniere, 42
St. James Palace, 34, 113
Solway Moss, Schlacht bei, 40
Stoke, Schlacht bei, 26
Surrender and Regrant, 47, 92, 126

Test Act, 171, 172, 175, 176, 178, 180
Tewkesbury, Schlacht bei, 18
Thérouanne, 38
Throckmorton Plot, 81
Tonnage and Poundage, 137, 142
Tories, 173, 174, 175, 176, 184, 185, 186, 191, 198, 200, 203, 204, 205, 206, 210
Tournai, 27, 38

Utrecht, Frieden von, 202

Virginia, 132, 133

Wardship and Livery, 31
Wars of the Roses, auch Rosenkriege, 17, 19, 56, 86
Western Rebellion, 60, 65
Westminster, 12, 24, 36, 39, 49, 62, 139, 156, 160, 161, 169, 195, 196, 207, 208, 209
Westminsterabtei, 66, 73, 110, 111, 131, 165, 188, 193, 199 200
Whigs, 172, 173, 175, 180, 184, 185, 186, 191, 200, 203, 204, 205
Whig-Geschichtsschreibung, 33, 55, 61, 87, 116, 117, 149, 157, 179
Windsor, 62, 65

Dynastiengeschichte

Wolfgang Neugebauer
Die Hohenzollern
Band 1: Anfänge, Landesstaat und monarchische Autokratie bis 1740
1996. 240 Seiten, 1 Karte, 1 Stammtafel. Kart. € 14,32

ISBN 3-17-012096-4
Urban-Taschenbücher, Band 573

Die gut durchdachte Gliederung, die eine themenbezogene, selektive Lektüre ermöglicht, bietet gerade auch dem Geschichtsstudenten die Möglichkeit zur umfassenden, zügigen Information...
Archiv für hessische Geschichte

Wolfgang Neugebauer
Die Hohenzollern
Band 2: Dynastie im säkularen Wandel. Von 1740 bis in das 20. Jahrhundert
233 Seiten mit 3 Karten s/w, Kart. € 16,-

ISBN 3-17-012097-2
Urban-Taschenbücher, Band 574

Der Autor beschreibt die Geschichte der Hohenzollern-Dynastie von Friedrich dem Großen bis zu Kaiser Wilhelm II. Die Aufklärung und die mit ihr einhergehende Rationalisierung der Herrschaft hatten Folgen für die Erosion des Gottesgnadentums. Der Aufstieg des Bürgertums bei Positionsbehauptung adliger Eliten, das politische System des Konstitutionalismus und der aufkommende Nationalismus veränderten die Rahmenbedingungen monarchischer Herrschaft in Preußen und in Deutschland. Gegen die wachsenden Ansprüche auf gesellschaftliche Partizipation verteidigten die Monarchen ihre Regierungsrechte. Damit einher ging eine immer stärkere Betonung von Hofkultur und höfischer Repräsentation, ein wesentliches Herrschaftsinstrument in der Zeit sozialen Wandels.

Karl-Friedrich Krieger
Die Habsburger im Mittelalter
Von Rudolf I. bis Friedrich III.
2. Auflage 2004
272 Seiten. Kart. € 19,-

ISBN 3-17-011867-6
Urban-Taschenbücher, Band 452

Michael Erbe
Die Habsburger 1493-1918
Eine Dynastie im Reich und in Europa
2000. 292 Seiten. Kart. € 16,-

ISBN 3-17-011866-8
Urban-Taschenbücher, Band 454

Thomas Nicklas
Das Haus Sachsen-Coburg
Europas späte Dynastie
2003. 240 Seiten, 4 Karten. Kart. € 17,-

ISBN 3-17-017243-3
Urban-Taschenbücher, Band 583

Der Autor: *Dr. Thomas Nicklas* ist Privatdozent für Neuere Geschichte an der Universität Erlangen-Nürnberg.

▶ www.kohlhammer.de

W. Kohlhammer GmbH
70549 Stuttgart · Tel. 0711 / 78 63 - 7280